"经典与解释"丛编
Classici et Commentarii

HERMES

 刘小枫 ◉ 主编

比希莫特
英国内战起因及阴谋和奸计史

Behemoth: The History of the Causes of the Civil Wars of
England, and of the Counsels and Artifices

〔英〕霍布斯 ◉ 著

王军伟 ◉ 译

商务印书馆
The Commercial Press

"经典与解释"丛编
出 版 说 明

　　古典文明研究工作坊创设的"经典与解释"丛书，是改革开放以来我国学界规模最大、持续时间最长的丛书之一，自2002年开设以来，迄今已出版逾500种。

　　"经典与解释"丛书自觉继承商务印书馆创设的"汉译世界学术名著丛书"的精神，为我国学界积累学术资源，尤其积极推动译介西方历代经典的绎读，以期源源不断的学子们能更好地认识西方历代经典。

　　古典文明研究工作坊精选若干西方经典，联合商务印书馆共同推出"'经典与解释'丛编"。本丛编着眼于配合"汉译世界学术名著丛书"的发展，为这一百年学术大业添砖加瓦。

古典文明研究工作坊

商务印书馆

2022年元月

目 录

中译本导言 一出活生生的政治教育剧 / 1
关于版本和注释的说明 / 17

书商致读者 / 21
献给尊敬的阿灵顿男爵，亨利·班尼特爵士 / 23
第一场对话 / 25
第二场对话 / 90
第三场对话 / 142
第四场对话 / 186

附录一 《比希莫特》之观众和对话政治学（沃 翰） / 235
附录二 "神的首造物"（西沃德） / 258
译后记 / 287

一出活生生的政治教育剧①

书 名

霍布斯在 82 岁的耄耋之年完成了《比希莫特:英国内战起因以及阴谋和奸计史》(以下简称《比希莫特》)的写作,这也是霍布斯的最后一本著作。这是一本很奇怪的书,书名充满争议。

《比希莫特》最引人瞩目的地方就是它的书名,《约伯记》说"比希莫特是上帝的第一个造物",《约伯记》提到的上帝的另一个造物是"利维坦",这也成了霍布斯的另一本非常出名的书的名称。因此,对霍布斯的研究者来说,提起《比希莫特》不可能不想起他的《利维坦》。《利维坦》书名的含义是"国家的力大无比有如利维坦",而《比希莫特》的含义是什么?

霍布斯给他的内战史起名为《比希莫特》,是有意要在读者心中引起对比吗?许多研究者既然看到了巨兽利维坦和巨兽比希莫特之间存在的强烈对比,他们自然而然就会想到《利维坦》和《比希莫特》之间也有着强烈对比。他们认为利维坦代表霍布斯所向往的稳定的政治秩序,而比希莫特则代表动荡不安的、混乱和反叛的战争状态。他们认为比希莫特指的就是内战中领导叛乱的领

---

① 本文是《〈比希莫特〉教授〈利维坦〉》(Geoffrey M. Vaughan, *Behemoth Teaches Leviathan*, Lanham, MD: Lexington Books, 2002)一书第 5 章内容的译述,移此作为导言。

袖,指的就是长期议会,指的就是内战本身。就此而言,利维坦是善,而比希莫特则是恶。

这些研究者之所以会把比希莫特等同于长期议会,大概有两个理由。第一个理由出自滕尼斯(Ferdinand Tönnies)编纂的本书书名,叫作《比希莫特或长期议会》(*Behemoth or the Long Parliament*),据说这个版本是最权威的版本。这个书名的含义似乎是把比希莫特与长期议会直接等同起来了。第二个理由出自霍布斯自己在其著作《有关自由、必然和偶然的问题》(*Questions Concerning Liberty, Necessity, and Chance*)中所说的话,他反驳布拉姆霍尔(Bramhall)主教对《利维坦》的诋毁时写道:"我的回答是,我不希望主教荒废时光,但如果他非要荒废时光,我可以为他的书起个名字,就叫作《比希莫特反对利维坦》吧。"①

论者之所以认为比希莫特象征混乱和反叛的战争状态,也可能是因为克鲁克(William Crooke)所编纂的本书书名。克鲁克编纂的本书有两个书名,在"书商致读者"之前有一个很长的书名,叫作《比希莫特:英国内战的起因及内战因之从 1640 年持续到 1660 年的阴谋和奸计的历史》(*Behemoth: the History of the Causes of the Civil Wars of England, and of the Counsels and Artifices by which They were Carried on from the Year 1640 to the Year 1660*),而在"书商致读者"之后和"第一场对话"之前,又出现一个书名,叫作《比希莫特或英国内战的象征》(*Behemoth, or the Epitome of the Civil Wars of England*)。第一个书名的意思大概是说,"比希莫特"是有关英国内战的起因、阴谋和奸计的历史,实际就是有关英国内战的"厚黑学","比希莫特"并非正面形象;第二个书名则直接说"比希莫特就是英国内战的象征",把"比希莫特"与英国内战等同起来。

---

① ［译注］参见 Thomas Hobbes, *The English Works of Thomas Hobbes of Malmesbury*, v., Barnes and Noble, 1839—1845, ed. Sir William Molesworth, p. 193。

因此克鲁克本子的书名只会让人觉得"比希莫特"不是什么好东西,它代表的是政治上的无序状态、战争状态,因而"比希莫特"是恶。

那么,比希莫特到底是不是长期议会和无序的战争状态?

霍布斯认为,《约伯记》的主题是:为什么总是恶人得势而好人遭殃?霍布斯对此的回答是:上帝让好人遭殃是为了显示他的大能,上帝以他的大能证明了他的行为无不合理,而比希莫特和利维坦这两个巨兽正是上帝这种大能的例证,它们是两种超人的力量。如果把比希莫特等同于领导人民起来反抗王权的长期议会甚至用它来象征战争状态,就恰好否认了比希莫特的超人属性,这显然与霍布斯对《约伯记》的正确解释相冲突。按照《约伯记》的叙述,比希莫特和利维坦是两个势均力敌的巨兽,它们都是上帝大能的代表。在《约伯记》第40章第24节中,上帝让约伯观望比希莫特,然后问道:"谁能捉拿它?谁能牢笼它穿它的鼻子呢?"紧接着这句话,上帝又问道:"你能用鱼钩钩上利维坦吗?能用绳子压下它的舌头吗?"

既然比希莫特和利维坦是两个势均力敌的巨兽,《约伯记》提到两者时也不含褒贬之义,那么 Behemoth or the Long Parliament 是否也可以翻译成《比希莫特还是长期议会》?这样理解比希莫特,就与对利维坦的解释一致起来,即它们都是"力大无比"的意思。书名若做此解读,比希莫特可能就是一个与长期议会完全不同的政府形式,比希莫特可能代表王权,它与议会势力形成对立。书名是否是让读者做出抉择:是服从王权呢,还是服从议会?

当然,这只是译者的一种"抛砖"式的揣测,至于到底做何解释,还有待高明读者"美玉"般的达诂。

对话体

《比希莫特》是两个人物之间的对话，对话人物没有名字，一个叫作甲（原文为 A），一个叫作乙（原文为 B）。甲比乙要年长，而乙则是一个涉世未深的青年。霍布斯既没有交代两者之间的关系，也没有告诉我们他们从事何种职业、属于什么阶层等等。甲和乙在三个不同的日子进行了四场对话，第一场和第二场对话结束时他们都中断对话进行了休息，第三场对话结束时他们没有休息，紧接着就进行了第四场对话，所以四场对话是在三个不同的日子分别完成的。霍布斯同样没有告诉我们对话的地点和时间，我们不知道对话发生在哪一年哪一月哪一日，也不知道每场对话持续了多长时间。对话未提及人物说话时的反应和说话时的姿态，全部四场对话都是人物你来我往的话语，我们根本无从知晓对话的戏剧背景。我们不得不承认，《比希莫特》绝非引人入胜的故事，甲和乙也绝非迷人的戏剧人物。但即便如此，我们不能无视这样一个事实，即《比希莫特》是用对话体写成的剧本。

可我们该如何看待剧本中的人物甲和乙，他们真的像瓦里斯（John Wallis）所讽刺的那样，一个是"托马斯"，一个是"霍布斯"吗？真的如他所说，霍布斯为了避免露骨地直接赞美自己，才发明了对话体，让代表"托马斯"的甲和代表"霍布斯"的乙彼此相互吹捧，而最终吹捧的对象无非作为第三者的"托马斯·霍布斯"本人吗？如果我们采取瓦里斯的立场，就不仅陷入对霍布斯的人身攻击当中，而且也会无视对于理解本书十分重要的对话体的戏剧结构。

霍布斯为什么会选择用对话体进行创作？瓦里斯的人身攻击不能客观地回答该问题，难道这是一个老年人的怪癖吗？我想我们只有在政治教育的大背景下才能很好地回答这个问题。在霍布斯的对话里,争论不靠武力,而是靠着对话才最终得以解决,霍布斯的对话里有着无需暴力的一致同意。该对话的戏剧冲突,不是靠着人物的对立立场,而是靠着人物的两个不同层级的理解而展开的。甲的阅历和知识比起乙来要宽泛得多,乙很想拥有甲所具备的阅历和知识,对话就从乙的这种愿望开始。乙承认自己对内战一无所知,承认自己就像这一张白纸,打算接受甲要告诉他的任何知识。因此可以说,乙的受教育就成了该对话的戏剧主题。虽然我们得承认,霍布斯的《比希莫特》的故事并不动人,人物也不那么有趣,霍布斯也算不得什么伟大的剧作家——从对话来看,他甚至算不上合格的剧作家;但我们得承认,霍布斯是一个认真的作家,他使尽浑身解数要写好他的对话,想赋予他的人物以鲜明的个性,我们必须牢记这一点。因为只有牢记这是一部对话体作品,我们才不会忘记它的戏剧主题,即乙接受了甲的教育。虽然作为读者的我们也学到了某些东西,比如学到了有关政治权威的知识,但我们却是间接学到这些知识的,我们是在观看了乙接受教育的过程后才学到这些知识的,乙才是这些知识的首要学生。霍布斯赞美修昔底德,说他讲述历史的技巧"使得他的读者变成了观众"。可是,霍布斯用对话体写作《比希莫特》时却没有跟从修昔底德,他没有让他的读者变成历史事件的观众,人物乙倒成了人物甲讲给他听的历史事件的观众。而作为读者的我们观看到的是一个教育的过程,一个借由讲述历史而进行的教育过程。阅读《比希莫特》,我们观看到的,可以说是别人读给我们听的历史,这已经完全不同于修昔底德式的历史。

对话体,或者说问答模式,对霍布斯来说是非常有效的教育模式。从他残存的讲课笔记里,我们可以看到,他曾经用这种模式教导他的学生,即第三代德文郡伯爵。总之,如果我们把《比希莫特》当对话体来读,我们就应该想到它的戏剧形式。如果我们注意到甲在教育乙,我们就很想知道他是怎么教育乙的,他的教育效果又是怎样的；我们也会明白，霍布斯为什么不追随他的榜样修昔底德。

历史在对话体中的作用

《比希莫特》的对话人物乙说，他很想知道内战中"人们的行为，行为的缘由，人们的虚荣、公义、意图、奸计以及事件的真相"，他不仅想知道人们的行为和事件的真相这些历史事实，还想知道人们的虚荣、公义、意图和奸计这些有待评价的人之情性。职此之故，我们可以断定，《比希莫特》不仅是一本历史书，同时也是一本评价历史的书。上文我们提到，《比希莫特》中的历史所起的作用完全不同于修昔底德的《伯罗奔尼撒战争史》。在《比希莫特》中，对话人物乙是历史事件的观众，而我们读者只是乙这个人物受教育过程的观众。也就是说，作为读者，我们观看到的是对话人物乙对历史事件的反应。因此，对我们读者来说，比起对话人物的反应，历史本身并不十分重要。既然这样，那么，对人物乙来说，历史的确是对话的主题；可对我们读者来说，历史又不是对话的主题，人物乙的反应才是对话的主题。

在《比希莫特》的"献词"中，霍布斯告诉阿灵顿男爵（Baron of Arlington），"教导臣民趋向忠诚和正义，无过于时刻牢记内战带来的伤痛"。而在《利维坦》的"综述与结论"里，霍布斯也说：

> 我在最近印行的各种英语书籍中看到，内战至今还没有充分地使人们认识到，在什么时候臣民对征服者负有义务，也没有使人认识到征服是什么，征服怎样使人有义务服从征服者的法律。①

---

① ［译注］参见托马斯·霍布斯：《利维坦》，黎思复、黎廷弼译，北京：商务印书馆，1996年，第569页。

　　霍布斯在这两段引文中,似乎在强调从历史中汲取教训的重要性:牢记历史,可以教导人们服从主权者,学会忠诚和正义。既然历史这么重要,他就应该特别重视史实的精确。然而霍布斯并不十分重视史实的精确。他在"献词"中坦承他的内战史的最后两场对话主要来自希斯的史书,而希斯的史书是公认的讹误最多、最不可靠的史书,因为他的材料来源主要是当时的政府宣传手册,因此很多学者都指出希斯史书的不可靠性,霍布斯也坦承他的历史论述并不十分权威。文中当乙说"我们现在还是继续讨论战事吧",甲却说:"我只想谈谈他们如何不义、如何无耻、如何虚伪。因此,至于战争进行得怎样,这方面的历史英语著述非常详尽,你可以去读读。"①所以,甲的主要目的并非要讲述历史事实,他并不想告诉乙战事如何,他只想告诉乙战事之所以会如此的理由。然而,无论霍布斯给出的战事理由是什么,这些理由都必然存在于历史当中。所以历史事件依然有着某种重要性,但这种重要性并不体现在写出一本良史上面——霍布斯根本没有这种打算。也就是说,《比希莫特》中的历史所起的与其说是经验教训作用,还不如说是手段工具的作用,而乙必须学习的课程也都包含在这种手段工具当中。当我们关注甲如何教育乙,当我们牢记阅读时是在观看两个对话的人物而非战争事件,我们就会注意到,甲的目的和计划并不是简单地向乙讲述战事或战事的具体细节。

　　但这是否违背了前引《利维坦》"综述与结论"和《比希莫特》"献词"中所说的历史所起的教训作用了呢? 如果我们说这是一种基于历史的特殊教育,是这种特殊教育起到了教训的作用,那么它就与前引《利维坦》和《比希莫特》中的话没有任何矛盾之处了。

　　《比希莫特》既然是对话体,我们就不能简单地说,甲或乙一

---

① ［译注］引自《比希莫特:英国内战起因以及阴谋和奸计史》,以下引文皆出自本书,不再一一说明。

定有一个是霍布斯的代言人，是霍布斯的传声筒。既然本书不是论文，我们绝不能说对话人物的看法代表了霍布斯的观点。我们应该把《比希莫特》看作霍布斯政治教育的实例，通过阅读《比希莫特》，霍布斯让我们观看了一出戏剧，一出教导某人"趋向忠诚和正义"的栩栩如生的戏剧。

循循善"诱"

《马太福音》第 4 章说到魔鬼撒旦试探耶稣，先是带耶稣来到旷野，让耶稣把石头变成面包，后来又让耶稣从殿顶上往下跳，均遭到耶稣拒绝。之后，撒旦又带他上了一座最高的山，将世上的万国与万国的荣华都指给他看，对他说："你若俯伏拜我，我就把这一切都赐给你。"耶稣说："撒旦退去吧，因为经上记着说：'当拜主你的神，单要侍奉他。'"于是魔鬼就离开了耶稣。《路加福音》第 4 章的记载与此类似，只是试探的顺序有所颠倒。《马可福音》只是在第 1 章约略提及，说耶稣受洗后，"圣灵就把耶稣催到旷野里去。他在旷野四十天受撒旦的试探，并与野兽同在一处，且有天使来伺候他"。《新约》讲述这个故事，是要说明耶稣既然经受住了撒旦的诱惑，就不愧为神的儿子。

有趣的是，《比希莫特》第一场对话一开场，甲尚未对乙进行教育之前，霍布斯先让他学着撒旦去诱惑乙，他们说了和上引《福音书》相类似的话：

> 甲：如果时间有如地形一样，有高峰和低谷，我相信，我们从 1640 年到 1660 年所度过的这段时间，真正是最高峰的时期了。无论谁，若像耶稣从魔鬼的山上向下看，从此处俯瞰这个世界，查看人们的行为，尤其是英国人的行为，他们都会看到这个世界所能滋生的五花八门、各式各样的不义和愚蠢的

全景。他们会看清,这些不义和愚蠢,如何由人们的虚伪和妄自尊大所滋生。虚伪是双倍的邪恶,妄自尊大则是双倍的愚蠢。

乙:我倒很乐意看看这个全景。您经历过那个年代,当时的年纪也是人最容易看透是非善恶的时候,我恳求您用您的叙述,把我这个不谙世事的人也放在那同一座山顶上,让我也看看您眼见的人们的行为,行为的缘由,人们的虚荣、公义、意图、奸计以及事件的真相。

和《福音书》中的耶稣不同,乙很情愿受到甲的诱惑,他的求知欲也受到激发,迫切想弄清楚他提出的一切问题。于是甲也就顺水推舟地开始回答乙的问题,对乙的教诲就此展开。霍布斯在《利维坦》第45章"论外邦人的魔鬼学及其他宗教残余"里曾经分析过这个故事,说明他对《新约》中的这个故事非常熟悉。与《利维坦》援引该故事不一样,霍布斯在《比希莫特》中只是比喻性地影射到了该故事。他把故事中的"高山"和"低谷"换成时间上的"高峰"和"低谷",这是一种比喻性的说法,是拿空间意象来类比时间观念。对话人物甲虽然让人联想到故事中的撒旦,但他的身份显然发生了变化,他是以一个老师的身份在引诱学生进入知识的殿堂;乙的身份虽然影射的是故事中的耶稣,但他的身份也发生了改变,他已经变成了一个充满求知欲的学生,他为了满足自己的求知欲,非常情愿受到作为老师的"魔鬼"的诱惑。故事的主线也发生改变,从《福音书》中"试探神子"变成了《比希莫特》中"教育人物乙"。

用历史于教育

《比希莫特》是借助历史的媒介对人物乙进行的政治教育,尤其是借助英国内战的历史对人物乙进行的政治教育。因之，历史事实的客观准确就应当在政治教育中起着十分重要的作用。然而，在《比希莫特》中，霍布斯却是出了名的不顾客观史实，这着实让人有点摸不着头脑。

例如，霍布斯在对话中让甲告诉乙：查理一世去了苏格兰，并亲自废除了那里的主教制度。但实际历史则是苏格兰人违背查理一世的意愿，自己废除了主教制度。到底是霍布斯不小心搞错了，还是他故意让人物甲歪曲历史事实，另有目的？人物甲在讲述了这个错误的史实后，接着说道：

> 不管是什么原因使得他们那么憎恨国教主教，把后者赶下台并非他们的最终目的。因为假如这是最终目的的话，既然"议会法案"已经废除了主教制，他们就应该心满意足地坐享太平了，可是他们并没有就此罢休。

试想一下，如果人物甲直接叙述历史事实，告诉乙是苏格兰人自己废除了主教制。他还会得出如上结论吗？假如向乙讲出这个历史事实，会让乙觉得苏格兰人也许是出于宗教的虔诚、为了宗教自由才废除了主教制。但这不是甲要达到的目的。他想说明苏格兰人并不虔诚，也谈不上热爱宗教自由，他们有着比要求宗教自由更大的政治野心。所以，即使查理一世帮他们废除了主教制，他们仍然不肯善罢甘休。显然，霍布斯是让人物甲故意歪曲史实，为的是让乙明白，苏格兰人绝非宗教虔诚之士，他们包藏祸心，准备入侵英格兰。

所以，从甲对苏格兰废除主教制的历史叙述中，我们也可管窥霍布斯对待历史的态度，即历史是可资利用的材料，是政治教育的素材，所以不必对之做"笔则笔、削则削"的秉笔直书。

霍布斯认为，就政治教育而言，偏离历史比历史本身更具有教育意义。《比希莫特》的主题是英国内战史，但书中有四个时刻，对话的话题却偏离了内战史的主题，也就是偏离了"1640年到1660年的高峰时期"。这让对话一开始预设的前提，即内战史足以让人物乙学到很多东西，成为可疑之事。

第一个偏离"1640年到1660年的高峰时期"的时刻，是两个对话人物离题讨论异端问题；第二个偏离的时刻，是他们离题讨论教宗设立大学这件事情；第三个时刻是他们离题讨论议会的权利；第四个离题时刻他们开始讨论历史上哲人和祭司僭越国王的事情。在离题讲述这些历史事件时，霍布斯的基本模式是：摆出事实，而后立即得出结论。

让我们看看第二个离题时刻的话题。当人物乙问教宗为什么设立大学时，人物甲反驳道："除了你早就听说过的，在大学所在国提升自己的权威，他还能有什么别的目的？"人物甲接着说明了大学如何通过朗巴德和司各脱等"蠢蛋"发展了一些莫名其妙的学说，用以迷惑人民并增长教宗的权势。他们对这些学说没有展开详细的讨论，只是一笔带过，例如，他们谈到亚里士多德的"独立本质"的学说：

乙：什么是"独立本质"？

甲：就是"独立存在者"。

乙："独立"于什么东西？

甲："独立"于一切存在的东西。

乙：如果我知道一个东西不存在，我还怎么理解它的存在？

在第一个离题时刻，人物乙很关心异端问题，但是人物甲并没有像《利维坦》那样大量援引《圣经》故实，而只是讲述了教宗权力的历史发展。他特意避开人物乙很擅长的《圣经》领域，这只能说明一个问题，即霍布斯是在刻意回避什么东西。霍布斯想回避什么呢？他是为了避免引起争论，无论是哲学的争论还是神学的争论。要知道，《比希莫特》的目的不是论证，而是教育；不是哲学论证，而是政治教育；不是哲人的哲学论证，而是公民的政治教育。霍布斯政治教育所竭力避免的正是哲学论证。

第三个离题时刻也一样。人物甲解释了历史上议会的权利和主权者的权利，只是蜻蜓点水式地提到了霍布斯的重要学说——主权的不可分割性。例如，人物甲并没有像霍布斯在其论文中那样详细论证"主权的不可分割性"，他只是简单地说了下面的话："既然主权者多于一，治理就无从谈起。我们由此可推知，这些特权者不具有以武力反对国王的权利。如果他们已不是良好臣民，他们也不再享有荣誉和官位。"在第三个离题时刻，人物甲也没有过多讨论"主权的不可分割性"，他只是举出了历史上很多不同的事例，说明宗教权威以及哲学权威如何霸占了主权之位。

霍布斯没有在《比希莫特》中对他的重要哲学观点展开论证，是不是意味着，他的重要的哲学观点在《比希莫特》中不重要了呢？在这四个离题时刻，虽然人物甲只是叙述了四个历史事实，但在他的叙述中实际已经隐藏了霍布斯的主要教诲。就拿霍布斯人性论来说，他的著名说法是，普遍的人性是"得其一思其二、死而后已，永无休止的权势欲"。在第一个离题时刻，人物甲和人物乙论到康斯坦丁的皈依以及他在政治问题上屈服教宗的可能性。人物甲问道："西尔维斯特在君士坦丁大帝在位时期是罗马教宗，他使君士坦丁大帝皈依了基督教。他有没有事先告诉他的这个新门徒，一旦成了基督徒，就一定要做教宗的臣民？"人物乙回答道："我想不会。因为很有可能，如果他如此露骨地告诉大帝，或让大帝起疑心，那大帝要么根本不愿做基督徒，要么会干脆做一个冒牌的基督徒。"这段对康斯坦丁动机的解释并不违背霍布斯的人性公理，至少不与霍布斯人性公理相冲突——既然普通人都有权势欲，更不要说皇帝了。要说对话体中的霍布斯与论文体的霍布斯有什么分别的话,这分别就是:论文体中的霍布斯是学者的霍布斯,而对话体中的霍布斯则是大众的霍布斯,大众的霍布斯的工作不是论证说明,而是劝说诱导。

再者,运用历史事例的好处是它与当前现实的距离感,使它不会对当前现实问题直接产生影响,而只会发生暗示性的影响。例如他们谈到埃塞俄比亚人的祭司控制他们国王的事例,祭司告诉国王什么时候死,国王就得什么时候死。可是最后却出现了一个特例,有一个国王杀死所有祭司而拯救了自己,他的名字就叫作麦罗埃(Meroe):

> 他按照希腊人的方式接受了哲学的熏陶,成了第一个胆敢挑战祭司权力的国王。他以王者本该有的模样重新振作起来,带领士兵来到一个叫作阿伯顿的地方,阿伯顿是埃塞俄比亚人的金庙所在地。他杀死所有祭司,废除了那个习俗,并按自己的意志重整了国家。

人物乙好像对故事的寓意还摸不着头脑,他评论说:"虽然那些被杀的大都是些该死的骗子,但这种行为也太残忍了。"人物甲承认这很残忍,但他指出弑君一样很残忍。人物甲甚至还说,要是查理一世也能这么做就太好了:"我承认这是谋杀,但是杀死十万人不是更严重的谋杀吗?"他们从这个历史事例得出的教训是:宁可杀死一千名牧师,也不能让战争吞噬掉十万人的生命。正是由于这个事件与当前政治现实存在着遥远的距离,所以两个人物谈论起这个事件才会客观、冷静、不带感情。读者会以为他们在讨论理论问题,而不会误以为他们是在提供政策建议。

总之,把历史当作政治教育的媒介,可以使人物甲避免直接讨论某些论题,因而不会引起争论。

斐然成"章"

我们说《比希莫特》是人物甲用历史对人物乙所进行的政治教育，目的是让人物乙学会"忠诚和正义"。但是人物乙通过内战史和几次离题的历史，到底学到了什么内容？我们只要对比一下起初的乙和后来的乙，亦即对比一下教育刚开始时候的乙和教育结束时候的乙，就不难确知他所接受的教育内容。

我们假定对话一开始，在人物乙尚未接受教育之前，他的心灵就像一张白纸，准备接受人物甲"印上去"的任何东西。说到内战的起因，乙怀疑查理一世国王所犯政治错误是内战的起因。他的问题是："查理在每个郡县有那么多训练有素的兵士，加在一起够组建一支60,000人的军队；在各处设防的地方也都有大量的武库弹药，他怎么会一败涂地了呢？"人物甲告诉他，查理一世国王并没有犯错，是人民的败坏和变质导致了内战的发生，从而也使得国王的军队失去了战斗力。但乙接着问道："人民是怎么被败坏的？那些诱使他们变坏的又是什么人？"我们看到，在教育刚开始之时，乙对有些人会败坏百姓这种可能性还吃不准。

乙一开始对长老会教徒也持同情态度。当甲向他说到他们如何攫取权力、如何影响整个王国时，乙插嘴说："可是他们很多人的确鼓吹反对压迫！"甲回敬他说，他们只是在普通民众面前才这么鼓吹，普通民众"很容易相信自己受到压迫，可根本没有压迫他们的人"。甲谙熟长老会教徒的伎俩，可乙依然相信他们很虔诚。

不久以后，在甲的影响之下，乙开始改变自己的想法，他开始以甲的方式解读人们的行为，在他先前以为虔诚的地方他也看到了败坏和野心。在对话过半、总结自己所学到的东西时，人物乙说道："我现在明白了，议会怎样破坏了国家的和平，他们怎样靠着蛊惑叛乱的长老会牧师和野心勃勃的愚昧演说家的帮助，轻而易举地就让当前的政府沦落到混乱不堪的状态。"他到最后甚至认为反叛是长老会教徒的本性,因为"他们都是长老会教徒,也就是残酷无情之徒"。他最后也终于明白,老百姓是很容易被人败坏的,一旦变质他们就很容易背离和平的大业,他说:"普通类别的民众被如此哄骗,真是蠢货!"他到最后甚至用甲的动机论来评判一个人,例如,当他得知议会有人劝说克伦威尔用"国王"称号来代替"护国公"时,他推测道:"我觉得伦敦市议员故意做出这项动议,其目的是要护国公本人和他的野心勃勃的军官们一起完蛋。"甲对此的回答是"也许是吧",说明乙学得很到家。

在对话的结尾部分,我们看到乙已经深深掌握了霍布斯式的政治哲学:他祈祷国王对军队的牢牢掌握能够教导人民学会服从,能够"让未来一切叛乱的演说家放弃幻想"。更有甚者,他最后认识到,为了维持和平,有必要禁止演说家向人民灌输邪恶的学说。也就是说,在《比希莫特》结尾处,乙已经和甲的立场相去不远,他们都认为,邪恶的学说,无论是宗教的学说还是世俗的学说,都是引起国内纷争的罪魁祸首。

关于版本和注释的说明

就译者所见,目前英语世界有三个《比希莫特》的本子,最早的本子由克鲁克(William Crooke)于1682年编订出版。他自称霍布斯亲自把手稿交给他让他出版,这在"书商致读者"里已有交代。他的这个本子后来收在1839年到1845年由摩拉斯沃斯(Sir William Molesworth)编辑出版的《马姆斯伯里的霍布斯英语著作集》(*The English Works of Thomas Hobbes of Malmesbury*)第六卷里。克鲁克编纂的本子有两个书名,一个叫作《比希莫特:英国内战的起因史及内战之所以从1640年持续到1660年的阴谋和奸计的历史》(*Behemoth: the History of the Causes of the Civil Wars of England, and of the Counsels and Artifices by which They Were Carried on from the Year 1640 to the Year 1660*),另一个书名出现在"书商致读者"之后、"第一场对话之前",叫作《比希莫特或英国内战的象征》(*Behemoth, or the Epitome of the Civil Wars of England*)。本书即以该本子为主要依据。后来有个叫作滕尼斯(Ferdinand Tönnies)的德国学者在牛津圣约翰学院的图书资料室里发现了保存完好的霍布斯的手稿,于是他着手编订,并最终于1889年成书,题名《比希莫特或长期议会》(*Behemoth or the Long Parliament*)。滕尼斯在他找到的手稿中找到了许多霍布斯亲自修改过的笔迹,他根据霍布斯的笔迹改正了克鲁克本子中的许多错误,因此,这个本子是直到2010年之前英语世界沿用最多、最权威的《比希莫特》版本。2010

年牛津的克拉雷登（Clarendon）出版社出版了西沃德（Paul Seaward）主编并注释的《比希莫特或长期议会》（*Behemoth or the Long Parliament*）。西沃德本子也主要依据牛津圣约翰学院保存的霍布斯手稿为底本编纂而成。这个本子的特色是注释非常详尽，而且页边有编码，很便于读者查阅。译者在翻译本书时，遇到克鲁克本子和西沃德本子之间有不一致之处，则以后者为准来翻译，同时注明不一致之处。本译著中除标有"译注"字样的注释为译者自己的以外，其他标有"西注"字样的注释译自西沃德的这个本子，在此谨致谢忱。

Bella per Angliacos plusquam civilia campos,

Jusque datum sceleri loquimur.①

我们述说英国大地上比内战更惨烈的战争，

述说那扼死法律和强人的暴行。

<hr />

① ［译注］原文出自卢坎（Lucan）的《内战记》（*Pharsalia*）第一句，英国诗人马洛
（Christopher Marlowe）对这句的英译是：Wars worse then civill on Thessalian playnes，
And outrage strangling law and people strong，We sing。

书商致读者

我对公众的职责和我对霍布斯先生的怀念,都迫使我尽最大的努力,保证这些论著以最精确的样子面世。①

我受到真理力量的驱使不得不宣布,《内战史》(*History of the Civil Wars*)此前的几个可疑的本子已经对公众以及霍布斯先生在人们心中的记忆都造成了损害。由于几经传抄,抄手又缺乏技巧,这几个版本中的错讹之处,就我能看到的而言,不下一千,有一百多处整行整行的文字都被遗漏。

我必须承认,霍布斯先生出于某种考虑,会反对出版自己的《内战史》。可是,既然所有书商都想把书卖个好价钱,要想阻止它出版又不大可能,因此我以霍布斯十二年前亲手交给我,并基于他亲自抄写的手稿来出版此书,就算是既对公众又对本书做了好事。我相信我不必害怕开罪任何人。

与本书一道,我还同时出版了他反对布拉姆霍尔主教的论文,同样也是为了阻止以讹传讹。因为若不及时阻止,这种以讹传讹必定也是这本书必遭的厄运,海外已经有大量此书的伪本存在。我还同时以一个较准确的本子为底本出版了《论异端》(*Discourse of Heresy*),以同样的方式出版了他的《物理问题》

---

① [译注]这是1682年版霍布斯文集前所附的序言,在本版文集中,《比希莫特》与《对布拉姆霍尔主教的答辩》(*Answer to Archbishop Bramhall*)、《论异端》和《物理问题》等书一道印出。

(*Physical Problems*),后者于 1662 年以拉丁语写就时就由他本人在当年亲自翻译成英语,并呈献给国王陛下,书前附有书信体序言。

　　交代了这些情况,剩下的事情也就只有祝愿我自己的书能卖好,也祝愿读者买书买得怡然自得,心满意足。

你们谦卑的仆人

威廉·克鲁克

献给尊敬的阿灵顿男爵,亨利·班尼特爵士[①]

大人:

我呈献给大人的四场对话,讲述的是国王陛下治下 1640 年至 1660 年间发生的、令人难以释怀的内战。第一场对话包含了内战的起因和有关神学和政治学的一些愚见。第二场对话讲述了内战的开展,记录了国王和议会之间相互发布的宣言书、劝谏书和其他一些文书。最后两场对话是内战的简史,材料取自希斯(James Heath)先生的史书。[②] 光阴荏苒,教导臣民趋向忠诚和正义,无过于时刻牢记内战带来的伤痛。大人可随意处置此书,但我恳请大人不要将它出版。大人一直厚爱于我,我但求大人不要收回对我的厚爱。

大人最谦卑、最受宠的仆人

托马斯·霍布斯

---

① [译注]阿灵顿男爵的英文全名和爵号为 Sir Henry Bennet, Baron of Arlington。摩拉斯沃斯编辑的克鲁克的版本中没有该献词,该献词译自滕尼斯版的《比希莫特或长期议会》。

② [译注]指希斯的《简史》(*A Brief Chronicle*)。希斯撰写有两本简史,1661 年撰写的那本全名是《最近发生在三个王国之间的内战简史》(*A Brief Chronicle of the Late Intestine War in the Three Kingdoms*),1662 年撰写的史书是《所有主要事件的简史》(*A Brief Chronicle of All the Chief Actions*)。前书出版于 1663 年,曾经得到班尼特爵士的授权。

第一场对话

甲：如果时间有如地形一样，有高峰和低谷，我相信，我们从1640年到1660年所度过的这段时间，真正是最高峰的时期了。无论谁，若像耶稣从魔鬼的山上向下看，从此处俯瞰这个世界，[①]查看人们的行为，尤其是英国人的行为，他们都会看到这个世界所能滋生的五花八门、各式各样的不义和愚蠢的全景。他们会看清，这些不义和愚蠢，如何由人们的虚伪和妄自尊大所滋生。虚伪是双倍的邪恶，妄自尊大则是双倍的愚蠢。

乙：我倒很乐意看看这个全景。您经历过那个年代，当时的年纪也是人最容易看透是非善恶的时候。我恳求您用您的叙述，把我这个不谙世事的人也放在那同一座山顶上，让我也看看您眼见的人们的行为，行为的缘由，人们的虚荣、公义、意图、奸计以及事件的真相。

甲：1640年那年，英格兰还是君主制，在位的国王是查理，他是第一个叫这个名字的人。他掌握着最高权力，这种世袭权力已经有六百多年的历史了。他的家系还可追溯到更久远的苏格兰王那儿，追溯到他的祖辈爱尔兰王亨利二世的时代。查理是一个既

---

① ［译注］事见《马太福音》第4章第8节。魔鬼将耶稣带上一座高山，将世上万国和万国的荣华指给他看，对他说："你若俯伏拜我，我就把这一切都赐给你。"耶稣回答他说："撒旦退去吧。因为经上记着说：'当拜主你的神，单要侍奉他。'"于是魔鬼就离开了耶稣。也可参见《路加福音》第4章第5节。

不追逐身体和精神荣耀，也不希冀惊天壮举的人，他只希望履行他对上帝的职责，治理好自己的臣民。

乙：查理在每个郡县有那么多训练有素的兵士，加在一起够组建一支 60,000 人的军队；在各处设防的地方也都有大量的武库弹药，他怎么会一败涂地了呢？

甲：这些兵士们本应像所有其他臣民一样，听从国王陛下的指挥。要是他们果真听从陛下的指挥，三个联合王国的臣民，就会像詹姆斯国王当初遗留给我们的情形一样，持续不断地享有他们的幸福和安宁了。可是，人民都被败坏了，桀骜不驯的人都被当成了最爱国的人了。

乙：可是，除了那些被败坏的人，查理的确还有足够多的人可以组建一支军队，完全可以防止人们联成一体来对抗自己。

甲：一点不假，我想，要是国王有足够的财力，他在英格兰的兵力就会绰绰有余。因为普通老百姓几乎不关心什么大业，谁的酬金多，谁的战利品丰厚，他们就会为谁卖命。但是国王的府库空虚见底，而他的敌人们，假借着为人民减轻赋税和其他华丽的诺言，却控制着伦敦市和英格兰绝大多数城市及自治市镇的财政，他们甚至还操控着许多个人的财产。

乙：可是，人民是怎么被败坏的？那些诱使他们变坏的又是什么人？

甲：诱使他们变坏的人有好几种。第一种是牧师，他们称自己是基督的臣仆；由于他们向人民布道，有时也称自己是上帝的使者；他们声称上帝授权他们管理自己的每一个教区，他们的议会管理着整个国家。

第二种人，人数虽然比不上第一种人，却也为数众多。在英格兰，虽然教宗的世俗权力和教会权力根据议会法案已被取消，这些人却依然相信我们应受教宗的统治。他们声称教宗是基督的代理人，声称教宗以基督的名义应当是一切基督教臣民的统治者。这些人就是众所周知的天主教徒(Papists)，前面我提到的牧师，人们一般称之为长老会信徒(Presbyterians)。

第三种人为数也不少，战乱刚一开始时，没有人注意他们，但是之后不久，他们就宣称自己支持宗教自由，信奉人人具有不同宗教意见的自由。他们中的一些人主张所有会众享有自由集会权，会与会之间应相互独立，他们因此被称作独立派(Independents)。还有一些人虽然主张婴儿应该受洗，但是这种受洗却不应该被理解成正式受洗，因而只是无效受洗，这一派因此被称作再洗礼派(Anabaptists)。还有些人认为基督的天国此时开始降临人间，这一派称作第五君主国派(Fifth-monarchy-men)。除此之外，还有贵格派(Quakers)和亚当派(Adamites)等的教派，他们的名字和古怪的教义，我记不清楚了。这些就是起来反抗国王陛下的敌人，他们主张人人都有解释《圣经》的权利，人人都可以用自己的母语细查经文。

第四种人也为数极其众多，他们属于受过良好教育的较高等阶层，他们青年时代读过古希腊、古罗马国家的名人们撰写的书籍，内容涉及他们的政治制度和英雄壮举。在这些书中，民主制被冠以自由的美名而受到赞美，而君主制则被冠以专制的恶名而蒙受耻辱。于是，这些人就爱上了他们的统治方式。平民院的大多数席位都从这些人里选任；退一步说，即使他们没有占到平民院的大多数席位，凭着他们的雄辩之才，他们也总是能够左右其余人的意见。

第五种人来自伦敦市和其他贸易大市，他们非常羡慕低地国家①的繁荣。他们以为这种繁荣源自那些国家对自己君主西班牙国王的反抗，于是就很愿意相信，我们这里同样的制度变革也会带

---

① [译注]低地国家指荷兰、比利时和卢森堡，由于三国历史上共属于"尼德兰共和国"，而"尼德兰"的英文 Netherland 的前缀 nether 的意思是 lower(低下义)，再加之三国海拔都位于海平面以下，所以人们一般称之为"低地国家"。

来同样的繁荣。

第六类人也为数极多，这类人不是挥霍光了自己的财产，就是认为就自己内心怀有的美好品质而言，自己的地位过于卑微。还有更多的人，他们的四肢都很发达，但却找不到诚实的谋生之道。这些人都渴望打仗，指望靠着运气站对了队伍，不但从此保全了性命，说不定还能因此服役在富豪们的麾下。

最后一类人是那些一般百姓，他们对自己的义务竟然一无所知，以致万人当中也可能没有一人清楚，任何人命令自己的权利出自哪里。国王或国家有什么必要，非得让自己悖着自己的意愿交出自己的金钱。他们反而认为他们自己就是自己所拥有财物的绝对主人，不经自己同意，无论谁都别想以任何公共安全的名义强取自己的财物。他们以为，国王不过是最高荣誉的头衔，而士绅、爵士、男爵、伯爵和公爵，不过是借着财势向上爬的阶梯。他们心中没有公平可循，只知道先例和惯例。如果一个人极度反感议会向王室发放特别津贴，或反对发放公共补助金，这人就被认为是最聪明而又最合适的被选入议会的人选了。

乙：据我看，人民有这种政治本性，说明国王已被逐出他的政府，人民也不必为此而动刀动枪了，因为我想不出国王还有什么办法来抵制他们。

甲：这事的确麻烦不小。关于这一点，我在随后的叙述中还会详细地讲给你听。

乙：可我想先弄明白，教宗和长老会借口有权统治我们的几个主要根据何在。然后，再请您讲讲长期议会民主诉求的借口又从何时何地冒了出来。

甲：至于天主教徒，他们挑战这种统治权，根据的是《圣经》拉丁语旧译本《申命记》第 17 章第 12 节里的一段话，以及其他类似的章节："若有人擅敢不听从那侍立在耶和华神面前的祭司，这人将由审判官判处死刑。"因为全体犹太人是上帝的选民，所以现在一切基督教徒也都成了上帝的选民。他们据此推论说,既然他们认定教宗是一切基督教人民的高级祭司,那么,全体基督教徒就应因着死刑的痛苦而服从他的一切命令。再则,基督在《新约·马太福音》第28章第18至20节对门徒们说:"天上地下所有的权柄都赐给我了。所以,你们要去教训万民,奉父子圣灵的名给他们施洗。凡我所吩咐你们的,都教训他们遵守。"有鉴于此,他们又推论说,既然万民必须遵从门徒们的命令,那么,万民注定要受到门徒们的统治,尤其要受到门徒们的君王圣彼得和他的继任者罗马教宗的统治。

乙:对于《新约》里的这段话,我不明白的是,上帝让犹太人服从他们的祭司的命令,怎么一经解释,就对其他基督教国家有同等效力,对非基督教国家就没有那么大效力了呢?要知道普天之下莫非上帝的子民呀!除非我们也承认,异教国王要是不先让自己服从那个引领自己皈依教门的门徒、牧师或祭司的律法,他就不可能成为基督徒。犹太人是上帝奇特的子民,他们属于僧侣王国。摩西及后来的每一高级祭司去西奈山神殿的至圣所,也就是存放约柜的帐幕里,直接从上帝之口得来了律法,于是犹太人除此律法之外便不遵守任何其他律法。至于圣马太的那段话,我知道《福音书》里说的不是"去教训万民",而是"使万民做我的门徒","臣民"与"门徒"之间有着巨大的差别,"教训"和"命令"也有天壤之别。如果像这样的经文都必须如此解释,为什么基督教国王不放弃自己的王者称号和至高权力,称自己是教宗的副官呢?然而,天主教会的博士们却婉言谢绝了这种绝对权力的头衔,因为他们把属灵权力(power spiritual)与世俗权力(power temporal)做了区分,但我却不十分理解它们之间的差别。

甲:所谓属灵权力,他们的意思是指决定信仰问题的权力,指的是在内心的良知法庭上审判道德责任的权力,以及通过教会处罚条例,也就是开除教籍的规定,处罚那些不守教规者的权力。他们说,这种权力是教宗直接从基督那里接受来的,不依靠任何国王或主权议会,而国王的臣民还要承当开除教籍的处罚。至于世俗权力,指的是判处那些违反国法之行为的权力。他们说,这种权力他们不敢自诩直接拥有,而是间接拥有的,也就是说,能否行使这种权力,还要看这些行为是有碍于,还是有利于宗教和美好品质的养成。当他们说到 in ordine ad spiritualia[按照性灵标准]①时,他们指的就是这个意思。

乙:教宗既然不能将国王和其他世俗主权者当成自己的属灵人员,那国王和主权者们还剩下什么权力呢?

甲:一点不剩,或所剩无几。(不光教宗声称对基督教全世界握有这种权力,就连他的某些主教们声称对自己的辖区也拥有这种神圣权力,这种权力之所以为神圣,是因为它直接受自基督,而非得自教宗。)②

乙:可是,如果一个人对教宗及其主教自诩的权力拒绝服从,开除教籍对这人有什么伤害呢? 尤其是这人要是属于别的主权者的臣民,又能拿他怎样?

甲:对他伤害很大,因为教宗或主教一旦将除籍一事知会他的世俗主权者,他就会受到足够的惩罚。

乙:如果这人胆敢以口头或书面形式为世俗权力辩护,那么他为谁辩护权力,谁就必须惩罚他,他的处境就会十分糟糕。就好比乌撒,没有受到神的吩咐,他竟然伸手扶住了即将倾倒的约柜,于

---

① [译注]霍布斯在《利维坦》第42章驳斥贝拉民(Bellarmine)的《论教宗》(*De Summo Pontifice*)第5章的第四个结论时曾经用到这一术语,霍布斯把这个术语译成 in order to the spiritual。贝拉民的第四个结论是:教宗在其他君主的领域内间接地拥有最高世俗权力。贝拉民这里用到的论据是:世俗权力服从于属灵权力,所以具有最高属灵权力的人便拥有命令世俗君主的权力,他还可以按照性灵标准处理君主的世俗事务(and dispose of their temporals in order to the spiritual),所以说,教宗的世俗权力"间接地"来自他的属灵权力。

② [译注]霍布斯在自己的手稿中删去了括号内的部分。

是耶和华击杀了他。① 可是,要是整个国家都一同起来反叛教宗,开除教籍对这个国家又能造成什么样的影响呢?

甲:哎呀,至少教宗的任何祭司不再会有什么所谓的弥撒可望了!再者,教宗除了抛弃他们,也不想与他们再有任何牵连。于是他们所处的境地就会像国王所遗弃的国家,臣民们任由自己统治自己,或任由谁来统治都无所谓。

乙:这与其说是对人民的惩罚,还不如说是对国王的惩罚。所以,如果教宗开除了一整个国家的教籍,我以为他开除的毋宁是自己,而非整个国家的人民。可是我还是想请您告诉我,教宗对其他君主的王国所自诩的是什么样的权利?

甲:第一,他免除了一切牧师、修士和僧侣的罪案受世俗法官裁决的权利;第二,他有权将有俸圣职授予他喜欢的任何人,不管这人是本国人还是外国人,他还享有收取什一税、初产税以及其他赋税的权利;第三,他可将教会声称与己有关的一切案件上诉至罗马;第四,他是裁定婚姻合法与否的最高法官,也就是说,他掌管着国王们的世袭继位权,他还对一切通奸案和私通案有裁决权。②

乙:天哪! 他连妇女都要管了!

甲:第五,当教宗觉得有必要根除异端时,他还有权解除臣民对其合法君主的义务以及宣誓效忠的誓言。

乙:解除臣民服从其君主的这种权利,再加上充当习俗和思想法官的权利,极可能成为绝对的权力。这样的话,同样一个国家中就一定会出现两个王国,没人能弄清楚哪一个才是他们必

---

① [译注]故事见于《撒母耳记下》第 6 章。大卫要将耶和华的约柜从巴拉犹大搬运到耶路撒冷,他们把约柜从亚比拿达的家里抬出来,亚比拿达的两个儿子乌撒和亚希约赶着运送约柜的车子。亚希约在车前走,乌撒就跟在车后。到了一个禾场,因为牛失前蹄,乌撒害怕约柜掉下来,于是急忙伸手扶住了约柜。耶和华于是向乌撒发怒,并用乌撒击杀在约柜旁。大卫为耶和华击杀乌撒之事非常愁烦,就把那地叫作毗列斯乌撒,以纪念乌撒。

② [译注]可参见《利维坦》第 47 章。

须服从的主人。

甲：就我个人而言，我宁愿服从那个有权制定法律和施行惩罚的主人，而不会服从那个声称自己只有权利制定教规（也就是规章）的主人，因为这个主人除了开除教籍，便既没有共同行动权，也没有惩罚权。

乙：可是，教宗还声称他的教规就是法律。就拿惩罚权来说吧，假定我们和教宗一样，相信除籍者死后必定下地狱，如果这话不假，那还有什么是比开除教籍更大的惩罚呢？看来，这种假定，你不会相信，否则的话，你会宁愿选择服从教宗，也不会选择服从国王。因为教宗会把你的肉体和灵魂一同扔进地狱，而国王只能杀死你的肉体。

甲：您说的一点不假。因为要是我相信，除少数天主教徒外，英国宗教改革后出生且被称作异端的所有英国人都应当下地狱，那我的居心也就太不仁厚了。

乙：但是，对那些今天被英国国教会除籍而死的人，你不认为他们也该下地狱吗？

甲：毫无疑问，他们该下地狱。一个人因罪而死而又毫无悔意，是要下地狱的；一个人因不服从英王的"属灵律法"或"世俗法律"而被开除教籍，他是因罪而被开除教籍的。所以，如果一个人背着除籍的罪名死去，并且毫无和好的意愿，他就是死不改悔的人。① 你知道我们会得出什么样的结论。② 可是，有些人明明对我们既没有统治权，也没有司法管辖权，我们要是不服从他们的教规和教义而被

---

① ［译注］英国国教有些特殊，英国从宗教改革后，英王既是国教的首领，也是国家的领袖。因此，被英王开除教籍者，必须是既违反了国家的世俗法律，也违反了国教教规的人。

② ［译注］霍布斯在这里使用的逻辑是典型的三段论推理。大前提：因罪而死而又无悔意者要入地狱。小前提：不服从英王的属灵律法和世俗法律，是因罪而被开除教籍者，同时他们又背着除籍的罪名死去而又毫无悔意，这些就是因罪而死又无悔意的人。结论：这些人要下地狱。

处死,那就另当别论了,也不会随之带给我们这样的危险。①

乙:可是,这种遭受罗马教会残酷迫害的异端,到底是什么样的异端? 这种迫害是如此酷烈,以至于要是国王们不按照教会的请求,把一切异端分子驱逐出自己的国境,就会遭到罢免。

甲:异端就是一个人不带感情地使用一个语词时所表达的一己之见。因此,像柏拉图的学园派、亚里士多德的逍遥派、伊壁鸠鲁派、廊下派等等旧时代的不同哲学流派,都被称作异端。但是基督教教会却能够在这个词的本义之外理解出一种反叛的含义,反叛那个为了人的灵魂救赎,而做了思想的首席判官的人。所以,可以这么说,“异端”之于“属灵权力”的关系,就好比“反叛”之于“世俗权力”的关系,两者没什么两样。因此,一个人为了保全属灵权力,从而控制人的良心,没有比迫害异端再合适不过的了。

乙:既然国家允许我们所有人阅读《圣经》,并把《圣经》作为我们公开和私下行为的准则,那么,法律就应该界定异端的含义,阐明具体意见。这样的话,是否能够判定某人为异端并对其施以惩罚,就有了根据。否则的话,不要说那些智力平庸者,就是那些极其聪慧、极其虔诚的基督徒,也会在根本没有反叛教会意愿的情况下,落入异端的陷阱,因为《圣经》不仅难读难懂,而且一千人就会有一千种解释。

甲:伊丽莎白女王(Queen Elizabeth)在位的第一年,就通过法律宣布了异端一词的含义,这就是议会法案。议会法案规定,那些因女王特许状而握有属灵权力的人,也就是“高级委员会”(High Commission)成员,“无权判定任何思想内容或事件为异端,除非此前的《圣经》正典权威们,或前四次‘宗教大会’(general Councils)或其他任何‘宗教大会’,已经通过前述《圣经》正典里明白晓畅的文字判定它们为异端,或根据议会主管此领域的最高法院,并征得

---

① [译注]这里所说的危险就是指下地狱。

宗教大会全体教士同意的情况下,宣布它们为异端,否则,最高委员会不享有这种权力"。

乙:给我的感觉是,如果出现新的思想错误,而这思想错误又尚未被宣布为异端,那么不经议会同意是不能判定它为异端的,这种情形屡见不鲜。因为不管思想错误的程度有多严重,无论是根据《圣经》正典,还是根据"宗教大会",都不能宣布它为异端,因为以前人们根本没有听说过这种错误。也因此,一个人所犯错误若非属于亵渎上帝或背叛国王的范畴,因而要受到公正的惩罚,那就根本不可能有错误。而且,既然《圣经》人人都可以读,人人都可以自我解释,谁能讲清楚《圣经》到底宣讲了什么? 不但如此,如果每一次"宗教大会"都是审判异端罪合格的"判官",哪一个新教徒的僧侣和牧师不已经被判有罪? 因为几次"宗教大会"都已经宣布我们的许多思想为异端,而且,正如他们所声称的那样,他们是根据《圣经》的权威做出宣判的。

甲:前四次"宗教大会"宣布为异端的都是些什么内容?

乙:第一次"宗教大会"在尼西亚(Nicaea)召开,由于阿里乌斯(Arius)否认基督的神性,大会于是判定其学说为异端,由此形成《尼西亚信经》(Nicene Creed)。因此大会规定,凡与《尼西亚信经》相反的一切学说都为异端。在君士坦丁堡召开的第二次"宗教大会"判定马其顿纽斯(Macedonius)的学说为异端,因为他主张圣灵也是造物。在以弗所(Ephesus)召开的第三次"大会"谴责了聂斯脱利(Nestorius)主张基督有两个位格的学说。在加尔西顿(Chalcedon)召开的第四次"大会"谴责了优迪克(Eutyches)主张基督只有一个神性的学说。除了这些关系到教会政府以及其他人以其他语言教导的有关教会政府的学说,四次"宗教大会"谴责的其他内容我就不十分清楚了。这些大会都是由皇帝们召集的,皇帝们亲自召集会议,其政令也好在"大会"本身的陈情书上得到确认。

甲：这一点让我明白，无论是"宗教大会"的召集，还是教士对其学说和教会政府的确认，若没有皇权的批准，都不具备任何强制效力。教士们现在承担起了立法的责任，还声称自己的教条就是法律，这是怎么回事？那段经文"天上和地上所有的权柄都赐给我了"，这是否意味着立法权已授予"宗教大会"，经文现在的效力和当初一样，不仅对全体基督徒，而且对世上万国都有效？

乙：他们不赞成这种说法，他们声称自己所拥有的权力是这样得来的：如果一个国王从异教皈依基督教，他就的确因对那个使他皈依的主教的归顺，服从了主教的统治。因此他就成了主教羊群中的一只羔羊。所以，他的这种权力不能被用于非基督教的任何国家。

甲：西尔维斯特（Sylvester）在君士坦丁大帝在位时期是罗马教宗，他使君士坦丁大帝皈依了基督教。他有没有事先告诉他的这个新门徒，一旦成了基督徒，就一定要做教宗的臣民？[①]

乙：我想不会。因为很有可能，如果他如此露骨地告诉大帝，或让大帝起疑心，那大帝要么根本不愿做基督徒，要么会干脆做一个冒牌的基督徒。

甲：可是，如果他不如实地明白告诉他，不仅牧师，就连任何基督徒也显得太过奸诈了。既然他们以这种方式征得皇帝对自己权力的认可，那么我们由这一点也只能得出结论说，教士们不敢强求基督教世界任何王国的立法权，也不敢把自己的教条称为法律，除非国王们允许他们得寸进尺。但是在秘鲁，当时阿塔巴里帕（Atabalipa）当政为王，修士告诉他说，基督作为全天下的王已将一切国事的治理权交给了教宗，而教宗又将秘鲁交给了神圣罗马帝国皇帝查理五世（Charles V），因此要求阿塔巴里帕退位。可是阿

---

① ［西注］西尔维斯特是 314 年至 335 年在位的罗马主教，一般都认为他皈依并施洗了君士坦丁一世，他也是"君士坦丁赠予"的接受者，这份文件据说赋予了教宗管理西罗马帝国事务的全部权力。

塔巴里帕却拒绝退位，于是当时在秘鲁的西班牙军队就逮捕了他，随后处决了他。通过这件事你也看到了，教士们是多么贪得无厌，他们为了保住自己的所得，竟不惜动用武力。

乙：教宗把这种权力据为己有，最初开始于什么时候？

甲：在北方人流涌入帝国西部，占据了意大利之后，当时罗马城的百姓无论在属灵事务还是在世俗事务上，都服从了自己的主教。[①] 于是教宗最初就变成了世俗君王，加之皇帝住在遥远的君士坦丁堡，于是教宗并不十分惧怕他们。这个时候，教宗也开始利用手中的"属灵权力"，侵占了西罗马帝国其他各国君主的世俗权力，就这样继续控制着他们。直到此后的大约三百年间，从公元 8 世纪到公元 11 世纪流逝的这段时光，也就是从教宗利奥三世（Pope Leo III）到教宗英诺森三世（Pope Innocent III）的这段时间，教宗的权力达到了登峰造极的地步。因为在这段时期，教宗扎迦利一世（Pope Zachary I）废黜了当时的法王希尔佩里克（Chilperic），并把法国交给自己的一个臣子丕平（Pepin）管理。丕平从伦巴第人（Lombards）那里攫取了大片土地，然后又交给罗马教会。[②] 不久之后，伦巴第人又收复自己的土地，查理大帝（Charles the Great）[③]又把它抢回来交给教会，教宗利奥三世于是就批准查理做

---

① ［西注］或许是指 726 年罗马臣民的誓言，即"成为臣服的仆人，在一切事务上和一切目标上都服从教宗"。参见由林纳德（Samson Lennard）于 1612 年英译的《罪恶的秘密》（The Mystery of Iniquity），第 137—138 页。

② ［西注］参见《罪恶的秘密》，第 139—140 页。丕平被推选为法兰克国王，并在听取了教宗扎迦利（741—752 在位）建议的情况下登上王位。他咨询教宗，他作为法兰克王室的冢宰掌握着法兰克的大权，是不是还让希尔德里克三世（Childeric III，742—751 在位）做名义上的王。丕平 755 年至 757 年对伦巴第国王埃斯托夫（Aistulf）发动的战争，是对教宗斯蒂芬二世（Pope Stephen II）呼求反对伦巴第在意大利扩张的呼应。他按照一份所谓的"丕平的捐赠"文件，把攻占来的土地成功归还给了教会。也可参见霍布斯的《教会史》（Historia Ecclesiastica）第 2 章，第 1729—1736 页，其中不甚准确地说到希尔佩里克做了僧侣。也可参见《利维坦》第 12 章，第 60 页。

③ ［译注］查理大帝，他的另一个较为人熟知的名字是查理曼大帝（Charlemagne the Great），他从 768 年起是法兰克的国王，从 774 年起是伦巴第人的国王，从 800 年起是神圣罗马帝国皇帝。

了皇帝。

　　乙:可是教宗当时有什么权利可以拥立皇帝呢?

　　甲:他的权利出自他是基督的代理人。基督能给人的,他的代理人也能给人,你也知道,基督是全天下的王。

　　乙:是呀,他也是上帝。于是他就分封了全天下所有的王国,不过也征得了人民的同意,虽然这种同意可能迫于恐惧,也可能为了希望。

　　甲:但是像帝国这么大的礼物,却是以一种非常特殊的方式,以摩西收归以色列统治大权的方式,确切点说,是以约书亚(Joshua)的方式,并按照高级祭司对自己的指引,在百姓面前出入。① 因此,帝国虽然被分配了皇帝,但条件是皇帝必须受到教宗的引领。因为当教宗披上庄严的裂裳,全体百姓就会一齐高呼 Deus dat[神赐者],也就是说,是上帝分配给他的。于是,皇帝就会很满意地接受分封。所以从那时起,全体或大多数基督教国王,都会把 Dei gratia 加进自己的王号里,意思是"上帝赐予的"。当他们的继任者们从大主教手中接过皇冠和权杖时,仍然要用到这种称号。

　　乙:让国王们时刻牢记自己的统治权拜谁所赐,这倒的确不失为一种好的做法,但是我们却不能由这种做法而推论说,他们是靠着教宗或其他任何教士才得到王位的,因为教宗自己的职位也是从皇帝那里接受来的。皇帝们皈依基督教之后,第一位未经皇帝首肯而当选的罗马大主教,致函皇帝为自己的行为开脱,信中说,罗马人民和神职人员强迫自己独揽大权,他们恳请皇帝陛下予以确认。于是皇帝陛下就给予确认,但也谴责了他们的做法,并禁止

---

① [译注]见《民数记》第 27 章 18—22 节。耶和华对摩西说:"嫩的儿子约书亚,是心中有圣灵的,你将他领来按手在他头上,使他站在祭司以利亚撒和全会众面前,嘱咐他,又将你的尊荣给他几分,使以色列全会众都听从他。他要站在祭司以利亚撒面前,以利亚撒要凭乌陵的判断,在耶和华面前为他求问。他和以色列全会众,都要遵以利亚撒的命令出入。"

将来出现类似事件。当时的皇帝就是罗萨里乌斯(Lotharius),而教宗则是加里斯都一世(Pope Calixtus I)。①

甲:通过这件事你也明白了,皇帝从未承认上帝的这种礼物就是教宗的礼物,他反而主张教宗职位是皇帝所赠予的礼物。但是随着时间的推移,由于皇帝大意,更因王者生来伟大、不愿轻身堕落到和神职人员一样有阴暗狭隘的心肠,于是就任由教士们找到一种伎俩使人民相信,教宗和神职人员手中握有权力,无论人民什么时候产生纠纷,他们都应该听从教宗和神职人员的裁决,而不应服从自己国王的命令。他们为此目的还设计、颁布了许多新的信条,意图降低国王们的威信,分裂国王和其臣民,并加强人民对罗马教廷的效忠。这些信条不是在《圣经》里根本子虚乌有,就是毫无《圣经》的根据。例如,信条第一条规定,"教士结婚应属非法"。

乙:这对国王的权力有什么影响?

甲:难道你没明白,凭着这项规定,国王要么成不了神职人员,因而得不到他的臣民中最虔诚的那部分人对他的敬重;要么他就得不到合法的子嗣来继承自己的王位。通过这种伎俩,由于国王做不成教会的领袖,他一旦与教宗起冲突,他确信其臣民一定会起来反抗自己。

---

① [西注]加里斯都一世是 217 年至 222 年在位的教宗,而罗萨里乌斯是从 817 年开始统治的共治皇帝,是 840 年到 855 年在位的皇帝。博罗特(Luc Borot)在其编辑出版的《比希莫特》(Béhémoth,Paris,1990,p. 52,n. 2)中指出,文中所指是 824 年发生的事件,也就是教宗帕斯加尔一世(Paschal I)死后并由尤金二世(Eugenius II)继位时期规定的"法兰克与罗马关系"新章程。或者有可能是霍布斯想到了莫奈(Mornay)对帕斯加尔一世 817 年当选教宗的叙述。虽然斯蒂芬教宗的《神圣教规》(Quia Sancta)说,教宗应当在元老院和人民代表在场的情况下由全体主教和神职人员选出,而如此选出的教宗接着还应当在皇帝的使节在场的情况下接受祝圣,"但是仅仅过了一年,下次选举帕斯加尔时就违反了这条法令,而这次选举就发生在这个斯蒂芬的屋里。这个接受完全庄严祝圣的帕斯加尔,又给皇帝送去礼物,并写信为自己开脱,告诉皇帝说,教宗职位是在违背自己意愿并受到再三推辞的情况下被迫加于己身的"(《罪恶的秘密》,第 154 页)。

乙：难道现在的基督教国王，和古代异教国王不一样，不能兼任主教吗？因为在异教徒中间，主教是一切国王的通用称号。上帝将保管一个国家所有臣民（包括俗众和神职人员）的灵魂的重任交给某个人，这人就成了主教，现在国王不是这样的人吗？尽管国王相对我们的救主、我们的总教长来说，不过是一只羔羊；但是相对他自己的臣民们而言，臣民们无论俗众还是神职人员都是羔羊，只有他才是牧人。既然基督教主教不过是一个赋予其权力，让他来统治神职人员的基督徒，那么我们可以这么说，每一个基督教国王不仅是主教，而且还是主教长，他的整个领地也都成了他的教区。虽然我们承认牧师的按手礼必不可少，但是既然国王是神职人员的统治者，而神职人员早在受洗前就已经是国王的臣民，那么国王因之而成为基督徒的受洗本身，就已经是足够的按手礼了，所以，鉴于他以前是主教，他现在就变成基督教主教了。

甲：就我而言，我同意你的看法。这种禁止神职人员结婚的规定，大约始于教宗格列高利七世（Pope Gregory VII）和英格兰王威廉一世（William I）时期。由于这种规定，还俗牧师再加上正规牧师，在英格兰为教宗效忠的好色光棍就多如牛毛了。①

第二条信条规定，向牧师秘密忏悔是得救的必要条件。的确，在此之前向牧师忏悔也很正常，但忏悔者大都采取书面形式，可这种形式在国王爱德华三世（King Edward III）时期被取消了，牧师们也接到命令，必须聆听悔罪者口中说出的秘密。人们一般也都相信，人在离世之前若不做忏悔或未得免罪，也就得不到拯救；如果得到牧师的免罪，他就不会下地狱。你因此也可以理解，人们对教宗

---

① ［西注］例如11世纪晚期的情形。独身是从4世纪起教规规定僧侣所必须履行的义务，但是后来不时会发生僧侣结婚的现象（如尼古拉主义［Nicolaism］竟然主张一夫多妻制或共妻制），这使得到了11世纪对僧侣结婚现象的镇压更加剧烈，尤其在格列高利七世时期更是如此。莫奈（《宗教的秘密》，第248页）提到格列高利七世于1074年又重申了对尼古拉主义的反对，提到它在教宗和君主授职之争中的地位，提到他反对皇帝亨利四世（Emperor Henry IV）的斗争。

和牧师的惧怕为什么会远远多过对国王的惧怕。要是一国臣民把自己内心的秘密都忏悔给了间谍,这对一个国家该有多么的不利!①

乙:是呀,只要地狱永恒的折磨比死更可怕,他们对教士的惧怕就会永远多过国王。

甲:虽然也许罗马教士们不会坚持牧师绝对拥有免罪权,而只具有以悔罪为条件的免罪权,但他们从来没有这样教导过人民,而是任由他们相信,不管什么时候他们有了"免罪符",再加上他们为悔罪所做的苦修,他们以前所有的罪行都会得到赦免。与此同时,圣餐变体说(transubstantiation)②也开始流行起来,因为很久以来,人们一直争论的问题是,人们以什么方式吃掉我们救主耶稣基督的血肉? 这是一个人们很难设想,也很难想清楚的问题。现在人们弄清楚这个问题了,圣餐中的面包变成了基督的肉体,因而就

---

① [西注]例如1327年到1377年之间的时期。新教辩论作家主张向牧师私下讲述自己罪过的秘密忏悔,而早期教会并没有做此要求。秘密忏悔是得救所必需的,这种论断不过是教宗英诺森三世(1198—1216在位)和1215年第四次拉特兰公会(the Fourth Lateran Council)的捏造,可参见Thomas Bell, *The Catholic Triumph*, 1610, pp. 188—189;Thomas Becon, *The Relics of Rome*, 1563, pp. 107—108。霍布斯说忏悔直到14世纪一般都采取书面形式,可能来自以下做法:早期教会要求忏悔可以在全体会众面前进行。或许正因为这种做法的公开性质,才使得17世纪的作家以为早期教会实行的是书面形式的忏悔。这些作家有厄舍(James Usher)的《对爱尔兰耶稣会士挑衅的回应》(*An Answer to a Challenge Made by Jesuit in Ireland*, 1624),他在第917—918页中说,教宗利奥一世(440—461在位)结束了这种做法;还有爱思伯雷(Thomas Aylesbury)的《论罪恶的忏悔,这里的罪恶主要指对牧师和福音使徒所犯的罪孽》(*A Treatise of the Confession of Sin. And Chiefly as It Is Made unto the Priests and Ministers of the Gospel*),他在第162页里把秘密忏悔的做法归因于同一个教宗,"在他在位期间,内容关乎具体罪恶的书面报告,须由罪人呈交上来,在教堂公开宣读",他在其书中谴责这种做法。我们不清楚霍布斯为何会相信做法的改变出现于14世纪,可参见Selden, *Table Talk*, 1696, p. 40。

② [西注]圣餐变体说从12世纪开始流行,于1215年正式得到第四次拉特兰公会的认可,可参见《罪恶的秘密》第347页。书里说:"好吧,正如我们常常说到的那样,当这种秘密的罪恶真的抖擞起精神,教宗的教条就会越变越糟。而当时正值这位英诺森三世在位,不论'圣餐变体说'的名称还是它的观念才刚刚露头角,就被他们最终以明确的言辞在拉特兰大会上表达如下:基督的肉和血就在祭坛的面包和酒里,它们以面包和酒的形式被包含在圣餐里;通过某种神力,面包变成了基督的肉,而酒化成了基督的血。"

不再是面包,而是基督的血肉了。

乙:这好像是说,基督有许多个肉体,而且还能同时位于许多领圣餐者所处的许多个地方。我以为当时的牧师们也太不怀好意了,他们不但侮辱了普通人民的智力,也没把国王及其大臣的智力放在眼里。

甲:我现在是在叙述,不是在争论。所以这个时候我想让你考虑的无非是,教士们仅仅凭着一块面包,就能做成我们救主的肉体,并且在国王及其臣民临终时拯救他们的灵魂,这种教条对国王及其臣民有着什么样的影响。

乙:就我而言,它对我肯定有影响,它会让我把教士们看作众神,敬畏他们就像敬畏向我们显现的上帝自身。

甲:除这些以及其他有助于维持教宗权力的信条,他们的教会制度中还有其他许多巧妙的说法有助于达到同样的目的,我只谈其中那些在同期确立起来的信条。因为当时出现一种四处漫游布道的修士阶层,①他们有权对任何他们喜欢的会众布道,他们有足够自信,不会向民众灌输任何不利于他们服从罗马教会的教条。相反,凡是有利于教会反对世俗主权者的教条,他们都会尽力灌输给民众。他们还悄悄巴结妇女们和分辨力不强的人,给他们施坚信礼让他们更加效忠教宗,还劝说他们在得病时通过捐助善款、修造宗教会堂等免罪所必需的虔诚善行,来对教会做出有益的贡献。

乙:我记得我从未在书中读过,除了只在基督教世界,世界上还会有任何王国或国家会给任何个人以自由,让他们可以随意把民众召集在一起,在未得国家知情的情况下,居然经常对他们发表演讲。我相信异教国王们早已预见到,极少数像这样的演说家足以制造滔天动乱。摩西的确颁布命令,要求民众每个安息日都聚

---

① 　[西注]这种修士阶层指的是 1209 年建立起来的圣方济各会(Franciscan)和圣多明我(St. Dominic)1220 年建立起来的圣多明我会(Dominican),布道修士指的就是这两派的教徒。也可参见《罪恶的秘密》第 347 页。

集在会堂里，聆听《圣经》的朗读和讲解，然而当时的《圣经》只不过是国家的法律，由摩西亲自宣布给他们听。而我也相信，如果英格兰的法律也能在规定的时间讲给几个英格兰教会的听众，解释给他们听，让他们知道该做什么、不该做什么，因为他们已经知道该信什么、不该信什么，这对国家会有百利而无一弊。

甲：我以为，无论是修士、僧侣还是教区牧师，他们的布道往往不教人信"什么"，而是常常教人们信"谁"。因为强权者权力的根基，除了人民的意见和信仰之外，便没有其他根基了。再者，教宗加大布道力度的目的，无非是为了维持并扩大自己对基督教国王及国家的权力。

就在这同一时期，也就是，查理大帝到英格兰的爱德华三世国王之间的时期，他们又开始施展手腕，把宗教拉进学问里。这样就可以通过辩论，不但援引《圣经》，而且还利用亚里士多德的道德哲学和自然哲学，来维持罗马教会的一切法令。为此目的，教宗致函前面提及的皇帝，力劝他建设各类人文学校。大学的设立就肇始于这些学校，所以不久之后巴黎和牛津就有了大学。诚然，英格兰在此之前也有学校，学校里向孩子们传授的是拉丁语课程，也就是说，学校传授的是罗马教会的语言。但是到那时为止，尚未设立任何学术型大学，虽然当时各种修道院讲授哲学、逻辑和其他人文学科也不是不可能，但那是因为僧侣们除了学习便无事可做。一些学院为此目的而建成之后，不久又有许多学院得到国王和主教以及其他富人们的赞助而增加进来。学校校规得到当时在任教宗的确认，教宗和主教的朋友们又选送大批学者去学院里学习，因为只有从这种地方开始，通往国家和教会中美差和高位的道路，才变得开放且平坦起来。罗马教会从中指望得到的好处，以及实际上得到的好处是，通过学院中培养的圣人，使得教宗的教条得到进一步加强，同时也使得教宗对国王及其臣民的控制，也得到进一步巩固。这些圣人们竭尽全力，证明信仰问题是无法理解的，他们还把亚里士多德的哲学也"请来"帮忙,他们还撰写了大量学院神学的书籍,这些书不光别人看不懂,就连他们自己也不知所云。任何人只要读一读朗巴德(Peter Lombard)①或司各脱(Scotus),②或评论司各脱者,或苏亚雷斯(Suarez),③或任何后期学院圣人的作品,都会看得一目了然。然而,除了精明透顶的人,只剩两种人特别崇拜这种学问。其中一种人是那些已经全身心投入,并真正热爱罗马教会的人,因为他们以前就相信他们的教条。虽然他们不能理解其中的论证,但是他们发现论证的结论很合乎自己的心意,于是便更加佩服这种论证。另一种是些粗枝大叶的人,这种人宁愿崇拜他人,也不愿意稍费心思去求证问题。因此,各行各业的所有人便都铁了心肠,不但相信教条是真理,还相信教宗的权力也适得其所。

乙:我明白了,一个基督教国家的国王,无论供给他的金钱和武器是多么充足,但只要罗马教宗在他的国家中掌握着这样的权力,便无法与教宗抗衡。因为他要想拖着自己的臣民进入战场,并让他们昧着自己的良心英勇战斗,这几乎不可能。

甲:的确,在教宗与国王们的争斗中,教会分子已经掀起了巨大叛乱。比如,英格兰针对约翰王(King John)④的叛乱,以及法兰

① ［译注］朗巴德(1096—1160)是经院神学家,巴黎主教,《格言四书》的作者,该书当时是标准的神学教材,本书也为他赢得了"格言大师"的称号。他的神学追随奥古斯丁,相信基督徒对上帝及其邻人的爱让他也分有上帝的神性,使他成为神圣,也能使他上升到三位一体的生活。

② ［译注］全名邓斯·司各脱(1266—1308),是中世纪后期重要的经院哲学家,他因提出"存在的单一性"、形式区分和个别性的观点而扬名于世,他还对上帝存在做出复杂的证明。他还是朗巴德和亚里士多德的评传作家。司各脱因思想富有穿透力和微妙精深而号称"精妙的博士"。

③ ［译注］苏亚雷斯(1548—1617)是西班牙的耶稣会牧师,他号称托马斯·阿奎那之后最伟大的经院哲学家之一。他的作品被认为是第二次经院哲学史上的转折点,使得经院哲学从文艺复兴时期过渡到巴洛克阶段。他的著作是《形而上学论争》(*Disputationes Metaphysicae*),他号称"异常虔敬的博士"。

④ ［译注］约翰王是1199年至1216年在位的英格兰国王。由于在坎特伯雷大主教继位人选上与教宗英诺森三世发生争执,他停止了教宗在英格兰的教权,而教宗英诺森三世反过来又开除了约翰王的教籍。英诺森三世还颁布教宗宪章,规定英格兰和爱尔兰为教宗的世袭领地。

西针对亨利四世(King Henry IV)①的叛乱。在这两次叛乱中,支持国王们的人数占着绝大部分,比支持教宗的人要多得多。国王要是有钱的话,支持他们的人数就总是这样多,因为当人们缺钱的时候,几乎没有人的良心会柔软到拒绝金钱的地步。但教宗借着宗教的名义,能够对国王们造成巨大危害,他会把权力赋予一个国王,然后再让他去攻打另一个国王。

乙:我想知道的是,亨利八世国王当年在既没有引起国内叛乱,又没有引来外国入侵的前提下,是怎么彻底废除教宗在英格兰的权力的?

甲:第一,牧师、僧侣和修士们的权力正如日中天,他们绝大多数现在都变得傲慢无礼,变得无法无天,因此无论他们的说教多么有说服力,这种说服力也被他们荒淫无耻的生活减却十分。这种事情,贵族绅士们和受过良好教育的人很容易看明白,而由这些人组成的议会也因此很愿意剥夺他们的权力。一般来说,普通民众对议会的热衷也由来已久,他们对此也不会感到不快。第二,不久之前路德的学说才开始流行起来,现在已经深入到许多洞察力极强者的心中,教宗要想通过叛乱来恢复自己的权力,已经毫无希望。第三,教堂以及其他一切宗教会堂的财政收入已经落入国王之手,并由国王分配给各郡杰出的绅士,各郡的绅士也只好尽力明确自己对这些财产的占有。第四,亨利国王对惩办那些胆敢跳出来反对自己计划的人,生来就既迅速又严厉。最后,至于说外国入侵,说不定教宗已经将王国的治权交给了另一个国王,但这也只是白费心思,因为英格兰不是纳瓦尔王国意义上的国家。而且,当时法国军队和西班牙军队彼此正打得热火朝天,即便他们有闲暇,像

---

① [译注]亨利四世是1589年至1610年在位的法兰西国王。人称"好好国王"的亨利,曾经做过纳瓦尔(Navarre)国王,1585年他被教宗西克斯图斯五世(Pope Sixtus V)开除教籍,并解除了其臣民对他的效忠。

西班牙人后来在 1588 年所取得的成功,他们或许都无缘遇到。不过,尽管当时的教士们无耻、贪婪而又虚伪,尽管路德的学说很流行,可是如果教宗没有因竭力阻挠亨利国王与他第二位王妃的婚事而惹恼国王,教宗的权力也许会继续停留在英格兰,一直到发生其他纷争。

乙:当时的国教会主教们已经立下誓言,誓言的众多内容之一是,他们应当保卫并维护圣彼得的王权。誓言的措辞是 Regalia Sancti Petri[圣彼得的王权],然而有些人却说是 Regulas Sancti Petri[圣彼得的准则],即圣彼得的规定或教条。后来的教士们因为措辞文本用速记法写成,就错误地读成了 regalia[王权],这对教宗反而有好处。[①] 我的意思是说,难道国教会主教们不反对针对教宗的议会法案吗? 他们愿意宣誓国王为宗教最高领袖吗?

甲:他们不反对。我发现大多数主教实在不反对亨利国王,因为没有国王就没有他们的权力,因此惹火国王就太不明智了。而且,当时教宗和国教主教们之间还存在分歧,大多数国教会主教都坚持,他们是以上帝的名义来行使自己的主教管辖权的,与教宗对全教会所直接行使的管辖权没什么两样。同时,因为他们看到,凭借着议会通过的国王的这个法案,他们握有的不再是教宗给予他

---

① ［西注］约翰·福克斯(John Foxe)在他的《行传与碑记》(Acts and Monuments,1641)第 2 章第 331—332 页里,将这段相关誓言翻译成:"我要扶持并维护罗马教宗制、圣父的规定、圣彼得的王权,抵御一切破坏者。"书中还记载了 1532 年 5 月亨利八世传达给下院议长的口信。国王在口信中说,民众对罗马教宗所起的誓言,"与他们对我们的誓言完全相反,因此民众看起来好像是他的臣民,而非我们的臣民"。布拉姆霍尔(John Bramhall)在《对英格兰国教的公正辩护》(A Just Vindication of the Church of England,1654)第 82 页也写道:"在最近约克家族和兰卡斯特家族所进行的血腥战役期间,教宗乘机侵夺了我们国王实际享有而非法律规定的权利,这对他们来说简直易如反掌。他们还在主教的授职仪式上提出了另一种由他们伪造的誓言,这誓言乍看上去无比谦卑而又纯洁,因为他们规规矩矩地写下了 regulas Sanctorum Patrum[圣父的规则]。但是后来他们篡改了誓言,也篡改了主教祭仪和信条,把 regulas Sanctorum Patrum[圣父的规则]变成了 Regalia Sancti Petri[圣彼得的王权]。这样就能够保住圣彼得的王权。这种伪造非常无耻,因为他们竟然自己来解释自己的制度。"

们的权力，也从未想到过，自己握有的权力来自国王，所以让议会法案顺利通过，他们应该比较满意。在国王爱德华六世（King Edward VI）统治期间，路德的学说在英格兰已经如此根深蒂固，国教主教甚至还把教宗的许多新信条视为垃圾而抛弃不用。可是，爱德华的继任者玛丽女王（Queen Mary）不但恢复了这些信条，甚至还恢复了亨利八世所废止的一切，只剩下教堂等不能恢复的东西继续保持原貌。而国王爱德华的主教和教士们，一部分因异端罪被烧死，一部分逃之夭夭，还有一部分被迫放弃信仰。那些逃之夭夭的人都去了海外的某些地方，他们改革后的宗教在那里不是受到了保护，就是没有受到任何迫害。这些人在玛丽女王驾崩后又回归故土，得到伊丽莎白女王的宠幸和任用。伊丽莎白女王还恢复了他哥哥国王爱德华的宗教，因此这种宗教就一直沿用到今天，中间曾因长老会牧师和民主人士的最近这次反叛而被迫中断。

可是虽然现在天主教根据法律已遭废除，仍然有成千上万的人（其中还有许多贵族）依然保留着他们祖先留下来的天主教信仰。这些人由于在良心问题上未受多大干扰，所以从天性上讲，他们对世俗主权（Civil Government）尚未制造太多的麻烦。可是在耶稣会会士（Jesuits）和罗马教会派来的密使暗中鼓动之下，他们已经不像从前那样安分守己，他们中的一些人甚至胆大包天，竟然干出一些闻所未闻的骇人行为，我说的是"火药阴谋"（the Gunpowder Treason）。[①] 据此理由，人们便把英格兰的天主教徒看作是对这里发生的任何动乱都不知难过的人，因为这种动乱很可能就是

---

① ［译注］"火药阴谋"是天主教徒企图谋杀英格兰国王詹姆斯一世（King James I）的计划。1605 年 11 月 5 日议会举行开幕典礼，一群天主教徒企图炸毁议会大厦，炸死詹姆斯王和大多数新教贵族，然后绑架詹姆斯王的女儿波西米亚的伊丽莎白，扶她登上天主教元首的位置。这次阴谋因为一封告密信而在计划实施之前的数小时失败，计划的主谋之一盖伊·福克斯（Guy Fawkes）也被判以绞刑。英国人于是把每年的 11 月 5 日定为"篝火之夜"，也叫"盖伊·福克斯之夜"。在这一天，人们点燃篝火，烧毁盖伊·福克斯的画像，以此来庆祝这次历史阴谋的破产。这次事件对英格兰天主教产生了负面影响。

为恢复教宗的统治地位而做的准备工作。所以，我指出他们是造成已故国王查理一世在位时期英格兰动乱的罪魁之一。

乙：我知道，迪普莱西先生（Monsieur Mornay du Plessis）①和达勒姆郡主教莫顿博士（Dr. Morton, Bishop of Durham）②都撰写了有关教宗权力来龙去脉的书，并都给他们的书起名，分别叫作《罪恶的秘密》（*The Mystery of Iniquity*）和《天大骗局》（*The Grand Imposture*）。书中的观点都颇有道理，但我相信，天下还从未发生过这么大的骗术。我还很想知道，基督教国家的国王是不是从来没有认识到这种骗局？

甲：很显然，他们的确认识到了这种骗局。否则的话，他们怎么敢向教宗开战，甚至还有国王把教宗从罗马本地掳走，做了他们的阶下囚？可是，要是他们已经解放自己，不再受教宗专制的奴役，他们不是本应该齐心协力，像亨利八世国王那样，使自己当上各自领地的宗教领袖了吗？但是既然没能齐心协力，他们也只能眼看着教宗的权力继续横行，各自只能巴望着，自己国家万一有事，必须反对邻邦时，也好把它拿来用一用。

乙：现在，让我们谈谈长老会信徒引起的叛乱。他们这些人大多数都是穷苦的学究，他们的权力怎么会这么大呢？

甲：天主教与改革后宗教的争论，除了让每个人尽自己最大的

---

① ［译注］迪普莱西（1549—1623）是法国新教作家，那瓦尔国王亨利的顾问，他最著名的作品还有《反暴君宣言》，他的《罪恶的秘密》由林纳德翻译成英语，书名叫作《罪恶的秘密，亦即罗马教会史》。

② ［译注］全名是托马斯·莫顿（1564—1659），英国牧师，做过几个教区的主教，后来做了达勒姆主教。他与詹姆斯国王过从甚密并受到宠幸，是反对罗马天主教观点的最重要的辩论作家。他同情清教徒，骨子里信奉加尔文主义。他还持保王党立场。他的作品《天大骗局》全名叫作《由一个新罗马信纲的信条——"没有神圣天主和教宗的罗马教会，其他一切教会的母亲和情人，就不会有救赎"——表现出来的当代罗马教会的天大骗局》（*The Grand Imposture of the* ［*now*］ *Church of Rome. Manifested in this one Article of the New Romane Creede, viz. "The Holy, Catholike, and Apostolike Romane Church, Mother and Misstress of all other Churches, without which there is no salvation"*）。

努力，根据《圣经》辨别二者孰是孰非，便没有其他的平息之道了。他们为此目的还把《圣经》翻译成通俗的语言，而这在从前属于非法，任何没有明确资质的人阅读《圣经》也不合法。因为教宗就《圣经》所做的一切事情，也就等于摩西在西奈山所做的一切事情。除了他自己，摩西没有劳烦任何人上西奈山聆听上帝讲话或凝视上帝；同样，人心里要是不具备教宗身上的一点点精神，并为此而可能赢得教宗的信任，教宗也不会劳烦任何人与《圣经》中的上帝说话。

乙：的确，摩西在这一点上做得非常明智，他严格恪守上帝的命令。

甲：他无疑很是明智，而且事件本身也似乎说明了这一点，因为《圣经》被翻译成英语以后，人人，不，是每个青年男女，只要他们识字，都以为自己在和上帝说话，并且也理解上帝说的话。他们要是一天能读几章的话，他们差不多已经通读《圣经》一两遍了。他们对本地改革后教会以及那里的主教和牧师们该有的尊敬和服从，已被抛诸脑后。每个人都成了信仰的判官，可以随心所欲地自行解释《圣经》。

乙：英国国教会不也很希望事情应该如此吗？如果他们不打算让《圣经》成为我们的行为的准则，他们把《圣经》推荐给我们，还有别的什么目的吗？否则的话，他们就应该自己收留着，虽然对他们自己开放，对我却用希伯来语、希腊语和拉丁语"密封起来"，只"喂我吃"对我灵魂的得救和教会的和平所必需的那部分。

甲：我承认，这种解释《圣经》的资质导致各种教派遍地开花，使得它们到了已故国王查理的统治初期，还深藏不露，而等它们一旦露出面目，它们就已经对国家造成祸害。可是，我们还是言归正传吧！玛丽女王在位期间因宗教出逃的那些人大多聚居在改革宗教受"牧师公会"（assembly of ministers）信奉和控制的地方，而且由于当地世俗政权缺乏干练的政治家，他们还得到当地政府的大力任用。这让杂居在他们中间的英格兰和苏格兰的新教徒非常快意。于是这些人便想入非非，希望归国后在自己的国家，牧师也能受到同样的荣耀和礼遇。在苏格兰，詹姆斯国王当时还少不更事，于是，他们便靠着一些有权势的贵族们的帮助，很快就让自己的阴谋得逞了。还有那些在伊丽莎白女王即位初期归国的人，他们也希望实现同样的目的。但是直到这次叛乱发生，同时可能还受到苏格兰人的援助，他们才如愿以偿。但是他们刚如愿以偿没多久，就又被其他教派打败了，这些其他教派靠着长老会牧师的布道，以及个人对《圣经》的自由解释，如雨后春笋般地大批涌现出来。

乙：我已经知道，这次内战刚开始不久，长老会的权力是如此之大，以至于不光伦敦城的市民几乎全都支持他们，就连英格兰所有其他城市和贸易城镇的绝大多数臣民，也都支持他。但是您还没有告诉我，他们凭着什么手腕变得如此强大，大到什么程度？

甲：他们靠的不仅仅是自己的手腕，他们还得到许多士绅们的支持，这些士绅们对国家实行民主政府的渴望，一点也不亚于这些牧师们对教会民主化的渴望。一边是牧师们在自己的布道坛上引诱人民赞同自己的意见，反对教会政府、国教教规和公祷书；一边是士绅们通过自己在议会中斥责性的演说，通过他们与国中百姓的谈话和交流，不断地赞扬自由、谩骂专制，从而使得人民自行得出结论，以为国家当前采取的正是这种专制统治。而且，正如长老会牧师们把他们从大学学到的神学带入自己的教会，许多士绅也把他们从大学学来的政治学带入议会，但在伊丽莎白时期他们都不敢如此胆大妄为。虽然他们所有人出于恶意这样做不是不可能，虽然大多数人也可能是由于阴差阳错，但是可以肯定的是，他们的主要首领都是些野心勃勃的牧师和野心勃勃的士绅。长老会牧师们妒忌国教主教们的权力，他们认为主教们的学识比不上自己；而士绅们却妒忌枢密大臣，他们觉得枢密大臣没自己聪明。因为当人人都对自己的智力自视甚高，再加上还从大学获得一定的学识，尤其是当他还拜读过古希腊和罗马有关民主政府辉煌壮丽的历史和言简意赅的政治学时，这时候要想说服他缺乏治国所必需的才能，简直难如登天。在他们所读过的历史和政治学中，国王都遭人憎恨，还被贴上暴君的骂名；民主政府却被赞以自由的美名，虽然没有暴君会比民主议会更残酷。长老会牧师在伊丽莎白统治初期，由于害怕，还不敢公然宣讲国教教规的不是。但是不久之后，也许受到朝中重臣的支持，他们按照原来布道修士的模式，走出教门，选择每个工作日的上午，到英格兰的绝大部分市场上做布道演说。他们布道的内容，无非是那些左右人灵魂的教条的方方面面，他们靠着演说姿态和演说内容，全身心地投入到俘获人心的工作中去，希望以此博得民众对自己教条的热爱，赢得他们对自己人格的好感。

第一，就拿他们的布道姿态来说，他们一走上讲坛，就装出一副面容，摆出一种姿态，捏着腔调念着祷词和布道词，也不管人们懂不懂。他们还时不时援引《圣经》中的典故，把一个公正虔诚之人的形象演绎得如此淋漓尽致，以至于全天下的悲剧演员中也没有一个比得上他们。他们的演技很是炉火纯青，任何一个不谙此道的人，不可能怀疑他们心中所包藏的、当时早已设计好了的、掀起国家动乱的祸心，也不会怀疑他们洪钟般的嗓音、坚毅的姿态和表情，除了出于对上帝的赤胆忠心，还会有其他什么来源。他们之所以声如洪钟，是因为要是同样的话用普通的声调说出来，就会显得有气无力。凭借这种技巧，他们也为自己获得巨大声望，不计其数的人们离开自己的教区和城镇，在工作日离弃自己的使命，在星期日又舍弃自己的教堂，去别处聆听他们的布道，于是这些人们便很瞧不起他们自己的以及其他那些没有他们表现出色的牧师。至于那些通常不讲道的牧师，那些只会按照教会的吩咐，不会讲道而只会照本宣科的牧师，人们会送他们一个"笨猪"尊称而打发掉他们。

第二，至于他们的布道内容，因为当时人们对罗马教会篡权的行为依然愤怒万分,所以他们明白,向民众宣讲国教主教尚未谴责的天主教其他教条的不是,是对民众再仁慈不过的事情了。他们以这种方式使自己远离教宗制的程度,也高过国教主教们。他们借此为自己赢得荣耀,为主教留下可疑。因为盲目崇拜的冲动,依然在人们心中挥之不去。

第三,布道开讲前,他们要祷告上帝,他们假装上帝之灵就在他们心中,向他们口述祷词。所以他们的祷告都是即兴发挥,或好像是即兴发挥。因为许多人相信或好像很相信这是真的。而且任何有头脑的人都会看出,对于祷告中该如何说,他们事先并没有任何准备。于是从此开始,人们便讨厌上了公祷书,因为公祷书都是那种预先设计好的、一成不变的格式,希望人们一看便明白该向谁说"阿门"。

第四,他们布道时从不指责,或只是轻微地指责商人或手艺人中营利的罪恶。这些商人和手艺人,除了对自己的本堂牧师和虔敬之人缺乏仁爱,还有其他冷酷无情的行为,例如弄虚作假、满口谎言、欺诈瞒骗和虚伪不实等。这让贸易市镇的大多数市民和居民都很惬意,对布道者自己也不无好处。

第五,他们还鼓吹一种说法,认为人只有靠着公开表白自己内心的隐秘之灵,也就是公开承认居于己心的"圣灵",才能确保自己得救。而且,凭着这种说法,那些内心十分憎恨天主教徒的人,那些回家后依然能够复述自己从讲坛听来的布道词的人,无论他们怎么恶待、欺瞒自己尚未成圣的邻居,他们都毫不怀疑自己已经具备得救所必需的一切条件。

第六,他们的确经常真诚而又严厉地谴责两种罪恶,即"肉体的淫欲"和"虚妄的誓言",这无疑做得不错。但这会诱使一般民众相信,除了《十诫》第三条和第七条所禁止的事情,其他任何事情都不是罪,因为很少有人会把名词"淫欲"理解成并非《十诫》第七条所禁止的性欲;因为我们通常不会说一个人对别人的牲口、货物或财产有"淫欲"。所以这些民众除了只做到洁身自好，或至少与不洁的骂名保持距离，他们对于欺骗和恶毒的行为会毫不犹豫地采取行动。[①] 有鉴于他们在自己的布道和著作中都坚持和教诲说，人心原初的冲动，也就是说，男女彼此看到对方身体所产生的愉悦，即使被他们及时压制住，压根没使它上升为图谋，但这依然是罪恶。他们就凭着这种说教使年轻人陷入绝望当中，使年轻人以为自己真该下地狱，因为他们不可能看到愉悦的东西而没有愉悦感，这一点没人能够做得到，也违背人的本性。于是他们就通过这种手段，成了那些良心不安者的圣人，这些良心不安者还把他们看作心灵的医生，在一切关乎良心的问题上都听从他们。

乙：可是他们很多人的确鼓吹反对压迫！

甲：是这样，我竟然忘了，但他们只是在没有压迫的人面前才这么鼓吹！我说的是普通民众，他们很容易相信自己受到压迫，可根本没有压迫他们的人！所以你可把这看作长老会牧师的诡计，他们企图使民众相信自己正受到国王、国教主教，或两者的压迫，接着再瞅准机会，把他们中间较卑劣的一类拉拢到自己队伍里来。但这种事在伊丽莎白女王时期很少能办得到，因为女王的恐怖和妒忌足以使他们惊恐万分。他们在议院里也没有多大势力，能让他们凭着这种势力，再通过权利请愿书和其他手腕，去质疑女王的特权。但是后来情形有了变化，因为要求民主的士绅们把他们吸收进自己的顾问团，希望他们能为改变君主政府，来为他们所谓的自由民主政府的图谋而献计献策。

乙：谁会想到，像这样可怕的图谋，竟然会在虔诚的外衣之下隐藏得这么久、这么轻易呢？因为他们的一系列举动以这次内战告终，他们在战争中又做出这么多邪恶的行为，这足以证明他们大

---

① ［译注］见《出埃及记》第 20 章第 3 至 17 节。其中第三条是，"不可妄称耶和华你神的名；因为妄称耶和华名的，耶和华必不以他为无罪"；第七条是"不可奸淫"。

多数人都是些不敬神的伪君子。但是民主政府的图谋首次开始在
议会中出现，是什么时间？是什么人怀有这种图谋？

　　甲：说到企图把政府从君主制改变为民主制的时间，我们必须
加以区分。在他们害死国王之前，他们还不敢明目张胆地以民主
的名义挑战主权。直到伦敦城掀起反叛国王的叛乱，国王被迫离
开伦敦城，并为了自己的人身安全而退居约克郡，他们才敢对自己
所要求的权利冠以明确的名目。国王到约克郡还没几天，他们就
把"十九条提案"(nineteen propositions)①送达他那里，其中有超过
十二条都是对多项权力的要求，是对主权权力根本部分的要求。
然而，在此之前他们也曾以他们所谓"权利请愿书"(Petition of
Right)②的名义要求过其中的某些权力。不过，国王在早先的议会
中还是批准了他们的请求。虽然这样做国王不仅丧失了不需议会

---

①　[译注]1642 年 6 月 1 日，英格兰贵族院和平民院(亦即上院和下院)议员把一份提
　　案列表送达正在约克郡避难的英王查理一世国王那里，这就是所谓的"十九条提
　　案"。"十九条提案"实际就是十九条要求，长期议会凭着这份"提案"希望有效地
　　获取王国的大部分统治权。他们要求的权力包括：议会掌管外交政策并负责国家
　　防卫、国王的大臣要为议会负责等。查理国王拒绝了"提案"并于 6 月 18 日书面回
　　应了"提案"的要求，宣称议会"提案"威胁到王国的传统体制，国王若批准该"提
　　案"，将会罢黜自己和自己后裔的王位。于是 8 月份国家正式陷入内战。由于英格
　　兰君主与议会长期关系紧张，"十九条提案"本应成为双方缓和关系、避免战争的转
　　折点，但历史却总是不尽如人意。英格兰政府于当年的 8 月分裂为骑士派(保王党
　　成员)和圆颅党(长期议会党分子)两个政治派别，后者在克伦威尔的领导下赢得
　　内战的胜利。
②　[译注]《权利请愿书》是英国重要的宪法文献，文献陈列了国王不得侵害的、臣民
　　所享有的具体的自由。《权利请愿书》于 1628 年 7 月获得通过，内容是一些限制条
　　款，例如国王不经议会同意不能征税、不得强迫臣民为士兵提供食宿、不得无故囚
　　禁臣民、不得滥用战争法等。由于查理一世与议会就"三十年战争"问题发生争执，
　　议会拒绝资助战事，查理被迫执行"强制借款令"，在未经议会同意的情况下为战争
　　筹集资金，并囚禁不肯缴纳税金的人。作为回应，下院又准备一套四项决议案，谴
　　责了查理的行为，并重申了《大宪章》的有效性。决议案被查理否决，接着查理又宣
　　布解散议会。作为回应，下院于 5 月 6 日召开会议，讨论替代方案。下院最后得出
　　结论，认为呈交"权利请愿书"仍然是最好的办法。最后由爱德华·科克爵士牵头
　　起草的《权利请愿书》，经过几番周折，最终获得查理一世的批准。《权利请愿书》
　　从国内意义上讲是英国最著名的宪法文献之一，它的重要性不亚于《大宪章》和
　　1689 年的《权利法案》；从国际意义上讲，它还是美国第三、第五、第六和第七等历
　　届宪法修正案的先驱。

批准即可征税的权力,还丧失了由征收桶税和磅税(tonnage and poundage)而得来的正常收入。[①] 他还失去自由,不能随意拘捕他认为很可能会扰乱和平、制造动乱的可疑分子。至于制造动乱的人,不必多费口舌,他们就是上次议会,以及查理国王在位初期和詹姆斯国王统治末期,其他几次议会的成员,把他们的名字一一列举出来没有多大必要,因为讲清楚这次事件根本用不着那么多名字。他们大部分人都是平民院的成员,也有一些人属于贵族院,但他们所有人都是对自己的政治才能自视甚高的人,他们认为自己的这种政治才能竟然没有受到国王的充分注意。

乙:当时查理国王拥有一支强大的海军,还有那么多民兵,而且所有的武库弹药都掌握在他手里,议会怎么能够发动起战争呢?

甲:国王的确拥有这些东西,也当之无愧,可这有什么意义?因为监管海军和武库的人,加上所有民兵,某种意义上还有他的所有臣民,都受到长老会牧师讲道的鼓动,受到虚伪无知政客们煽动性流言的蛊惑,已经成为国王的敌人。再加上国王除了议会按例给他的钱外便一文不名。你也知道,国王靠这些例钱肯定不够他来保住自己的王权,因为长老会牧师和无知政客早就想篡夺他的权力了。可是我想,要不是我们非要把我们的公祷书强加给全民皆信长老会的苏格兰人这一不幸事件,他们也未必胆敢以干戈相向。因为我相信英格兰人永远都会摸不着头脑,为什么议会竟然

---

① [译注]"桶税"是指英国从爱德华二世国王统治时期开始实行的,对进口桶装酒每桶所征收的关税税额。"磅税"则是指同时期对进口或出口的每磅货物所征收的关税税额,这本是一项议会赋予王室的终身权利。但是由于1604年国王詹姆斯利用这项特权扩大征收范围,使得议会担心国王的征收权会无限膨胀,于是到了查理一世时期就把这项权利的期限从终身改为一年。由于桶税和磅税是王室的主要收入来源,查理一世认为这是议会有意挑战自己的权力,让自己每年不得不向议会要钱来限制自己的征税自主权。虽然议会的议案在下院顺利通过,但在上院却受到成功阻挠。于是议会一气之下干脆取消了查理一世国王的桶税和磅税征收权。作为报复,查理一世也解散了议会,并继续征收没有得到授权的桶税和磅税。而议会又出台决议,宣称任何人向国王缴纳未经授权的桶税和磅税,都是卖国贼和国家公敌。

因为一点点刺激就对国王发动战争,而不是国王先对他们开战,他们为了自卫而被迫还击? 由此看来,刺激惹恼国王是他们的分内之事,只有这样,国王才可能做出一些看来充满敌意的举动。这事发生在 1637 年,据人们猜测,说国王听取了坎特伯雷大主教的建议,把公祷书向下颁发到苏格兰。公祷书的内容与我们使用的祷告书没有分别,语词除了用"长老"替换"牧师"以外也没有多大改动。为了让王国保持一致,国王敕令苏格兰牧师使用本祈祷书作为礼拜的通用形式。在爱丁堡教堂宣读诏书时竟然引发骚乱,宣诏使也历尽艰险才得以逃生。① 此事还引发绝大多数贵族和其他人们,擅自根据他们自己的权力相互签订契约,他们甚至还厚颜无耻地称此契约为"与上帝之约"。他们在没有征询国王意见的情况下,还取缔了国教主教的管辖权。② 他们现在敢做这些事情,不是受到自己对这些事情的自信心的鼓舞,就是得到某些有民主诉求的英格兰人的担保。这些英格兰人在前几次召开的议会里曾经是国王利益的绝大多数反对者。因此,国王若不召集议会就不能兴兵讨伐苏格兰人;若召集议会,议会又肯定会支持反对者,而当时民主人士主要的政治诉求,是强迫国王召集议会开会,国王已经十几年没有召集议会了,因为他发现他前几次召集的议会不但对自己的计划没有帮助,甚至还成了计划的障碍。③ 然而让他们的期望落空的是,国王在自己较钟爱的贵族臣民和绅士臣民的帮助之下,还是设法组建了一支军队,这支军队要是能够开赴战场,一定能够让苏格兰人像原来那样服服帖帖。于是国王就率领大军挺进

① [西注]此事发生于 1637 年 7 月 23 日。当时爱丁堡教长观摩了礼拜仪式,然后就由爱丁堡主教开始布道,据说是主教受到了袭击,参见 *A Large Declaration concerning the late tumults in Scotland from their first originals... by the King*, 1639, pp. 23—24。
② [西注]契约是由贵族和绅士于 1638 年 2 月 28 日签订的,3 月 1 日苏格兰神职人员也在契约上签字。
③ [西注]查理一世最近一次解散议会是在 1629 年 3 月 10 日。

苏格兰的土地，①而苏格兰军队也早已在那里严阵以待，好像要与他决一死战。可就在这时，苏格兰人却请求国王允许派各自的代表进行和谈，国王也很乐意看到自己的臣民免受伤害，于是就放下尊荣，答应了他们的请求。结果双方以和平收场，国王随即进驻爱丁堡，并在那里签署通过了令苏格兰人满意的"议会法案"。②

　　乙：国王当时没有重申国教主教管辖权吗？

　　甲：没有，他反而做出让步，同意废止主教管辖权。可是英格兰人也因此再也没有希望召开议会了。而前面提到的民主人士，原来国王利益的反对者，一直不肯善罢甘休，竭力要把两国拖入战争的泥潭。到了最后，国王甚至要靠差不多出卖主权的代价才可能"买取"议会的帮助。

　　乙：可是，是什么原因使得苏格兰士绅和贵族那么讨厌主教制呢？因为我不太相信他们会有不同寻常的慈柔心肠，也不相信他们是如此伟大的圣人，能够让他们自己明白我们的救主及其门徒制定下来的教会准则。他们也不可能如此爱戴自己的牧师，以至于无论在宗教政府，还是在世俗政府中都愿意接受牧师的统治。因为日常生活中的他们与别人没什么两样，都是自己利益和高位的追逐者。而这两点，国教主教和长老会牧师都不会赞成。

　　甲：我真的不知道。我思考的是普遍的人性，这不可能让我进入别人的内心世界。可是根据这种思考我还是明白了。第一，世

---

① ［译注］查理国王于 1639 年 5 月 28 日进驻贝里克郡(Berwick)，查理自己再没有越出贝里克一步。

② ［西注］《贝里克和平条约》于 1639 年 6 月 18 日签订。在当天的"宣言"中，查理国王承诺他会出席 8 月 6 日举行的"爱丁堡自由大会"，答应 8 月 20 日在那里召集议会，正式批准"大会"通过的决议。在这次事件中，国王并没有亲自去爱丁堡，他派他的代表特拉廓尔伯爵斯图尔特(John Stewart, Earl of Traquair, 1599—1659)代表自己去了那里。特拉廓尔伯爵以自己的名义同意"大会的提案"，承认主教政府为非法政府，允许苏格兰拒绝公祷书。1639 年 11 月 14 日，在斯图尔特企图以国王的名义使议会休会之前，议会没有正式批准大会的任何决议案。

袭贵族和财主一般很难容忍穷学究与自己为伍,因为穷学究一旦当上主教,就一定要加入自己的队伍。第二,联合王国下的国家之间为着荣耀会相互竞争,他们很愿意看到内战战火"烧毁"英格兰。说不定还指望着,通过援助那里的叛乱分子,还能攫取到针对英格兰人的更大的权力,至少也要在英格兰确立长老会教规。而最后一条果真成了日后他们公开要求的权力之一。第三,他们还盼望着能从战争中发一笔横财,来回报自己对他们的帮助。不仅如此,他们后来还收获了大量战利品。① 然而,不管是什么原因使得他们那么憎恨国教主教,把后者赶下台并非他们的最终目的。因为假如这是最终目的的话,既然"议会法案"已经废除了主教制,他们就应该心满意足地坐享太平了,可是他们并没有就此罢休。因为国王回到伦敦之后,英格兰的长老会信徒和民主士绅,觉得自己既然帮助了苏格兰长老会把他们的主教赶下了台,那么苏格兰人就应该反过来义无反顾地帮助自己推翻英格兰的主教。他们为达此目的可能与苏格兰人暗地勾结,对先前他们曾经满意的"和平条约"②,现在又开始吹毛求疵起来。无论情形怎么样,国王刚一回到伦敦,他们就向自己朝中的某些朋友递交了一份文件,他们声称文件中陈明了前面提到的"条约"的条款。可这是一份十分牵强而又臭名昭著的文件,我听说国王命人当众烧毁了它。于是双方又回到他们原来的老状态,国王继续受到自己军队的拥戴。

　　乙:所以大量的金钱都打了水漂,可您还没有告诉我谁是军队的指挥。

---

① ［西注］对比希斯的《简史》第 6 至 7 页与《国王就最近发生在苏格兰的骚乱事件及其起因的严重声明》,可以发现三处就立约事件的动机所发出的具体声明:不满查理一世废除原先由王权特批的特许状;不满查理授权放弃土地权益和十一税;不满查理授予荣誉称号和提升职位时忽略许多人。

② ［译注］指前面提到的《贝里克和平条约》。

甲：我告诉过你，国王亲自去了那里。在国王麾下指挥军队的是阿兰戴尔伯爵（Earl of Arundel），①此人既勇毅又果敢，可是战是和的权力却不由他掌握，只有国王说了算。

乙：他是一个出身很高贵而又很忠诚的人，他的祖先曾经在苏格兰痛击过苏格兰人。② 而且这次战争要是打起来的话，他现在准保再给他们一次痛击。

甲：真有这可能。可是，虽然迄今为止有许多将军都是靠着其祖先的好运，根据这种理由就当选上了将军，但是根据同样的理由也选他做将军，是不是有点太过迷信了！ 在雅典对斯巴达的持久战中，有一个海军将领曾经赢得多次针对斯巴达的战役，为此原因，雅典人在他死后就选他儿子做了统帅，结果雅典人反倒没打几次胜仗。③ 罗马人曾经在英勇的西庇阿（Scipio）的率领下征服了迦太基，于是当他们要在非洲攻打凯撒时，他们就推举另一个也叫西庇阿的人做了将军。这个西庇阿不乏勇敢和智慧，但是刚一上任就一命呜呼了。④ 我们自己的国家也不乏这种例子，埃塞克斯伯爵（Earl of Essex）曾幸运地远征到加的斯（Cadiz），但他后来被派往同一地方的儿子却一无所成。⑤ 指望上帝把战争中的胜利永远

---

① ［译注］指托马斯·霍华德(1585—1646)，他是第 14 任阿兰戴尔伯爵，是 1638 年攻打苏格兰的将军，1640 年的王室总务官，1640 年任特伦特(Trent)河南总司令。

② ［西注］当时身为萨里伯爵(1443—1524)的托马斯·霍华德曾经于 1573 年在弗劳顿(Flodden)大败苏格兰人。

③ ［西注］阿索比乌斯(Asopius)是法米奥(Phormio)的儿子，后者曾经于公元前 429 年至前 428 年在纳博克托斯(Naupactus)战役中打败过斯巴达人。据修昔底德在其《伯罗奔尼撒战争史》第 3 卷第 7 章讲，阿开那尼亚人强烈建议"法米奥的亲戚"可以做统帅，于是阿索比乌斯就被任命为舰队统帅。在一次伏击中他被敌人切断与其船只的联系而战死。

④ ［西注］西庇阿的全名是梅特卢斯·西庇阿(Metellus Scipio)，他是公元前 52 年的罗马执政官，与小加图(Cato the Younger)同为公元前 46 年萨普瑟斯(Thapsus)战役中反抗尤里乌斯·凯撒的统帅，战后被杀死。

⑤ ［西注］加的斯 1596 年被埃塞克斯伯爵二世德弗罗(Robert Devereux, 1565—1601)和埃芬厄姆(Effingham)男爵二世霍华德(Chales Howard, 1536—1624)所包围，而 1625 年攻加的斯没有成功的战役则是由塞西尔(Cecil)爵士率领的，埃塞克斯伯爵三世德弗罗(1591—1646)当时只是海军中将。

赋予一个名字或一个家族，不过是愚蠢的迷信。

　　乙：和平遭到破坏之后，紧接着又怎么样了？

　　甲：国王派遣汉密尔顿公爵（Duke Hamilton）带着委任状和谕旨到了苏格兰，要求公爵在那里召集议会，还准许他使用除召集议会之外的其他一切手段，但一切都无济于事。[①] 因为现在苏格兰人下定决心要集结一支军队，然后把军队开进英格兰，就像他们所声称的那样，要把他们的冤情以请愿书的形式呈交给国王陛下。因为他们说，国王既然已经被奸臣控制，他们没有别的办法能够获得自己的权利。但实际情形则是，他们受到了英格兰民主人士和长老会信徒的鼓动，这些英格兰人答应给他们回报，他们自己也对洗劫英格兰充满了期望。对于这次出征，有人说汉密尔顿公爵与其说是制止，毋宁说是鼓励，因为他希望借着两国交战的"浑水"，实现自己原来曾经备受指控的野心，其实就是想让自己当上苏格兰的国王。但我一直认为这是一种不够仁慈的指责，毫无根据地就对一个人苛责厉骂。要知道，这可是一个后来为了让其主子国王陛下获得自由而丢掉自己性命的人啊！国王既然已经知道苏格兰大军挺进英格兰的决心，而他又急需金钱集结军队来抵抗苏格兰人，于是他就正中敌人的下怀，被迫召集议会，于 1640 年 4 月 13 日在威斯敏斯特召开大会。

　　乙：据我看，要是英格兰议会能够根据需要，出于对那个王国根深蒂固的厌恶，提供金钱给国王，让他用来抵御苏格兰大军，那该有多好啊！要知道，苏格兰人自古以来可是经常站在英格兰的敌人法国人一边的，觉得英格兰的光荣只会让自己的民族丢脸！

---

① ［西注］汉密尔顿公爵一世詹姆斯·汉密尔顿（1606—1649）1638 年 4 月被任命为国王特使，但 1639 年 7 月《贝里克和平条约》签订后不久即辞去职务。后来接替汉密尔顿特使任的特拉廓尔应为议会的召集和和平条约条款的执行负责。国王拒绝接受大会和议会提出的废除主教制的条款，这使得特拉廓尔伯爵决定使议会休会直到 1640 年 6 月，同时又使国王下定决心再次对苏格兰人用兵。为了达到动武的目的，查理于 1640 年 4 月召集了英格兰议会。

甲：的确，人们一般都很清楚，邻国之间都会妒忌彼此的荣耀，而且国力较弱的一方对国力较强的一方总会心怀恶意，但这并不妨碍他们就其共同野心所争竞的事情，达成一致意见。所以，国王从这次议会里得到的帮助不是很多，而是很少。而且这次议会的议员们在其日常闲谈中，好像很不理解为什么国王要对苏格兰开战，他们在议会中有时还称苏格兰人为"苏格兰兄弟"。但是议员们并没有把国王筹集战款的事情放在心上；相反，他们念念不忘的倒是苏格兰人的冤情，尤其对国王在最近一次议会休会期被迫采取的征税方式耿耿于怀。例如，本着骑士精神征收的造船费（ship-money），以及其他一些朝廷办公所需要的，人们戏称为"赏钱"的经费，法学家根据王国的历史记载认为这些费用征收得合情合理。① 除此之外，他们还对若干国务大臣的行为耿耿于怀，即使这些行为已经得到国王的命令和授权。他们就这样喋喋不休、没完没了，以至于即使所需战款得到他们的批复，在他们言归正"题"（大会召集他们讨论的议题）之前就已经批复下来，也已经来得太迟，更何况他们根本就没打算给钱呢！不错，会议的确提到要把一定数额的钱款拨给国王，但却是通过讨价还价的办法，要国王放弃造船费征收权和他的其他一些特权。但这一钱款实在太少，并且没有确定的数额，以至于国王看到成功的希望非常渺茫，因此就从 5 月 5 日起解散了议会。

乙：那么国王哪来的钱来组建军队，并支付军队开销呢？

甲：他被迫再次利用贵族和士绅，让他们根据自己产业的多

---

① ［译注］造船费是英国从中世纪便开始断断续续实行的税收制度，造船费只针对英格兰沿海居民，这也是英国君主不经议会同意便可执行的征税特权之一。查理一世在未经议会批准的情况下从 1634 年起企图在和平时期征收造船费，并把征收对象扩大到英格兰内陆居民，引发民众尤其是有产阶级的激烈反抗。这也是引发英国内战的原因之一。1634 年，查理一世与西班牙菲利普四世签订秘密条约，要求西班牙帮助自己攻打荷兰。为了取得西班牙援助就必须筹集资金，检察总长诺伊（William Noy）建议为造船费的征收寻找更多的证据支持，于是诺伊开始研究从古至今的法学文献，最后在伦敦塔挖掘出有关造船费的历史记载。霍布斯在下文的对话中还会谈到这个问题。

寡,或多或少地贡献自己的力量,凭着他们大家的财力组建了一支合格的军队。

乙:那么,好像是原来议会中反对国王事业的同一类人,现在又通过议会,尽自己最大努力推进了国王的事业,这是为什么?

甲:议会中绝大多数的贵族和全英格兰绝大多数的士绅更加钟情于君主制,而不是民主政府,但还不至于听任国王独享绝对权力。这就很容易让他们在议会开会期间,屈就自己去限制王权,把政府体制变成他们所谓的混合君主制,在这种混合体制中,绝对主权应当在国王、贵族院和平民院之间平等分配。

乙:可是如果他们的意见出现分歧,那该怎么办?

甲:我想他们从未想过这个问题,但我敢肯定,他们绝没有打算让上院或下院独揽大权,也没有打算让两院独揽大权。此外,国王正面临外敌入侵,他们也不愿意在这个时候遗弃国王,因为苏格兰人作为外族是他们不敢轻视的民族。

乙:英格兰和苏格兰共处同一个岛屿,几乎说着同一种语言,受着同一个国王统治,人们竟然把它们彼此视为外族,这对我来说简直太不可思议了!罗马人曾经是许多民族国家的主人,为了迫使这些民族国家更加服从罗马城颁布给它们的法令和法律,罗马人认为把它们的人民也变成罗马人是再合适不过的事情了。于是他们就从西班牙、德国、意大利和法国等各个民族国家中,提拔一些他们认为有能力的人,甚至让他们做到元老院议员的位置。他们还把罗马城的特权也赋予每个普通民众,好让他们凭借着这项特权得到保护,不受他们居住地其他民族的欺辱。为什么苏格兰和英格兰不也按同样方式统一成一个民族呢?

甲:詹姆斯国王刚登上英格兰王位时,的确努力这样做过,但却没有奏效。但不管怎样,我相信苏格兰人现在于英格兰所拥有的特权,一点也不亚于任何民族国家的人在罗马所拥有的特权,其中也包括你所说的“入籍罗马”一项。因为英格兰已经允许他们所有人加入英格兰国籍,还赋予他们在英格兰为自己及后裔购买土地的权利。①

乙:这对国王詹姆斯执掌英格兰王国大权后出生的苏格兰人来说一点不假。

甲:目前在这之前出生的人已经寥寥无几了,可是为什么在这之后出生的人,要比之前出生的人享有更好的权利呢?

乙:因为在这之后出生的人,一生下来就成了英格兰国王的臣民,而其余的人则不是。②

甲:难道其余的人一生下来就不是国王詹姆斯的臣民吗? 难道他不是英格兰的国王吗?

乙:不,他是国王,可那时还不是。

甲:我不明白这种区分有什么微妙之处,可是这种区分根据的是什么法律? 有"成文法"支持这种区分吗?

乙:我说不上来,可能没有吧,但它根据的是"衡平法"。

甲:我从中看不出一点公平的影子。③ 既然那些民族国家的人

---

① [译注]英格兰和苏格兰的统一是霍布斯写作《比希莫特》时期的一个被热烈讨论的话题。苏格兰詹姆斯六世入主英格兰时曾提议两国正式统一,他还为此确立双边谈判制度,打算就统一的具体条款进行商讨,但是由于遭到1606—1607年下院的强烈反对而被迫搁置。霍布斯在第四场对话中提到两国于1652年正式实现统一,虽然这种统一是在苏格兰军被英格兰军在伍斯特战役中击败的情形下而被迫实现的。后来王政复辟时期统一已经名存实亡,但统一的观念已经深入人心。1667年议会通过法案,要求英格兰、苏格兰双方各派代表进行"自由贸易协定"的谈判,谈判又无果而终。

② [译注]霍布斯提到国籍问题也是1606年至1607年间下院热烈讨论的话题之一,同时也与当时一个著名案例"加尔文案"有关。"加尔文案"的判决结果规定,詹姆斯入主英格兰后出生的苏格兰人由于曾经是苏格兰王的臣民,因此也是英格兰王的臣民。然而在此之前出生的苏格兰人却不能归为英格兰臣民。"加尔文案"引起人们对该案新奇性和判决基础的兴趣,大法官埃尔斯米尔(Ellesmere)认为法官在缺乏先例的情况下应使用理性判决此案。科克也指出该案判决既然没有惯例可循,就应当使用"自然理性"。参见西沃德主编的《比希莫特或长期议会》的"总论"。

③ [译注]Equity,大写指"衡平法",也译"公平法""公证法",是英美法系的两个主要分支之一,另一个分支就是"普通法"。"衡平法"是为了弥补"普通法"的缺陷而产生的,它根据的主要原则是"公平、正义和良心",在实际法律诉讼中遇到"衡平法"与"普通法"产生矛盾,应以"衡平法"为依归,因为"公平和正义"总是高于"惯例"。

有同等的义务服从同一个国王,他们为什么就不能享有同等的权利呢?而且,既然现在詹姆斯国王掌权前出生的人已所剩无几,那些通过加入罗马户籍而变成罗马人的人,或者说英格兰王国的英格兰人自身,他们要比苏格兰人享有的更大权利是什么?

乙:那些罗马人,只要他们在罗马,他们在制定法律方面就有发言权。

甲:苏格兰人也有他们的议会,国家要制定法律不也要征得议会的同意吗?这不也很好嘛?法国各省不也有各自的几个议会和几部宪法吗?然而他们却都是法兰西国王同等的臣民。所以,就我而言,不管是英格兰人还是苏格兰人,彼此称对方为外族,我认为他们都大错特错。不管怎么样,国王还有一支能战之师,他就凭着这支军队向苏格兰进发,当他挺进到约克郡时,苏格兰大军也早已在边境严阵以待,正准备开进英格兰。他们后来也的确开进了英格兰,①只不过一路马不停蹄,已经累得筋疲力尽,所以他们在行军途中竟然没有破坏任何乡村,因为他们的使命只不过是把请愿书呈交给国王,让国王为他们自称所遭受到的,朝廷对他们的伤害平反,而国王对朝臣的计谋基本上都言听计从。于是他们静无声息地穿过诺森伯兰郡(Northumberland),直到他们开拔到纽卡斯尔(Newcastle)稍北一点的,泰恩河(the river of Tyne)的一个渡口,他们在那里遭遇到国王派来阻挡他们的一小股军队的抵抗,苏格兰人不费吹灰之力就消灭了他们。②等他们一渡过泰恩河,他们就占领了纽卡斯尔,并继续挺进,又占领了达勒姆城(Durham)。接着他们就派人向国王求和,国王于是答应和谈,双方各派代表在里彭(Ripon)会晤。和谈的结果是,双方决定把一切事项都交由议会处理,而国王应于同一年,即 1640 年的 11 月 3 日起,在威斯敏斯特

---

① [西注]苏格兰军于 1640 年 8 月 20 日渡过特威德河(Tweed),国王也于同一天离开伦敦。8 月 23 日他到达约克郡。

② [西注]指 1640 年 8 月 28 日的"纽伯恩战役"(the Battle of Newburn)。

召集议会开会，随后国王就返回伦敦。①

　　乙：于是双方就解散了军队？

　　甲：没有解散。在议会尚未同意双方军队解散之前，诺森伯兰郡和达勒姆城必须支付苏格兰军队的开销，而国王军队的开销则由他自己负责。

　　乙：因此实际上两军的开销都由国王负担，整个分歧也要交由几乎全都是长老会信徒的议员构成的议会来裁决，而议员们当然会如愿以偿地偏袒苏格兰人。

　　甲：可是虽然如此，他们却不敢马上向国王开战，因为民众心中依然留存着对国王无比的敬爱，要是他们宣布自己的图谋，他们只会让民众更加反感自己。他们必须添油加醋地做些渲染的功夫，让天下人相信是国王先向议会挑起战争。再者，他们还没有充分利用讲坛的布道和小册子的宣传，让国王颜面尽毁，也还没有把国王身边他们担心的贤臣谋士清除殆尽。所以他们决心继续跟国王玩猫捉老鼠的游戏，他们假扮猎技高超的猎人，先锁定国王为目标，然后再由身强力壮的人把他驱赶到空旷地带。接着，只要看到他有掉头的架势，就可以把这叫作向议会发动战争的举动。

　　他们首先对鼓吹或撰文辩护王权的人发起攻击，他们图谋篡夺这些本属于君主的权利，把它们从国王手里夺走，于是一些鼓吹者和作家们不是被他们拘禁起来，就是被迫逃亡。② 看到国王对这些人保护不力，他们就继续对国王的大臣发起攻击，因为大臣是国

---

①　[西注]里彭和谈并没有使国王下定决心召开议会，但9月24日在约克郡召开的"大会"上已经宣布了国王即将召开议会的决定。双方谈判代表于10月2日在里彭会晤，双方同意停火，等待伦敦和谈的结果。根据会晤的要求，国王承诺支付苏格兰军占领诺森伯兰郡和达勒姆城期间的开销。国王想当然地以为议会会同意他的征税请求。他们在里彭召开的最后一次会议是在10月26日，当时和谈已经转移到伦敦。

②　[译注]这也促使霍布斯在下院辩论正热烈时即11月7日逃离了英格兰。

王自身行为的代表和执行者。他们囚禁了其中的一些人，另一些人则流亡海外。① 还有一些人，因为他们凭着书籍或布道企图制造动乱，所以犯下性质恶劣的罪行，因此他们受到"星室法庭国王内阁会议"的公开谴责甚至监禁。然而议会却好像为了试探国王和民众的态度，尤其是为数众多的民众的态度，竟然利用手中的大权，开释了这些人，还他们以自由。他们就这么做了，结果伦敦城聚集在他们周围的民众以胜利的姿态向他们欢呼雀跃。② 看到国王对他们的这种举动没有任何反对，他们就进而去攻击国王的造船费征收权了。

乙：造船费？什么是造船费？

甲：英格兰国王为了保卫海疆安全，有权向英格兰无论近海与否的所有郡县所征收的税费，税费主要用来建造和维修舰船。这种税费国王当时才刚找到征收的理由，议会就叫嚣起来，说国王的行为是压榨。其中有一个议会议员需缴纳二十先令的税费，请注意，一个年收入五百英镑的议会议员，只收他二十先令的田租，这也叫压榨！他于是就把此事告上法庭，拒绝缴纳税费，但却败诉了。③ 而且，当国王就此事的合法性而征询威斯敏斯特所有法官的意见时，十二个法官中有十个都判决征收税费合法。法官们虽然

---

① ［西注］斯特拉福德伯爵（Earl of Strafford）11 月 11 日交由宫廷引见官监管，下院正式叛国罪判处他以后又于 11 月 25 日把他囚禁在"伦敦塔"。温德班克爵士（Francis Windebank，1582—1646）从 1642 年任国务大臣，12 月 4 日也受到下院的传唤，于 12 月 10 日离开英格兰。芬奇爵士（Finch）是皇室总管，也于下院弹劾他的当天即 12 月 21 日离开英格兰。

② ［西注］议会于 11 月 7 日下令释放了伯顿（Henry Burton）、巴斯特维克（John Bastwick）、普莱恩（William Prynne）等，伯顿和普莱恩于 11 月 28 日进入伦敦，霍布斯以下还会谈及此事。

③ ［译注］这个议员就是汉普顿（John Hampden，1595—1643），他 1637 年因拒绝缴纳造船费，挑战查理一世的权威而接受审判，因而成了国民英雄。他后来死于查尔格洛夫（Chalgrove）战役，他的塑像至今还矗立在威斯敏斯特宫中央厅的入口处，手握剑把，好像随时准备为维护议会的权利而战斗。

没有为此受惩罚，但却遭到了议会的恐吓。①

乙：议员们义愤填膺地谴责造船费非法，他们是什么意思？他们的意思是说，造船费违反了"成文法"，还是违反了人们一般称为"案情报告"的，法官们对此案的裁决？或者他们的意思是不是说，造船费违反了我以为和"自然法"没什么两样的"衡平法"？

甲：别人心里想什么，我们很难判断，甚至根本不可能知道；如果这个"别人"还是一个狡猾奸诈之徒，那情形就更是如此了。但我敢保证，"衡平法"绝对不是他们拒绝援助国王的借口，称己心、如己意才是他们的借口。因为人们一旦把保卫和治理整个国家的重任交给无论什么人，这人若竟然依靠别人的财力来完成重任，就谈不上什么"公正"了；假如他真的靠了别人，那么这些别人就是他的主权者了，而非他是这些别人的主权者。至于"案情报告"里所记录的"普通法"，除非国王赋予它们法律效力，否则它们本没有什么法律效力。再者，一个腐败而又愚蠢的法官的不公正判决，竟然会随着不管多久的时间的推移，获得法律的效力和权威，这简直太没有道理了。但在"成文法"体系当中有一套被人称作"大宪章"或"英格兰人自由大宪章"的法律，其中有一条国王特许的条款规定，"从兹日起，除非根据本土的法律，否则任何人的财物都不能遭到扣押，也就是说，不允许自己的财物被剥夺"。

乙：对他们的目的来说，这种根据还不够充分吗？

甲：不够充分。你以为这条规定能够排疑解惑，实际我们还是解不开那个疑团，因为当时所谓的本土法是哪里的法律？他们的

---

① [西注]国王就造船费合法性征询法官们的意见是在"汉普顿案"之前，他给他们去函的日期是1637年2月2日，在他们2月7日的复函中十二位法官全都确认了征税的合法性，虽然哈顿(Hutton)和克罗克(Croke)是在得知必须遵循"少数意见服从多数意见"的惯例的情况下才签字的。在"汉普顿案"中，十二位法官中有五位据说都给出了判决，哈顿、克罗克和顿哈姆(Denham)是基于实质性的理由，而布拉姆斯顿(Bramston)和戴文波特(Davenport)根据的则是技术性理由。造船费一案的判决是1641年下院弹劾芬奇的主要事项，也为1641年夏弹劾其他法官做好了准备。

意思是指某个更古老的国王制定的,另一个"大宪章"吗?绝对不是。本法的制定①不是为了免除任何人为公众赋税的义务,而是为了确保人人不受滥用王权者的伤害,这些人通过不正当手段获得国王的令状,然后再用它们来欺压那些他们打算起诉的人。但这倒有助于议会中某些有反叛野心的人达到自己的目的,他们故意曲解这条法律,让它们更容易为其余的,甚至大多数的人所理解,好让它得以顺利通过。

乙:您以为那届议会的议员都是些头脑简单的人,可老百姓却把他们当作英格兰最有智慧的人。

甲:如果奸诈也是智慧,那他们的确够智慧的了。但让我来定义的话,我以为智慧的人是指那种不借助狡诈和卑鄙的手段,仅靠自己细心筹划的力量,就知道如何完成自己事业的人。一个傻子靠着掷假骰子,利用洗牌的机会,也斗得过赌场老手。

乙:按您的定义来衡量,当今时代几乎没有智慧的人了。您说的这种智慧有点像是"勇敢",现在很少有人会达到这个标准了,而且大部分人都会把这看作傻气。现时代的"勇敢"是,碰上睚眦必报的强人,你会用华美的服装、光鲜的打扮和柔美的言辞来待他;碰上忍气吞声的老实人,你会毫不客气地伤害他。②但是,后来当议会攫取到权力,征到税款自己使用时,老百姓对他们又怎么说呢?

甲:还能怎么说?说的不就是"议会已经同意征税,因此征税是合法的,民众应该交税"之类的话吗?

乙:我常听人说,国王需要开销时,只要征得议会同意,老百姓就得缴纳税款;但是议会自己需要开销时,他们征税却从不需要征

---

①　[译注]这里的"本法"显然是指《大宪章》中国王特许的那个条款。

②　[译注]智慧、勇敢、审慎和节制本是西方古典时期的美德。可是到了霍布斯的时代,智慧和勇敢都已走样。智慧已经和奸诈不相上下,而勇敢竟成了欺软怕硬的同义词。注意霍布斯的讽刺口吻,他把同时代所谓"勇敢的人"比作善于打扮的女人,这种所谓"勇敢的人"碰上强硬的人就会作女人状,用"柔声细语"等去取悦对方,碰上软弱可欺的人又肆无忌惮地加以伤害。

得过议会的同意。我从中明白了一个道理,这就是,欺骗大众比欺
骗大众中的任何一人要容易得多。因为只要一个人天生的判断力
没有受到意外损害,要不是他被别人改变政治体制,说得确切点是
受实现人人自我管理的"自由"等鼓噪冲昏了头脑,他会在有关其
钱包的问题上轻易上当受骗吗?

甲:既然这样,请你猜猜,这些无知百姓组成的大众,会选什么
样的人当他们的自治市议员和下院郡选议员?

乙:我只能这样猜测:当时当选的议员正是前届议会当选的议
员,未来议会当选的议员可能还是他们。因为普通百姓从过去到
现在一直是,而且未来也将总是无知于自己的公共义务,他们除了
自己具体的私利别无他虑。他们在其他事情上,就像普通士兵总
爱跟着自己喜欢的直系队长一样,总是盲从自己的直属官长,这些
官长不是传道士,就是和他们打成一片的、很有权势的士绅。如果
你认为最近的苦难使他们长了智慧,但这种苦难很快就会被遗忘。
到那时,我们也就不会比以前更智慧了。

甲:有关正义和非正义的科学,为什么不能像其他科学授人以
真实原理和明晰证明那样,把人们的义务教给他们? 这不比那些
传道士和民主士绅教人反叛和卖国更容易吗?

乙:自己没学过的知识谁能够讲授? 退一步讲,即使有人超凡
入圣,竟然学习了"有关正义和公平的科学",可如果他的讲授内
容与那些掌握权力且能加害于他的人的利益相左,他还能安全地
授课吗?

甲:我们一直不缺乏经过严格论证的,有关正义和非正义的规
则,而且这些规则也都经过智力平平的人也能理解的原理的证明。
虽然这些规则的作者已经湮没无闻,但是他们的光泽已经照耀到
本国和外国受过良好教育的人那里。但相比其余许多不识字的人
来说,他们毕竟是寥若晨星。还有许多人,他们虽然认得几个字,
但却没有闲暇;这些识字的人即使有闲暇,他们也大都把脑力用于

自己的私事和娱乐了。因此，除了节假日从布道坛学习自己的义务，这些民众不可能有其他的学习机会了；可是他们从布道坛学到的，却是"不服从"。于是，这些学说的光泽至今还被敌人的阴云所笼罩和压制，个人的声望再大，要是没有大学的权威，也冲不破它的包围。可是从大学学成毕业的，大都是些鼓吹反动学说的人。一直以来，大学之于本国，就好比古代的木马之于特洛伊城。

乙：您能告诉我，我们这里以及其他地方的大学，是基于什么原因，又是什么时候开始首次出现的？

甲：它们好像是在查理大帝统治时期出现的，在此之前，我相信有许多学习拉丁语的文法学校，因为拉丁语是罗马教会的原始语言。但是至于大学，也就是，讲授一般科学，尤其是神学的学校，很显然，它们是靠着教宗致函给查理大帝的建议，后来又靠着查理大帝时期在萨隆-索-扫恩（Chalons-sur-Saone）召开的宗教大会的支持，才建立起来的。此后不久巴黎就设立了"巴黎大学"，①牛津也设立了号称"牛津大学学院"②的大学。于是，渐渐地，一些主

---

① ［译注］巴黎大学于 1150 年左右由天主教会建立，是世界上第二大古老的大学，建立之初和"巴黎圣母院"有着千丝万缕的联系。1200 年，巴黎大学正式得到法兰西国王菲利普二世（Philippe Ⅱ）的批准，1215 年又得到教宗英诺森三世的承认。有了学院建制后，人们又俗称它为"索邦学院"，后者是由索邦（Robert de Sorbon）于 1257 左右年建立的神学院。巴黎大学的国际性声誉得自它的人文学科方面的突出表现，尤其是神学和哲学。巴黎大学还引入了至今仍被沿用的国际性学术制度，如"博士学位制"和"学生王国"（类似于"学生会"）等。教宗、皇室成员、科学家和学者都曾经是那里的学生。"法国大革命"后，大学教育被搁置，大学的部分教员被拿破仑重新整合到了"法国大学"（1793—1896）。1970 年紧随 1968 年的"五月革命"之后，大学开始分裂为 13 个自治大学。2010 年 13 个自治大学又形成 7 个不同的联盟，希望借此能保存一些巴黎大学的流风余韵。

② ［译注］牛津大学学院（University College at Oxford）是英格兰牛津大学的组合型学院，它号称是世界上最古老的大学学院，17 世纪人们传说学院是阿尔弗莱德大帝（Alfred the Great）于 872 年建立起来的，但实际上学院的真正创建者是达勒姆的威廉（William of Durham），他于 1249 年创立该学院。他捐钱供 10—12 个文科硕士在学院里学习神学，1253 年他还出钱为学员购买了"大学会堂"。直到 16 世纪学院只接受学习神学的学生，1979 年学院开始接受女性入学学习。学院还培养了一些著名人物，如霍金、雪莱等。

教、贵族、富人，甚至国王、王后也都伸出援助之手，大学最后就获得了今天的卓越地位。

乙：可是教宗建设大学有什么目的？

甲：除了你早就听说过的，在大学所在国提升自己的权威，他还能有什么别的目的？他们在大学里学到了为自己辩护的本领，他们一边侵占着国王的权利，一边靠着不可思议的荣誉，蒙蔽人们的眼睛。他们干起这些"活儿"来既得心应手，又迅速敏捷，这也是他们所怀目的的最好证明。我记得我从哪里读到过，巴黎大学的第一任校长是朗巴德，他第一次把人称"经院神学"的学问引入到课堂里。接任他的是邓斯的司各脱，他大约生活在同一时期。对于这两个人，稍微有点头脑的读者，即使不知道他们的目的，单从其作品的佶屈聱牙和不知所云来判断，就能断定他们是世界上头号大笨蛋。后来接替他们的经院学者，也从他们那里学会了把他们罗列的名词强加给读者的伎俩，他们用"言语的刀叉"——我是说靠着毫无意义的只会吓到无知民众的"条分缕析"——拒绝真正的理性思辨。至于那些理解力较强的读者，基本上是九牛一毛，所以这些超凡的博士们对他们的所思所想根本不屑一顾。这些经院学者，他们的目标是要落实所有"信仰条款"，这些也是教宗反复吩咐人们必须相信的条款，而在这些信条当中，有许多地方都与国王和其他世俗主权者的权利存在矛盾。例如，他们坚决主张，教宗在维持 in ordine ad spiritualia［属灵事务］，也就是说，在维持宗教事务所必需的无论什么事情上，都拥有全部权力。

再者，不计其数的传道士从大学里毕业，源源不断地涌入城市和乡村，把那里的人们吓得不得不绝对服从教宗的教规和命令。但由于害怕过分削弱国王和君主的力量，所以他们还不敢称它们为法律。

他们还从大学里学会了如何将亚里士多德的哲学改造成宗教的组成部分，利用他的哲学来为大量荒诞的条款装点门面。例如

"耶稣躯体的性质""天堂里天使和圣人的地位"等等,都属于这些荒诞的信条。他们认为让人们相信这些信条再合适不过,因为这不仅能够让某些人获利,还能使人们更加尊敬牧师,甚至去尊敬最平庸的牧师。因为他们一旦使人们相信,连最平庸的牧师都能制造出耶稣的躯体,尤其看到在自己患病时,他们还能为自己请来救主,还有什么人胆敢不对他们表示尊敬,又对他们和教会出手阔绰呢?

乙:他们利用亚里士多德的哲学来招摇撞骗,对自己有什么好处?

甲:他们利用的与其说是他的学说,还不如说是他学说的晦涩难懂。因为就利用语言来迷惑和困扰人,从而滋生争论的才能来讲,古代没有一个哲学家的作品能和亚里士多德相提并论。而亚里士多德的哲学所引起的争论,最终都要靠罗马教会的决定来彻底消弭。可是他们还是利用了亚里士多德学说中的许多观点,例如,首先是他的"独立本质(separated essences)"的学说。①

乙:什么是"独立本质"?

甲:就是"独立存在者(separated beings)"。

乙:"独立"于什么东西?

甲:"独立"于一切存在的东西。

乙:如果我知道一个东西不存在,我还怎么理解它的存在?可是他们利用这种说法能干什么?

甲:能干的事情很多。他们可以在关乎上帝的本质,人死后灵魂的居所是天堂、地狱还是炼狱等问题上大干一场。不止你,其实人人都知道,他们利用这种说法,可以从普通民众那里捞到多少好处,可以让老百姓多么俯首帖耳。既然亚里士多德认为人的灵魂是躯体的第一推动因,因而也是自身的推动因,他们于是就把这种

---

① [译注]可参见《利维坦》中译本第 46 章,第 546—547 页。

说法用于"自由意志"的理论。至于他们从这种说法中捞到什么好处，又怎样捞到好处，我说不上来。他还教导世人，世上有许多东西，它们的产生没有什么"必然原因"，它们是靠着"偶然""意外"和"机运"而产生的。

乙：据我看，这种说法让上帝成了一个无所事事的神，让上帝成了命运女神游戏的纯粹旁观者。因为无论上帝是什么东西的原因，这东西终归都要发生，而且在我看来它没有别的选择。但是，由于被罚入地狱者接受永恒折磨的正当性必须有根据，或许正是基于这个理由，他们才认为人的意志和意愿并非操于上帝之手，而是操于人们自己的手掌心。我还看到，这种说法多少还有助于提高罗马教会的权威。

甲：这还不算什么，大名鼎鼎的亚里士多德在他们那里也算不得什么。要不是他的观点不与自己相左，他们本来也会瞧不起他。凡亚里士多德认为本质上不可能的事情，他们就会根据上帝的万能，十分巧妙地证明它们是可能的事情。例如，虽然明知亚里士多德会反对，但是为了他们的"圣餐变体理论"的需要，他们还是能够让众多物体处在同样一个位置，也能让同一个物体同时处在众多位置。既然宗教应当是律法，我很不喜欢把它扯进学术的做法。虽然宗教在各国不尽相同，但宗教是律法这点却毫无争议。我同样不喜欢人们不把宗教当知识来讲，宣讲宗教，就应该先澄清其术语的含义，然后再从中得出他们希望听众相信的真理。我也不喜欢他们的术语大部分都晦涩难懂。虽然，为了显示读者缺少知识而非术语本身不够明晰，这些术语大都用拉丁语和希腊语写成。但是在它们被翻译成各个民族国家的母语，供那里的人们使用时，其中的含义却遭到曲解。可是最让人难以容忍的事情是，由于升迁大权掌握在教宗手里，因此所有神职人员为了谋得教会的一官半职，都被迫装得好像很相信这些术语的真实性；而普通百姓，无论他们多么笃信那些精妙的理论，无论他们多么有学问，都不会被教会看作自己的孝子贤孙。得救的道路只有一条,这就是,对教会非凡的虔诚和慷慨的捐赠,以及为了教会的利益,愿意在需要自己时,敢与自己生属的、合法的①主权者进行斗争。

乙:我明白亚里士多德的逻辑学、物理学和形而上学对他们有什么好处,但我却不明白他的政治学对他们有什么用?

甲:我也不明白。我想,虽然他的政治学无意中给我们造成很大伤害,但却没给他们带来多少好处。因为一旦人们最终对牧师们的厚颜无耻感到厌烦,就会去研究强加于己的理论的真实性。于是他们便开始探究起《圣经》的含义来,想知道《圣经》在学者语言中到底是什么模样。所以他们就学起希腊语和拉丁语来,进而他们就了解到亚里士多德和西塞罗的民主原理。再接着,由喜爱他们的"雄辩术"转而爱上他们的"政治学",直到最后终于演变成我们现在正讨论的"叛乱"。虽然"叛乱"没有给罗马教会带来任何好处,却削弱了我们自己国家的实力。由于我们在亨利八世时代挣脱了他们的"网罗",他们便无休无止地试图把我们重新"捕回到"他们的"网罗"中。

乙:他们讲授亚里士多德的伦理学,得着什么东西了吗?

甲:亚里士多德和其他人的伦理学,既没有给罗马教会造成伤害,也没有给我们带来益处,而这对罗马教会来说本身就是好处。他们的学说在关乎善恶的问题上引起了无休止的争论,但人们却无从知道它们到底是何物,也无从知道弃恶就善的途径。道德哲学的目的,是向各类人讲授他们对公众以及彼此应尽的义务。他们评价善,一半靠的是人们强烈情感的节制,一半又靠的是人们所受到的赞扬。然而,行为的善与否却不在赞扬的多少,行为的善与

---

① [译注]Natural sovereign,指一个人出生时就已经在位的主权者,所以中译文用"生属的"来翻译"natural"。霍布斯把"主权者"分为两类:"按约取得权力的主权者"和"以武力取得权力的主权者",这两者都不违背"保护因而服从"的契约,所以都是"合法的"(lawful)主权者。

否在于动机;行为的恶与否也不在批评的多少,行为的恶在于其违反了守法人群所遵守的法律,违反了存在于一切人当中的公道与仁慈。

乙:看来,您把道德体系一分为二了,有臣民的道德准则,也有主权者的道德准则。

甲:我的确这么做了。臣民的美德①完全在于对"国法"的服从。服从法律就是"正义"和"公正",而"正义"和"公正"都是"自然法",因而也是世上万国的"国法";②除违反法律外便没有"不义"或"不公"了。同样,臣民的"审慎"就是服从法律,因为没有臣民对法律的服从,保护臣民安全的国家也就不复存在。虽然平民百姓通过正当手段使自己适当致富也属"审慎",可是如果他们狡猾地拒缴公租,甚至骗取按法律应当交给公家的那部分财富,那我就看不到一点"审慎"的影子了。他们在自己的安全保卫问题上反倒是糊涂蛋。

主权者的美德就是那些有助于维持国内和平、有助于抵御外侮的品格。坚韧果敢(fortitude)是王者的美德,虽然平民百姓当上士兵也需要这种美德。但是对其他人来说,他们越不"坚韧果敢",就不仅对自己,而且对国家也越有好处。勤俭节约(frugality)也是王者美德,虽然你对此有些诧异;因为"勤俭节约"会增加公共储备,而公共储备对公众的消耗来说是再多也不过的;人为了保全他人的福利再怎么节约也不为过。慷慨大度(liberality)也是王者美德,因为要是没有大臣们无比的操劳和奉献,没有他们对主权者的效忠,就没有谁会对国家尽职尽责了。因此主权者就应该给大臣们以物质激励,对为自己带兵打仗的武将尤其应该如此。总

---

① [译注]当 virtue 和 vice 对文时,我把它们分别翻译成"善"和"恶";当 virtue 单独使用时我把它翻译成"美德",如这里的 the virtue of a subject 和 the virtue of sovereigns。

② [译注]国家法、自然法和国法的英语原文分别是 Laws of the Common Wealth,Law of Nature 和 Civil Law。

之,一切行为和习惯,都应根据它们的动机和它们对国家的功用来判断其善恶,而不能根据它们有没有受到节制,有没有受到赞扬来判断其善恶。因为对于风俗习惯,有多少人就有多少种爱好;一个人赞其为善的东西,另一个人则责其为恶。同样,一个人称其为恶的东西,另一个人则称其为善。人都会由着当前的好恶来判断风俗习惯。

乙:据我看,您应当把所有美德中我以为最伟大的那一个,也列进去,我指的是虔敬(religion)。

甲:我已经列进去了,只不过你好像没在意。可我们是不是跑题了?

乙:我以为您根本没跑题,因为我想您的目标,不仅仅是要我了解这次叛乱期间所发生的事件的历史,更重要的是要我知悉事件的起因,以及推动这些事件发生的阴谋和诡计。有许多人已经写下这段历史,我从他们的史书中了解当时人们的所作所为,知道其中的一些骗术本不成问题。但是它们却一点也解答不了我的疑惑。所以,既然您答应我的请求,很乐意跟我讨论这个话题,我也求您能够乐意地按我的办法来回答我的问题。对于讨论中可能出现的离题之处,我会留心把您"带回到"我"引"您离开的地方,因为我很清楚我们从何处跑题。

甲:好吧,那就让我们回到你刚才提到的有关虔敬的问题。既然我已经告诉你,一切美德都在于对"国法"的服从,而虔敬也是其中之一,所以我已经将虔敬列入美德当中了。

乙:既然这样,宗教(religion)①属于"国家的法律"吗?

甲:世界上没有任何国家的宗教不是根据那个国家的法律而确立起来的,没有宗教不从国法树立其权威。的确,从人类法律中

---

① [译注]religion是一个多义词,其含义有常用的"宗教"义,也有不常见的"虔敬"义,霍布斯从这里开始不再用它的不常见的"虔敬"之义,而改用它的常见的"宗教"之义了。

找不到"上帝律法"的根据，但是由于人靠自己的智慧无从知晓上帝所说的话，也无从知晓上帝命令自己所必须遵守的事情，因而也就没法迫使自己服从不知制定者是何人的法律，所以他就只好遵从某个人类的权威。因此，问题就变成了：在宗教问题上，也就是说，在事关对上帝和国王的义务问题上，一个人应当依靠他的臣民同胞来布道呢？还是应当依靠外国人？还是应当倾听法律的声音？

乙：这个问题不难回答，因为除了从握有主权权力的人或人们那里接到命令从事布道活动，否则任何人都不得在本地或其他地方进行布道，甚至连最起码的布道资格都不具备。因此，如果我们得到了国王的批准，那么，您或我就可以像现在的布道者那样，合法地从事布道活动了。而且我相信，比起那些在布道坛上唆使人叛乱的传道士们，我们会更加出色地履行自己的职责。

甲：罗马教会的道德准则，与我这里所记下的善恶说法没有一点共同之处，与亚里士多德的说法也没有任何一致之处。因为罗马教会认可的主要美德包括：服从教会的教条，无论这教条是不是让人叛国，这就是笃信；对教士要有益处，这就是虔诚和大度；心里明知是假的却仍然照着教会的话去相信，这就是他们所需要的"信仰"。对于像这样的道德准则，我还可以列举很多，但你既然十分精通他们的经院学者有关良心问题的论述，我想你早就对它们烂熟于心了。你也知道，他们的经院学者衡量一切行为的善恶，凭的是它们是否与罗马教士的学说一致。

乙：可是，英格兰新教牧师的道德哲学又是什么样的？

甲：就他们日常生活和谈话的表现来看，他们的道德哲学总的来说还是不错的，也是很好的榜样，比他们的文字论述要好百倍。

乙：人们常常因恐惧才正直做人，但是一旦他们掌握了权力，他们就会照着自己的意见做人。这就意味着，只有他们的意见正当，他们才会做正直人。

甲:英格兰的牧师,也像教宗和长老会长老一样,自称拥有直接得自上帝的权力,可以在事关宗教及风俗的一切问题上控制国王及其臣民吗?假如他们有这种权力,那我们不得不怀疑,一旦他们人数众多,力量强大起来,他们就会仿效教宗和长老会牧师的样子,想方设法攫取那项权力。

乙:已故国王阵营里,有没有渊博知名的牧师对当前的道德准则发表过系统的看法?要是能读到他们的论述那就太好了!

甲:我想我可以把现存最好的一部作品推荐给你,这样一本书的确值得你一读,虽然书中有些段落我不十分喜欢。这本书的题目是"以明白易懂而又家喻户晓的语言规定人的全部义务"。① 而且,我敢说,要是拿这本书去检验一下长老会牧师,甚至去检验一下这次叛乱中那些最卖力的传道士,在他们身上也几乎发现不了任何罪过。书作者把人的义务分为三类,它们分别是:"人对上帝的义务""人对自己的义务"和"人对邻居的义务"。在"人对上帝的义务"中,作者把人对上帝的认信归在对他的本质、属性和他的话的信仰上。上帝的属性包括全能、全知、无限、公正、真诚、仁慈以及《圣经》里所能找到的一切其他特质。以上这些特质,那些煽

---

① ［译注］*The Whole Duty of Man Laid down in a Plain and Familiar Way.* 该书的作者是理查德·阿莱斯特里(Richard Allestree,1621—1681),英格兰保王党派牧师,从1665年起担任"伊顿公学"校长。在内战中他加入国王的军队,曾几次被议会军俘虏,他还充当过流亡在外的查理二世国王及其在英格兰的追随者的信使。人们通常简称此书为《人的全部义务》,书名取自《传道书》第12章第13节,"这些事都已听见了,总意就是敬畏神,遵守他的诫命,这是人人所应尽的全部义务"。这是英格兰国教会的一支——新教高教会(High Church)的一部著作,由于高教会的立场当时还很危险,所以本书出版时作者隐藏了自己的姓名。因此有可能连霍布斯都不知道书的作者。他在对话中提到本书作者时只是用"He",译文则把它翻译为"书作者"。本书对英格兰国教会传统的塑造起了不可磨灭的作用,其影响达二百年之久,文学作品里本书通常是小说主人公的私人藏书,如托马斯·哈代《卡斯特桥市长》里把本书称作"家用《圣经》",杜波依斯在《黑人的灵魂》里写道:"书架上福克斯《殉道者的生活》幸福地依偎在《人的全部义务》旁边",富兰克林在写给妻子的信中叮嘱女儿,"我希望她坚持去教堂,让她一遍又一遍地聆听牧师朗读《人的全部义务》和《小姐的藏书》",等等。以下谈到的三类义务和其他的话均出自该书。

动性的传道士和最好的基督徒不一样都承认吗？"上帝的话"构成了《圣经》全书，在英格兰又被领受为"正典"。

乙：他们虽然领受了"上帝的话"，却又根据自己的意思对"上帝的话"进行了解释。

甲：主教和其余的忠君派领受"上帝的话"，除了根据自己的解释，还能靠什么人？作者还规定了另一项义务，即"对上帝意志的服从和顺从"。他们中有人，不，是所有活着的人，任何时候做任何事，曾经违抗过上帝的意志了吗？

乙：我猜，作者所说的上帝的意志，是指他显现给人的意志，也就是他的"诫命"。我敢肯定，无论是在他们布道时，还是在其他时候，他们早就非常可怕的不知违反过多少遍了。

甲：至于他们的行为，如果上帝严格惩办起来，所有人的罪过，毫无疑问，都会大到足以让他们下地狱。至于他们的布道，他们会说，他们认为自己的布道并不违背《圣经》中上帝向人显现的意志。如果他们这样想，这就不是不服从，而只是差错了。可是谁能证明他们不是这么想的呢？

乙：既然"虚伪"不受指控，比起其他罪过来，它就拥有很大的特权。

甲：作者还规定了另一项义务，这就是：要在"上帝的家"，也就是在他的教堂里，在他的领地，在他的节日，在他的道和圣餐里敬拜他。

乙：我想，他们像任何其他牧师一样，把自己的义务履行得非常出色。我的意思是说，忠君派和长老会牧师一样都很小心，不让"上帝的家"受到亵渎，让人按时交纳什一税，让人奉献牺牲，让人遵奉安息日为圣日，让上帝的话得到传扬，让圣餐仪式和施洗礼及时得到料理。遵循上帝的节日和戒日，不也是人们敬拜上帝，对他履行义务的一部分吗？如果是的话，则长老会牧师根本没有履行这个职责。

甲：为什么会这样？他们也保留了某些节日，他们还在自己中间实行斋戒，只不过没有按照教会规定的那个日期，而是自己选定自己认为合适的日期。例如，选择国王的重大胜利日来举行庆祝，同时也能让上帝高兴。而且他们自称，他们很相信自己在这方面完全受着《圣经》的约束，然而谁能证明他们不这么相信呢？

乙：我们先把其他义务搁在一边，现在让我们谈谈我们对国王应尽的义务，看看那些拥护国王的牧师所宣讲的学说，能否在这一方面证明煽动人们叛乱的长老会牧师有理，因为对这个问题您一直耿耿于怀。

甲：关于我们对统治者的义务，作者写有如下的话：

> 我们必须表示两种服从，要么是'主动服从'，要么是'被动服从'。'主动服从'指的是，君王所有合法的命令，这意思是说，只要他命令的事情与上帝的命令不相抵牾，我们就必须按照他的命令执行，按照他的命令完成他要求我们完成的任务；但是一旦他命令的事情与上帝的命令相抵牾，那我们就不能对他表示'主动服从'，我们因此可以，不，是必须拒绝执行。然而，在此我们必须确知君王的命令真的与上帝的相抵牾，确知臣民不是借着良心的伪装来掩盖自己的顽固不化。如果真的相抵牾，我们宁可服从上帝，也不能服从凡人；但即使这是一个表示'被动服从'的时机，我们仍然必须默默忍受君王因我们的拒绝而加于我们的迫害，为确保自己的安全，我们不要起来反抗他。

乙：这种理论中的哪一点对这次叛乱起了煽风点火的作用？

甲：他们会说他们是为了服从上帝才这么做的，因为他们真的相信这样做完全符合《圣经》。他们会从《圣经》中寻找例证，也许会搬出大卫及其追随者对抗扫罗国王的例子，也可能会搬出其后先知们激烈反对以色列和犹大国王崇拜偶像的例子。扫罗是大卫及其追随者合法的国王，可是他们既不对他表示主动服从，也不表示被动服从，因为他们为了自卫竟然摆出一种要与他决一死战的架势，不过大卫自己倒是饶了扫罗的命。[①] 长老会信徒也一样，他们在下达给自己军官的令状中，也吩咐他们不得杀死国王。而且，你毫不怀疑，那些在布道坛上煽动民众拿起武器，保卫当时议会的人，打的也是《圣经》的旗号，而这旗号也就是"上帝的话"。当国王命令臣民做的事情有违《圣经》，也就是有违"上帝的命令"时，如果臣民这时反抗国王合法，如果臣民可以充当《圣经》意义上的"裁判"，那我们就难以确保任何国王的寿命或任何基督教国家的和平能够得到长久维持。不管是忠君者还是造反派，无论谁公开撰写或宣扬这种理论，这种理论都会把国家搞得四分五裂。因此你也看到，如果让那些煽动叛乱的牧师们接受一下这种理论的检验，他们的表现将会十分出色。

乙：我看到了。我不明白的是，既然老百姓从来没有与万能的上帝说过话，对于上帝的话，他们谁也不比谁知道得更多，可是一旦国法与传道士的教条相冲突，他们竟然都会忠心耿耿地跟随传道士，而不服从国法。要知道国法可是国王在征得本国贵族和平民的同意之后才制定的呀！他们难道不知道传道士都是些油嘴滑舌的蠢蛋吗！

甲：让我们再仔细分析一下作者的话，我们先看看"被动服从"。假设一个盗贼触犯法律，而根据法律他应当被处死，有谁能把他的受死理解成服从法律的举动呢？任何法律不是命令便是禁止，而命令和禁止都不能通过受死而得到执行。任何受死要想被称作"服从"，它必须是自愿行为，因为没有"非自愿的行为"可以算作是对法律的服从。希望自己的受死能被算作"服从"的人，不

[①] ［译注］参见《撒母耳记上》第 26 章 1—12 节。

仅不得抵抗，也不得逃跑，更不得藏匿自己而逃避惩罚。那些如此谈论"被动服从"的人，如若他们的生命面临极度危险，有谁能够自愿把自己交给审判官呢？难道我们没有看见，所有犯人被押赴刑场时，不是五花大绑，就是由人押解着的吗？他们若有机会，他们难道不会挣脱捆绑，逃之夭夭吗？这就是他们的"被动服从"。基督在《马太福音》第 23 章第 2 至 3 节说道："文士和法利赛人坐在摩西的位上，凡他们所吩咐你们的，你们都要谨守遵行"，这履行的就是"主动服从"。然而《圣经》并没有把文士和法利赛人描述成十分虔诚的人，他们不可能虔诚得从不违背上帝向人显现的意志而对人发号施令。

乙：对于暴君，人们也必须积极地处处服从吗？或者说，对于一个合法国王的命令，臣民是否根本没有不服从的可能？假使我的父亲根据法律被判死刑，要是国王竟然命我亲手处决我父亲，那该怎么办？

甲：你不必举这种例子，因为我们从未读到过，也从未听说过，有任何国王或暴君竟然没人性到命人杀死自己父亲的地步。如果有国王或暴君这么做过，那我们不得不怀疑他的这个命令是不是还属他的法条之一。因为当我们说"不服从国王"时，我们是指"不服从他的法律"，而他的法律指那些尚未用之于任何具体的人之前就已经制订好了的条款。因为国王虽然是众子之父、众仆之主，然而他除了根据判例法，作为政治人而非自然人来命令一般民众外，他也没有别的办法。假如你所说的命令被写进一般法条，那你就必须服从它，否则你就得在本法颁布之后，你的父亲被判决之前离开本国。但是这种情况未曾有过，将来也不会有。

乙：您的这位作者接着说，在拒绝主动服从那位违背"上帝律法"发布命令的国王时，我们必须十分地有把握，他的命令真的有违"上帝律法"。我很想知道，我们对此怎样才能十分地有把握呢？

甲：我想你决不相信，那些拒绝服从国王的任何人，是从上帝口中直接接到与国王命令有悖的任何命令的，国王可是上帝在人间的代制者啊！你也不会相信，除了像你我所做的那样，也就是说，除了阅读《圣经》，还会有任何其他的办法。因为人们大多按自己的意思理解《圣经》，而不愿遵循《圣经》的真意。因此，当遇到听审疑云重重的个别良心案子时，除了根据国王任命来确定《圣经》意义的人，除了根据他们的意见，我们便没有其他办法来确知任何情况下上帝命令我们或禁止我们的事情。那些如此受到国王任命的人，在所有基督教国家都很容易为人所知。他们要么是主教，要么是牧师，要么是宗教裁决会议的与会者，他们在握有主权权力的人或人们之下控制着教会。

乙：对于您所说的这一点，我还是想提出一些疑问。如果人必须靠别人对《圣经》意义的见解而不是根据他们自己的解释，才能学会自己的义务，我就不明白《圣经》被译成英语的目的何在了，也不明白《圣经》不仅允许世人阅读，而且还力劝他们阅读的原因何在了。因为这除了制造分歧，因而让人天生热爱争论的本性暴露无遗，让人丢弃仁爱，让人桀骜不驯，最终让人揭竿造反，还能带来什么好处？不特如此，既然允许人们用英语来阅读《圣经》，为什么不把全文翻译得连下愚之人都能理解呢？那些说希伯来语的，有文化的犹太人对自己律法的理解，比起说英语的我们对自己成文法的理解，难道不一样好吗？至于那些不具律法性质的《圣经》段落，既然只有违法才可能受惩处，对这些地方理解与否都对犹太人的义务毫无影响。对于《旧约》，我要问的还是同样的问题，因为我相信，有些人，如果他们的最初语言就是他们一生下来所使用的语言，他们就的确能够透彻理解，我们的救主、他的使徒和他的亲炙门徒们给他们的命令和忠告。还有，在《使徒行传》第4章第19节里，当大祭司亚那和耶路撒冷公会里的其他人，禁止圣彼得和圣约翰再以耶稣的名义教训百姓时，圣彼得和圣约翰反驳道:"听从你们,不听从神,这在神面前合不合理,你们自己酌量吧",您对此如何作答?①

甲:根本不是一回事。彼得和约翰见过我们的救主,天天和他说话,而且他们从他所行的奇迹,也知道他的确是上帝。因此他们确知自己违抗大祭司当下的命令是公义之举。现在有任何牧师敢说他是从上帝之口直接接到命令去违抗国王吗?他敢说他不是从《圣经》得知国王的命令有悖上帝律法吗?国王的命令既已具备法律的形式和性质,因此上帝律法在《圣经》里有多处,都直接而又明了地命令人们在一切事务上都服从国王。你所引的那段话并没有向我们说明,当遇到《圣经》的解释众口不一、莫衷一是的问题时,要靠牧师而非基督教国王的权威来一锤定音。所以,哪个国家的国王是教会的领袖,因而也是一切《圣经》解释正确性的首席裁判官;哪个国家的臣民服从国王的法律和公共法令,就不是违抗上帝而是服从上帝。还需补充的一点是,《圣经》本身的接受,也必须得到国王和国家权威的批准。一个牧师不该相信,他若掌握了一点点拉丁语、希腊语和希伯来语的技巧,就有权把自己对《圣经》晦涩之处的解读或自诩的解读,强加给他的所有臣民同胞;他也不该相信,他通常发现的、前人尚未思考过的合理解释,是靠灵感得来的,因为他对此根本没有十分的把握;他更不该相信,他自认为完美无比的解释根本没有瑕疵,假使那样的话,他对国王及其法律极度的顽梗和顽抗,就无非是心灵傲慢和野心勃勃的表现了,再不然就是摇摇撞骗。至于你认为把《圣经》翻译成英语,既无必要又徒增害处,我则不同意你的说法。《圣经》中有许多明白易懂的地方,不仅传授了真正的信仰,还系统地传扬了人得救所必需的

---

① [译注]本章讲到彼得和约翰正向百姓宣讲他们如何靠着耶稣使死人复活的事迹时,大祭司亚那派手下拿住他们,并警告他们不得再奉耶稣之名向百姓宣讲,于是彼得和约翰就说了以上的话反问他们。霍布斯的引文没有把他们的话引完全,他们的后半句话是:"我们所看见、所听见的,不能不说。"

良好品德。有这二者,任何引诱唆使的人也不能霸占普通读者的脑袋。因此阅读《圣经》的好处不言而喻,要是禁读《圣经》,就不可能不对读者本人和国家都造成损害。

乙:我承认,人的得救所需要的一切信仰和礼仪,都尽可能清楚明白地写进《圣经》里了。"你们作儿女的,要凡事听从父母;你们作仆人的,要凡事听从你们主人;世上有权柄的,无论他是君王,还是君王所派来的臣宰,人人当顺服他;要全心全意爱上帝,要爱邻如爱己。"①这些都是《圣经》里的话,都很明白易懂。可是,无论是三尺之童,还是绝大多数成人,他们都不明白,为什么这样做是他们的义务。他们也没有看明白,国家的安全,继而他们自己的安全,为什么非得靠着他们履行自己的这项义务才能实现。每个无拘无束的人看待自己的一切行为,天生都会尽其所能地着眼于服从给自己所带来的好处。他读到贪婪是一切罪恶的根源,但是他也认为,有时还发现,它也是富贵的源泉。因此有时候,《圣经》说的是东,他们想的却是西。他们完全根据可见的现世生活来衡量好坏利弊,从没有把不可见的、来世生活的是非善恶放在天平上称一称。

甲:所有这一切,与《圣经》密封在希腊语和拉丁语中所发生的情形有什么分别? 与传道士用这两种语言向人们传授的同样一些内容有什么分别? 那些条件和年龄都适合研究自己所读《圣经》意义的人,那些喜欢探究自己义务根据的人,无疑会选择阅读《圣经》这唯一的道路,去体会自己的义务感。他们体悟到,自己本身不仅有义务服从法律,还劝导他人也这么做。因为德行稍差的人往往会追随德高望重的邻人,他们非常看重自己所敬重的人的榜样,很不愿意惹他们不高兴,可对于戒律和法律他们倒不十分在乎。

_____

① ［译注］参见《歌罗西书》第 3 章第 20 节、第 3 章第 22 节,《罗马书》第 13 章第 1 节、第 13 章第 9 节,《彼得前书》第 2 章第 14 节。

乙：您所说的这些条件和年龄都适合研读《圣经》的人，在我看来，是一切人中最靠不住的读者。我知道您说的那些人，是指那些学习过希腊语或拉丁语，或两种语言都学习过的人。他们很热爱知识，因而很喜欢对《圣经》最难懂段落的意义刨根问底。他们一旦找到别人未曾发现的全新意义，就会沾沾自喜。因此他们是这样的人，他们忽略《圣经》中教人义务的段落，而只沉迷于细读那些具有宗教神秘味道的部分。例如，"怎样用理智证明，天上实行统治的有三位，而这三位实际是一个？神如何道成肉身？这个肉身又如何能够实在地同时处于许多地方？地狱在什么地方？地狱的折磨怎样？"他们还热衷形而上的理论，"人的意志是自由的，还是受上帝意志的控制？圣洁得自天启，还是需要修炼？基督现在通过谁与我们讲话？通过国王、通过牧师吗？通过每个自行读经、自我解经的人吗？还是通过某个神秘的精灵传话给每个个人？"这些问题以及与之相类似的问题，就是他们的猎奇心所研究的问题，它们也是最近这一切祸害的罪魁。那些朴实无华，从《圣经》中学到过信仰基督、热爱上帝、服从国王、端正行为的人，由于沉迷这些问题便把这一切忘得一干二净，他们还把自己的虔诚安置在您的这些智者们可疑的理论上去了。

甲：我不认为这些人适合给其他人解释《圣经》，我也没说其他人应该把这些人的解释当作上帝的话，凡人有必要知道的东西，都简单得无须解释；无论什么东西，人知道得太多，对自己没什么好处。但一旦那些无关紧要的理论得到国王或国家法律的授权，我敢说，每位臣民就有义务不对它们说三道四了。因为服从握有主权权力的人或人们，是每个人的义务；而且所有握有这种权力的人，惩处那些胆敢发表或宣讲有违法律、容易诱人叛乱或教人质疑法律的私人解释，也是他们的智慧英明。

乙：那他们就必须惩处那些受过大学教育的大多数人，因为这些怪异的神学问题起初都是从大学里开始流行的，所有那些有关世俗政府和教会政府权利的政治问题也是如此。他们还用亚里士多德、柏拉图、西塞罗、塞内卡作品里，用罗马和希腊历史书里的有关自由的论点来装点自己的头脑，并以此质疑他们主权者的必要权力。因此，要是我们国家的大学不把学习内容转变和调整到如何维持和平的方向上来，也就是说，不教学生绝对服从国王的法律和他盖有"英国大国玺"的公共法令，我对我们中间的持久和平就不抱任何希望。因为我毫不怀疑，和用胜利压服叛乱分子相比，坚实的理性再加上这么多权威学者的相助，对于维持我们中间的和平将更胜一筹。但要想成就此事，就必须设法使大学顺从国家的步调，但我怕这是不可能的事。

　　甲：既然大学到目前为止，在不仅违背所有神律、国法和自然法，且违反我们国王权利的情况下，时不时地总是维护教宗的权威，为什么不在它们得到各色法律及公道支持时，也来维护既是国家的主权者，又是教会领袖的人之权利呢？

　　乙：那么，亨利八世国王在议会宣布自己是教会领袖之后，大学为什么不像他们原先卖力拥护教宗权力那样，也在各方面立刻拥护国王的权力呢？

　　甲：因为大学里的神职人员掌管着那里的一切事务，大学之外的神职人员，上自主教、下至执事，都想当然地以为，在英国把教宗拉下台，就意味着把自己扶上位，坐教宗的宝座。而且他们绝大多数人都毫不怀疑，他们的神力靠的不是国王的权力，靠的是基督本身。他们的神力是一代又一代的主教，通过代代相继的按手礼，从基督那里传给他们的。虽然他们也知道，他们早已不承认亲手传神力给他们的教宗和主教们的权力。因为，对于教宗觊觎的英国"神授之权"没有给予自己，他们虽无怨言，但总觉得国王从自己手中夺去"英国国教会"却于理不合，因为他们现在认为只有自己能代表"英国国教会"。他们似乎认为，一个读不懂希伯来语、希腊语和拉丁语《圣经》,或许还认不得希腊语或拉丁语名词和动词、词法和时态的妇女、孩童或成年男人,①竟然应该在宗教事务上承担起统治众多学识渊博的博士的重任,实在是太有悖常理了。"宗教事务"实际也就意味着"神学问题",因为"宗教"很长时间以来,而且如今在大多数人眼里,已经和"神学"没有分别了,这倒给神职人员带来不少好处。

乙:尤其给现在的长老会牧师带来不少好处,因为我看到,在他们眼里,除了那些鹦鹉学舌地跟着念叨他们的布道词,能在《圣经》解释上和他们合伙辩论,能在需要时出钱出力为自己打仗的人,此外再没有什么人是好基督徒了。你信不信基督,对他们来说算不得什么,只要你信他们所吩咐你信的就行;仁爱对他们来说也算不得什么,只要仁爱和大度针对的是他们就行,只要仁爱能让人参与到他们的派系斗争中去就行。我不知道,当这就是我们的信仰时,我们怎样才能拥有和平?"Haeret lateri lethalis harundo!"②[那根致命的箭杆一直扎在它的腰间]长老会煽动性的学说已经深深地扎根于老百姓的头脑和记忆中去了,虽然我不敢说已经扎根于他们心中,因为老百姓除了知道造反合法,他们对这些学说一窍不通。我怕我们的国家没救了。

甲:亨利七世和亨利八世两人分别具有的伟大品质,如果能够统一在一个国王身上,我们的国家就很容易救治。亨利七世在没有引起百姓不满的情况下就填满了他的国库,这是他的伟大品质;而早熟的严苛则是亨利八世的伟大品质。二者缺失任何一个,都将寸步难行。

乙:我觉得您所说的话听来像是对国王的劝谕。先让国王对

① [译注]这里的妇女、孩童和成年男人分别指女王、幼主和国王。
② [译注]参见维吉尔:《埃涅阿斯纪》,杨周翰译,南京:译林出版社,1999年,第82—83页。恋爱中的狄多被比作一只麋鹿,身体中箭却还狂乱奔跑,不知自己身受重伤,也不知自己快要死去。

他们撒手，等到他手中有了足够的现钱，就可以用来征召和蓄养一支强大的军队，然后再攻打并消灭他们。

甲：上帝不会容许如此可怕、野蛮且非人的阴谋进入国王的内心。我倒希望他迅速拥有足够的金钱，能招募一支军队，能镇压任何叛乱，能打破敌人一切胜利的希望，使他们不能干扰改革大学的举措。但若没有实际触犯罪当至死的刑律的，就绝不处死一人。正如你从本次叛乱以及其他叛乱中所看到的那样，叛乱的中心是在大学。然而我们不是要取消大学，而是让大学更加遵守纪律，也就是说，那里讲授的政治学应当是真正意义上的政治学。例如，它应当让人们知道，服从国王根据其权力制订的一切法律是他们的义务，除非这法律根据国王的权力已经加以废除。它还应当使人们懂得，"国法"就是"上帝的律令"，因为制定"国法"的人，只有受到上帝的委任才能制订法律。他还应当使人们知道，人民和教会是一回事，他们只应有一个首领，这就是国王。国王之下的任何人若没有得到国王的批准，都无权实行统治。国王的王权仅出自上帝而不出自凡人，无论这凡人是神职人员，还是其他什么人。他们在大学所传授的宗教，应当让人静静地等待我们神圣救主的再次降临。与此同时，我们应当坚决服从同时也是"上帝律法"的"国王的法律"：不伤害任何人；善待一切人；爱护穷人和病人；过有节制、无耻辱的生活；不把宗教牵扯进自然哲学问题里去；不谈"意志自由""无形体的实体""永恒的现在""基督圣体的遍在""基督的位格"等等老百姓不明白也不关心的问题。如果大学像这样遵守纪律，它们将会时时培养出一些品格高尚的传道士，而那些品格低下的传道士也会随着时间而消失于无形。

乙：我觉得这是一条康庄大道，也许还是唯一一条能够维持我们中间持久和平的道路。原因是，如果人不知道自己的义务，那还有什么能够强迫他们服从法律？您可能会说靠军队，但谁来强迫军队？民兵算不算军队？不久前在君士坦丁堡奥斯曼的王宫里杀死奥斯曼皇帝(Osman)的,①难道不就是他的禁卫军吗？因此我赞成您的看法,同意那些教导民众热爱服从的传道士和士绅,年轻时应当在大学里吸收良好的理论。同意大学本身若不按您所说的样子进行改革,我们就永远不会享有持久的和平。牧师们应该知道,要不是国家最高权力赋予自己权力,他们本没有任何权力。贵族和士绅们也应该知道,国家的自由不是不受本国议会或君主制订的法律的约束,而是不受邻邦的强制和欺辱。

我对这种看法非常满意,我的好奇心把我们的话题扯得这么远,我现在要把您带回到我们开始离题的地方。我们谈论了造船费,谈论了议会对政府的不满,他们谩骂政府是暴政,是专制制度。因此,就如您所说,他们从国王的臣民那里把国王"拎出来",在形势需要时,就对他鸣鼓攻击。现在,您若乐意,就谈谈他们为达此目的所要的其他奸计吧。

甲:我想我们最好在此暂停对这个问题的讨论,另找一个你觉得合适的日子再来讨论它吧。

乙:我同意,我相信那个日子不会很遥远。

---

① [译注]奥斯曼二世远征波兰失利,他把责任归咎于由禁卫军组成的新军。于是他准备取消新军,组建一支效忠自己的军队,从叙利亚、埃及等的突厥裔中招募军人。禁卫军听到这个消息后随之于1622年发动军事政变,拘禁奥斯曼二世,又派人用弓弦将其勒死。

第二场对话

甲：很高兴又见到你！可要是你能多等些时日，我的脑子或许能为你想起更多的事情。

乙：不必了，我现在求您把您知道的都告诉我吧！接下来，无论您花多少时间，我都不在乎。

甲：起初，议会游说民众，使他们相信征收造船费为非法。于是，民众也就顺理成章地认为查理是专制政府。紧接着，为了让民众更加讨厌国王陛下，议员们还指责查理有意引入罗马天主教，批评他授予该宗教在联合王国以合法地位，这引起普通民众无比的憎恨。这倒不是因为罗马天主教属于异端邪说，再说，民众既没有学识也没有辨别是非的能力，他们不可能做出这种审查。这是因为他们经常听自己信任的传道士们发表布道和演讲，这些传道士们在布道和演讲时，总是抨击天主教。这也的确是他们所可能捏造的、离间民众对国王忠爱的最有效的诽谤。他们还为他们的诽谤找到借口，说此时或稍早些时候，先是有一个名叫罗塞蒂（Carlo Rosetti）的人，是教宗派遣到英国王后那里的常驻代表。接着又有一个名叫康（George Conn）的先生，他是红衣主教巴巴里尼（Francisco Barbarini）的秘书，也是教宗乌尔班八世（Urban VIII）的侄子。教宗把他派到英国王后的宫廷里，希望他能够受到王后的恩宠和保护，让他能尽其所能地笼络宫廷的贤达之士，使他们对罗马天主教产生好感。① 他到底有没有做成此事我就说不清楚了。但他很可能受到了一些人,尤其是弱女子们的青睐。恕我直言,他之所以能够赢得这些人,不是靠着他的巧言善辩,而是靠着王后有希望准予自己的恩宠,恩准他在一切可能的事情上劝导这些人。

乙:事情发展到这种地步,不派他们来反倒好些。

甲:虽然婚姻法批准萨默塞特宫(Somerset House)成立天主教嘉布遣修会(Capucins)女修会,但会上依然有反对的声音。② 而且据说,不久之后,天主教耶稣会修士也得到批准,在克勒肯维尔(Klerkenwell)成立女修会。与此同时,国务大臣温德班克爵士也受到指控,说他通过授权令释放了英格兰的耶稣会修士,而这些耶稣会修士被流放后又潜返回国,因此受到缉拿和监禁。温德班克的做法有违成文法,应判处极刑。③ 再者,英格兰天主教徒成群结队前往王后的私人礼拜堂,也让他们有了指责王后本人的口实,不仅为此事,也为她表示给天主教徒的恩宠。最后竟然有人口无遮拦地公开声称王后在国王幕后垂帘听政。

乙:太不公道了! 王后的信仰是天主教,难怪她会不遗余力为天主教徒做善事,因为她不可能不对她所信奉的东西表示真心。看来,自己是伪君子的人,总是琢磨着把别人也弄成伪君子。一个诚虔诚敬的女士,无论她信什么教派,作为这个教派的成员,从该

---

① [西注]乔治·康,1640 年殁,是出生于苏格兰的方济各会修士,1636 年至 1639 年为教宗派驻英格兰的常驻代表。卡洛·罗塞蒂伯爵(1614—1681),1639 年至 1641 年为教宗派驻英格兰的常驻代表,后来做了法恩莎(Faenza)的主教。康的前任是格列潘扎尼(Gregorio Panzani,1662 年殁),后者是奥拉托利会(Oratorian)的牧师,是教宗派驻女王宫廷的首位使臣,也是 1634 年至 1636 年间教宗派驻英格兰的常驻代表,他后来做了米莱托(Mileto)的主教。

② [西注]国教领袖皮姆(Pimme)于 1642 年 6 月提交给上下两院十项议案,要求解散"萨默塞特宫的嘉布遣修会女修道院",参见 *Ten Propositions Delivered by Master Pimme, From the House of the Commons, to the Lords... June 24, 1641*,1641。

③ [西注]六项指控温德班克的条款,都与他发布释放罗马天主教牧师以及拒不接受国教礼拜仪式的天主教徒的授权令有关,参见 *The Articles or Charge exhibited in Parliament against Sir Francis Windebank, Secretary of State to his Majesty*,1641。

派教会为自己谋求恩宠和祝福,谁能定她有罪呢?

甲:继议员们指控国王引入天主教之后,接踵而来,同时又让议会找到借口并再次对国王进行指控的,是国教会和长老会牧师之间有关自由意志的争论。这场争论最初始于低地国家,高莫派(Gomar)和阿米尼乌斯派(Arminius)吵得不可开交。当时英国正处在詹姆斯国王的统治之下,王上预见到这种争吵可能会给国教会带来麻烦,于是便想方设法来控制双方的分歧。随即荷兰的多特(Dort)又召开神学大会,①詹姆斯国王也派去了一两个代表,但却无济于事。争论的问题悬而未决,后来成了我们大学里热烈讨论的话题。所有的长老会信徒都完全赞同高莫(Francis Gomar)②的主张。但仍有许多人反对高莫,这些人被称作阿米尼乌斯(Jacobus Arminius)③派。由于天主教的自由意志教义遭到破除,而长老会信徒的数量又远远超出各大教派,并且已经赢得民众的支持,所以人们一般都很讨厌阿米尼乌斯派。有鉴于此,当坎特伯雷大主教劳德(William Laud)博士④支持阿米尼乌斯,以及前不久动用

---

① [译注]Dort 即 Dordrecht 的简称,Dordrecht 即多德雷赫特,荷兰西部城市和港口。Dort 是现代英语称呼该城的叫法。"多特神学大会"(The Synod of Dort)由荷兰基督教归正会(Reformed Church)于 1618 至 1619 年召集,大会还邀请了八个域外国家的归正会代表参加。大会议题是讨论由《阿米尼乌斯派五条款抗议书》(Arminian Remonstrance of 1610)引起的争论。这五条款分别是:上帝基于信仰的拣选(反对加尔文派无条件的拣选)、普遍救赎(反对加尔文派的有限救赎)、人的全然堕落(反对加尔文派的人可以自我拯救)、人有自由意志因而可以抗拒上帝的恩宠(反对加尔文派不可抗拒的恩宠)和信徒可能失去上帝的恩宠,由于这派主要针对加尔文派,所以他们也被称作"加尔文的抗辩派"(Remonstrant)。与之相反,还有一个由荷兰莱顿大学高莫教授领导的支持加尔文主义的高莫派,他们被称作"反抗辩派"。大会最终做出决议,确认加尔文神学为荷兰教会的信仰,决议导致大批阿米尼乌斯派牧师被免职。

② [西注]高莫(1563—1641),加尔文主义神学家,是 1594 年至 1611 年荷兰莱顿大学的神学教授,也是阿米尼乌斯派的反对者。

③ [西注]阿米尼乌斯又名赫尔曼(Jacob Hermans,1560—1609),反对加尔文主义的神学家,1603 年至 1609 年任莱顿大学神学教授。

④ [西注]劳德(1573—1645),1621 年至 1628 年任圣大卫教堂(Bishop of St. David's)的主教,1628 年至 1633 年为伦敦主教,1633 年至 1645 年任坎特伯雷大主教。

他的教权禁止所有牧师向民众宣讲"命定论"（Predestination）①时，当那些与劳德友善的所有牧师希望加官晋爵，从而竭力鼓吹并大写特写自由意志学说，以此来证明自己的能力和价值时，议会议员们的诽谤很轻易就赢得了民众的欢迎。更有甚者，某些议员还散布谣言，说"大主教打心眼里就是个天主教徒，为了防止他对我们这里的天主教实行任何形式的宽容政策，我们不得不给他戴上'红衣主教'（Cardinal）的高帽"。这种说法根本就是虚假不实，空穴来风，根本不能作为怀疑劳德的根据。

乙：真是太奇怪了，这些无名的学究，为了自己显姓扬名，竟不惜于国门放火②。他们煞费苦心，展开无谓的争论。争论又化为争吵，范围也从大学校园上升到国家庙堂。奇之又奇者，国家非但没有钳制住双方的嘴巴，反而还加入到双方争吵的行列中。

甲：国家只能约束人民服从，而不能与人民讨论是非对错，也不能扭转自视天资较高者的思想倾向。压制思想只会激发团结和奋发，也就是说，只会助长思想信奉者们的恶意和力量。

乙：可他们的分歧在哪里？主教和长老会在基督的人性或神性上存在争议吗？双方有谁反对三位一体，不承认信经吗？双方有哪一方公开鼓吹或撰文反对正义、宽容、节制以及得救所必需的其他义务呢？如果这些都不是，难道双方都觊觎王位，打算消灭国王吗？愿我们的主对我们大发慈悲！是否不理解他们的争论就不能得救？一个人要想得救，是否他的信仰或诚实必须多于另一个人？我们并非异教徒，我们早已相信基督和他的门徒所教导我们的得救所必需的条件，为什么还要不厌其烦地向我们灌输信仰以

---

① ［译注］"命定论"，是一种神学理论，这种理论主张，就个体灵魂的最终命运而言，世间万事都由上帝的意志主宰。"命定论"的解释者试图解决"自由意志的悖论"，因为上帝的万能与人的自由意志总是无法调和。"命定论"也可看作是信仰上的决定论或预定论。

② ［译注］"国门放火"原句为"obscure men that could receive no clarity but *from the flame of the state*"，霍布斯用的是比喻说法，意谓乱中取利，从国家混乱中博取名声。

及其他诸如此类的东西呢？他们为什么不讲讲正义（justice）呢？我的确听到他们布道时常常把公义（righteousness）兜售给民众，但我却很少听到他们谈论正义，根本没有！虽然拉丁语和希腊语《圣经》里正义一词频繁出现，而在英文本《圣经》里，虽然没有读者不懂得这个词的含义，翻译时却用公义取代了正义。于是就几乎没有读者知道公义其实和正义的含义一样，他们反倒认为公义是指"正确的意见"，而不是指"正确的行为或意向"。①

甲：我承认，对于基督徒们有关得救所必需的条件的争论，我所知甚少。它们无非是教会中人如何控制教会的权威和权力问题，是教会中人如何为自己牟取利益和荣耀的问题，一切争论也多半由他们所挑起。因为，一个人为了拯救我的灵魂，或为了拯救除他自己以外的任何人的灵魂，而不辞烦劳地与他的邻人吵个不停，这是一个什么样的人？长老会牧师及其同类在最近的内战中狂热地②鼓吹动乱并煽动人们造反时，可有不具圣职者在场？这些圣职人员，为了不因政府改变而失去自己的圣职或失去其他生活来源，可有谁毫不利己而又心甘情愿地——像长老会牧师煽动动乱那样——郑重地反对过动乱吗？我承认，我读过一些史书，也读过异教徒的拉丁语和希腊语作品，我也因此得知，那些异教徒们的美德和道德义务一点也不落后于我们。尽管我们布道的次数不厌其烦，而他们则根本没有做过任何的布道。我也承认，演说家每个礼拜日甚或更频繁地向一国全体人民自由发表一次演讲，而国家对演讲内容一无所知，这不会有什么好处。再者，基督教国家之外的世界所有地方都禁止这种演讲，因而也就不会引起宗教战争。有

---

① ［译注］"公义"原英文为 righteousness，"正义"原英文为 justice。译文遵循克鲁克和滕尼斯的版本，而西沃德却认为，从"真是太奇怪了……"一直到"而不是指'正确的行为或意向'"都为乙所说的话，中间没有甲的插话。

② ［译注］克鲁克本用的是副词 seriously，显然与文意不合；西沃德本用的是 furiously，译文从西沃德。

鉴于此,我认为频繁的聚众演说只会对国家不利。但是话又说回来,如果向人民讲说他们对上帝和同胞应负的义务,我反倒觉得不频繁。但演说者必须是严肃庄重、谨言慎行、德高望重且受人民敬重的人,一定不能让吵吵嚷嚷的黄毛小子担当此任,因为没有任何信徒会众会傻到仰仗他们来教导自己,这不合人性。因为除个别人喜欢听他们叽叽喳喳以外,大多数人不会对他们心存敬意,也不会关心他们大放什么厥词。我衷心祝愿如此谨言慎行而又德高望重的人,英格兰遍地都是,祝愿他们能够占据英格兰所有的教区,让他们担当起演说的重任。但这只是我的愿望,这个问题还是留待国家根据自己的意愿、用自己的智慧加以解决吧!

乙:他们接着又干了什么?

甲:你知道,国王把三个犯人流放到离伦敦很远的偏远地区。国王判他们流放,是因为这三个人或以书面形式或以公开布道的方式发表了煽动性学说。可是议会却派人释放了他们,让他们重返伦敦。我已经记不得议会是否征得国王陛下的同意。我想,他们的意思是想试探一下民众对此的高兴程度,以及他们离间民众对国王之爱的努力到了何种程度。当这三个犯人阔步穿过伦敦的街道,那场面简直就是一场凯旋,万众从四面八方聚拢而来,就为了目睹他们一眼。他们以欢呼,甚至以敬慕的方式欢迎着他们,好像他们就是下凡的神仙。① 到此为止,议会已足可放心,因为他们现在拥有了一支巨大而又狂暴的队伍,只要时机一到,他们随时会发动这支队伍。有了这种信心,他们又开始着手下一个阴谋,这就是罢免国王身边的忠臣,使国王丧失

---

① [西注]普莱恩、巴斯特维克和伯顿都于1637年在星室法庭以煽动性的诽谤罪受到起诉。他们被判枷刑、鞭刑、刖刑,并被分开关押在伦敦以外的监狱里。1640年11月7日,平民院命令释放三位囚犯。普莱恩和伯顿于11月28日在民众热烈的欢呼声中回到伦敦,而巴斯特维克随后于12月4日返回伦敦。霍布斯他们说一起返回伦敦有误。

这些忠臣的智慧、勇气和权力,使他们不再能够阻止和对抗自己反叛国王的图谋。第一步,平民院决议控告爱尔兰总督斯特拉福德伯爵犯有叛国大罪。[①]

乙:斯特拉福德伯爵没当总督之前是怎样一个人? 他怎样得罪议会,让议会抓住把柄,以为他会成为议会的敌人呢? 因为我听说他早先在议会任职时,和任何其他议员一样,是一个坚定的议会分子。

甲:他本名叫作温特沃斯爵士(Sir Thomas Wentworth),天生是一位绅士,在他家乡约克郡身份非常显要,但他对公共事务的判断,比他的身份还要显要。他不仅在家乡出名,更是名闻全国。因此人们通常推选他当议员。他不仅当过自治市的议员,还当过郡选议员。正如所有被选入议会的合适人选一般会做的那样,他也恪守某些从政原则。这些原则通常有以下几点:把早先议会的判决和条例当作审判和治理的准则;把这两者统称为判例;坚决不使未经议会批准的税钱强加在人民头上;同时也让议会批准的税赋不过分地压榨人民;为人民保留不受议会以外的国王专断权力压迫的人身自由;为百姓伸冤。

乙:伸什么冤?

甲:常见的冤情无非是如下这些:国王对其宠臣的过度慷慨;国家某些大臣或官员的权力过度膨胀;世俗及属灵法官的违法行为。未经议会同意募集臣民的资金,可算是冤情中的最大者。近来,这些冤情尚未得到纠正之时,国家遇到危机时刻需要金钱时,他们通常都是很不情愿,甚至百般阻挠,不给国王提供资金。

乙:要是这样,国王该如何履行自己的职责? 臣民又如何能知道该服从哪个主子? 因为这里显然有两个权力,这两个权力要是

---

① ［译注］平民院决议控告斯特拉福德犯严重叛国罪是在 1640 年 11 月 11 日。

产生冲突,臣民总不能两个权力都服从吧!

甲:一点都不错。但除了 1640 年的那届议会以外,它们的分歧还没有大到危害国家的地步。在已故国王查理 1640 年以前所召集的所有议会上,斯特拉福德大人和其他人一样,好像真的是竭力反对国王的要求。就是由于这个原因,他才备受人民的尊敬,还被人民呼为伟大的爱国志士,一个勇敢地站起来保卫人民自由的人。但是也是由于同样的原因,当他后来竭力维护国王陛下的正当王权时,他也备受人民的憎恨。

乙:他的态度怎么会有如此大的转变?

甲:1627 年至 1628 年所召开的议会解散后,国王发现自己没办法从议会手里筹到金钱,他又不想拿自己最心爱的臣仆和大臣们的鲜血来收买议会,他于是就拖了很久没有再召集议会。要不是为苏格兰叛乱的情势所迫,他本可以拖得再久一点。在那届议会上,国王册封温特沃斯爵士为男爵,国王册封他爵位是看重他的大能,因为在前几届议会上他的帮倒忙已经引起国王的特别关注,但国王认为他的大能日后也许会对自己有帮助。国王不久又让他进了枢密院,紧接着又让他做了爱尔兰总督。他在总督任上干得很出色,也竭力维护了国王陛下的利益。所以国王很满意,就让他继续担当此任,直到 1640 年那届不幸的议会,他的得宠受到贵族院和平民院的嫉恨,他们残暴地判他死刑。就在这同一年,他还被国王任命为国王军的统帅,被派去阻挡入侵英格兰的苏格兰人。而在前年,他刚被册封为斯特拉福德伯爵。[①] 这次战争以和平方式收场,双方各自解散自己的军队,而当时议会正在威斯敏斯特召开会议,随后不久,平民院就向贵族院提起诉状,控告斯特拉福德犯有叛国大罪。

---

① ［译注］国王册封温特沃斯为斯特拉福德伯爵是在 1640 年 1 月 12 日,任命他为军队统帅是在 1640 年 8 月 3 日。

乙：他因国王的恩宠而成就其伟大，因国王的保护而寄望其安全，他不大可能是国王的卖国贼，他们指控他叛国因何而来？

甲：他们指控他多项罪名，但归结起来有以下两条：第一，他阴谋颠覆本国的根本法①和政府，企图建立一个违法的专制独裁政府替而代之；第二，他煞费苦心地企图破坏议会的权利，破坏议会古已有之的程序。

乙：他们做这事国王不知情吗？

甲：不知情。

乙：如果斯特拉福德犯的是叛国罪，那国王为什么不通过自己的律师传唤当事人？平民院没有接到国王的命令就向贵族院指控他，它想干什么？如果国王起初不知情，他们也应该先向国王申诉呀！我搞不懂这是什么法律。

甲：我也搞不懂。

乙：以前有成文法判过类似的行为为叛国罪的吗？

甲：我没有听说过，我也不明白，一个人的言行国王看在眼里，知在心里，国王不认为这人卖国，这人怎么就成了国王的卖国贼了呢？因此这不过是议会要的奸计，他们想要谁的命，他们就会把"叛国"俩字写进对谁的诉状里。

乙：有没有具体的行动或言辞，可以让他们证明，斯特拉福德企图破坏议会的根本法，因而他们才起诉他？

甲：有。他们说他曾经建议国王用爱尔兰军相要挟，迫使议会

---

① ［译注］根本法（fundamental laws），根据布莱克斯通（William Blackstone）在其《英国法律评注》（*Commentaries on the Laws of England*）第 1 卷第 1 章"论个体的绝对权利"的说法，指的是"每个英国人的绝对权利"，他还追溯了根本法的历史，认为根本法与 13 世纪保障人民权力和自由的《大宪章》、1628 年保障人民自由的《权利请愿书》、1689 年的《权利法案》以及 1701 年的《王位继承法》（Acts of Settlement）等议会的法案有着千丝万缕的联系。潘恩（William Penn）受审时曾用到该术语，认为根本法不仅关涉"自由"，还关涉"财产"。后来的洛克在《政府论》里又增加了"生命"和"健康"两项。《独立宣言》也追随洛克，认为"追求幸福"也属于根本法。

履行自己的职责。① 他们还说,不久前斯特拉福德大人还让爱尔兰军部署待命,预备为国王效力。但是他们从来没有找到针对他的证据,能够证明他曾建议国王用爱尔兰军来对付议会。

乙:那些所谓的根本法到底是什么样的法律? 因为我搞不懂,还有什么法律比自然法还根本? 因为只有自然法,才会为了我们的安全,约束我们所有人,让我们服从那个我们承诺服从的人,无论这人是谁,他总是我们合法选出的人。我也搞不懂,对一个国王来说,除了 salus populi,亦即人民的安全,还有什么其他更根本的法?

甲:这届议会的议员们想要指控什么人,他们就不会顾及状子措辞的含义,而只会看重它们的分量。这样在无知大众的心里就会加重被告的罪状。因为无知大众只要恨哪个被告,他们就会相信,状词越犀利,罪恶就越滔天。他们就是这样对待斯特拉福德伯爵的,在他们眼里,伯爵不仅是王党分子,还是背叛议会的叛徒。

乙:我恳求您也能告诉我,他们好像恨之入骨的所谓独裁政府,是什么样的政府? 世上有不顾统治者意愿而强迫统治者去统治人民的事吗? 有不顾统治者意愿而强迫统治者制定这法或那法的事吗? 我想应该没有这样的事,要是真有这样的事,真正制定法律,实行独裁统治的,就是强迫它的那个人了。

甲:没错。议会的真实想法是,他们自己而非国王,应当对无论英格兰,还是爱尔兰、苏格兰实行独裁统治。这从最近的事态中已经一览无遗。

乙:人人都知道,国王如何通过世袭制而得到苏格兰和爱尔兰

---

① [西注]*Depositions and Articles against Thomas Earle of Strafford Fehr. 16 1640*,1641,[Wing E2572].其中包含有平民院 2 月 16 日呈交给贵族院的详细罪名,除了 11 月 25 日公布的罪名外,还包括二十八项附加的罪名。罪名 21 和 22 声称,斯特拉福德企图利用爱尔兰军在英格兰筹集资金,这"损害并破坏了英格兰王国,伤害了国王陛下的臣民,这是一种企图变更和颠覆王国根本法的行为"。

的统治权。可是，英格兰国王和他的继承人要是阴差阳错没有得到这种权力，（但愿这样的事不要发生），我就想象不出，英格兰的议会该如何称呼那两个国家了。

甲：是呀，他们会说，这两个国家是靠古代英格兰臣民的金钱征服而来的。

乙：有这种可能，而且这也符合他们厚颜无耻的品行。

甲：他们靠着这种无耻的品行，在民主会议中差不多摆平了所有想摆平的事，他们简直就是雄辩女神，证据呼之即来。因为从这种大胆的证词中，哪个凡人不会得出结论，认为被告被控有罪大有可能呢？根据这种控罪，斯特拉福德被带到威斯敏斯特厅（Westminster Hall）的贵族院面前接受审判，然后证实他有罪。很快他们就根据议会法案判决他犯有叛国罪，剥夺了他作为死刑犯的财产和公民权。[①]

乙：贵族院的议员们，竟然根据如此不堪一击的理由，就做出如此判决，就如此爽快地批准这个法案，对他们本人及其后裔造成如此伤害，简直太莫名其妙了！

甲：做出这种蠢事，他们好像不是不知情，因为法案中还有一项条款，规定今后若遇到类似案件，不能把此案援引为判例，也就是不能算作侵害案。[②]

乙：这比法案本身更糟糕，这是承认自己的判决不公正。因为若是公正的判决，把它当作判例有什么害处？再者，若今后出现类似的案件，定罪也根本不会因这个条款而减轻多少。

甲：的确，我相信上院的议员们多半不情愿判他叛国罪，他们

---

① ［西注］审判斯特拉福德叛国罪的案件于 1641 年 3 月 22 日开庭，4 月 10 日议会提交剥夺其财产和公民权的法案，5 月 8 日贵族院通过此法案，于是剥夺财产和公民权的法案随即取代控罪审判，因此审判根本没有得出有罪裁定的结论。

② ［西注］"本法案规定，任何法官或法院不得按照本法案制定之前的方式，判决或解释任何行为为叛国，也不得按照这种方式听审或裁定任何叛国罪。" *The Bill of Attainder, that Passed against Thomas Earle of Strafford*, 1641［Wing E2533］,3.

是受到前来威斯敏斯特厅旁听审案的普通民众喧闹声的惊吓，才这么判他叛国的。这些民众嘴里高喊："法办斯特拉福德伯爵，惩处斯特拉福德伯爵！"这些民众也是被某些平民院议员有意召集到那里的，他们满怀信心，只要民众对胜利归来的普莱恩、伯顿和巴斯特维克报以热烈的掌声，他们随时会让民众如其所愿地骚动起来。他们受到惊吓而如此判决，部分原因也是由于平民院本身，因为只要平民院想要清除某个贵族院议员，他们只需告他"玩忽职守"就行了。

乙：玩忽职守？怎么才算是玩忽职守？玩忽职守是犯罪吗？他们想要清除所有罪犯吗？

甲：他们所谓的"玩忽职守"罪犯，指的只是他们会用尽一切办法加害的那个人。但是我想，贵族院的议员们万万没想到，他们的目的是要肃清整个贵族院。

乙：整个贵族院的议员们竟然没有看破，破坏国王的权力、削弱国王的权力，破坏和削弱的恰恰是他们自己，这真是不可思议的事情！他们不会想当然地以为，民众会把他们一心一意从国王手中夺取的最高权力，乖乖地交到自己手中吧！毕竟上院贵族为数不多，所掌握的权力也比不上下院的平民，更何况民众还不喜欢自己呢！

甲：但我倒觉得没什么不可思议的，因为上院议员和郡选议员、市属议员比较起来，前者的个人能力并不比后者差多少，而前者处理公共事务的能力也并不比后者强多少。一个人今天是下院的郡选议员，到明天荣升为贵族，成为上院的一分子，我们也没理由因此以为这人比以前聪明了许多。两院里所有人在牟取个人私利方面都很精明能干，这和我们国家任何精明能干的谋利者没什么两样。牟取私利需要的无非是勤勤恳恳和天赋才智，唯有这二者才能守住财富。仅有才智、精明和勤恳，而没有万无一失的法则和关乎公平正义的真科学，想治理好国家只能是望洋兴叹。

乙：如果真是这种情形，世界上任何国家，无论它是君主制、贵族制还是民主制，都不可能永葆体制而不改国换号，都不可能稳坐江山而无起义内乱。

甲：没错，世界上任何大国都未能长久幸免于内乱。曾经有一段时间，古希腊各地遍布众多弱小的国王。后来由于内乱，它又分裂为许多弱小的国家。接着这些国家又合并为较大的国家，再接着由于内乱，这些较大的国家又分裂为众多君主制城邦，这一切都源于普通民众没有可资借镜的公义法则。如果在这各种内乱的初期，民众已经稔熟这些公义法则，那些野心勃勃的政客，在政府稳定之后根本没指望去扰乱政府，因为野心没了"帮手"就会一事无成。而要想让"帮手"消失殆尽，就应该不辞辛劳地把有关义务的真实原则教给普通民众。与此相反，现在传教士们向普通民众所灌输的，都是些一无用处且危害国家的学说，诸如人的意志的本质问题，还有许多其他哲学问题，等等。这些学说对来世个人的灵魂救赎没有任何帮助，对他们的现世幸福也没有任何益处，要说有什么益处的话，这些益处也只是诱导民众，把他们本该奉行给国王的义务奉行给了教士们。

乙：据我判断，只要人世长存，一切基督教国家都逃脱不了这种阵发性内乱的困扰。

甲：很有可能，而且正如我所说，只要改革了大学，这些错误就很容易加以纠正。

乙：那届议会会期持续了多久？

甲：那届议会召开会议是在 1640 年 11 月 3 日。11 月 12 日斯特拉福德大人在上院全体议员面前受到叛国罪的指控，22 日被移送伦敦塔，他的受审始于 3 月 22 日，于 4 月 13 日审判结束。审判结束后，平民院判定他犯有叛国大罪，之后贵族院又于 5 月 6 日做出同样判决，5 月 12 日他被斩首。

乙：真是神速！可是虽然神速，国王难道就没有通过赦免令救他一命吗?

甲:国王在斯特拉福德受审期间,对他的一切判决都有所耳闻。他也声明,他对判决的公正性不甚满意。而且我认为,尽管国王的人身受到民众暴怒的威胁,尽管国王的亲信甚至斯特拉福德本人都劝国王继续执行死刑。但是,要是赦免斯特拉福德能够让国王在议会独自挑起和支持的叛乱中保全自己,他本可以赦免他的死刑。可议会挑起叛乱,其目的就是让国王的支持者们魂飞胆丧。国王事后也没有固执己见,他承认自己没有营救斯特拉福德,是自己做错了。

乙:这也证明国王本性善良。可我在史书里从未读到过,奥古斯都·凯撒承认自己曾经做错过,让西塞罗任由自己的敌人安东尼(Antonius)摆布。① 或许这是因为,西塞罗曾经反对过奥古斯都的父亲,他也没有因奥古斯都对自己的宠爱而帮助过奥古斯都,而只是出于对安东尼的仇恨,出于对元老院的热爱。也就是说,真真切切出于对他自己的爱,才助使奥古斯都控制了元老院。同样很有可能的是,斯特拉福德伯爵也是为了他自己的目的才站到国王这一边的,别忘了,在先前召集的几次议会里,他是跟国王最过不去的一个人。

甲:我们很难准确把握人的心思,但是我却经常看到,那些想拿倔强来邀得宠爱的人,往往不会达到自己的目的。而另一方面,那些有宠可施的国王们,如果他们不得不靠宠爱收买臣民的服从,那么,这些国王不是已经虚弱不堪,就是很快就要虚弱不堪了。因为你既然在市场上能用倔强买到荣誉和权力,那你也就能用它买到很多其他东西,我们的斯特拉福德大人就是这种买家。

乙:您在神话中读到过,赫拉克勒斯与九头怪搏斗时,他砍掉

---

① [西注]例如,屋大维(Octavian)未能阻止安东尼说西塞罗是被剥夺公民权的受害者,这让罗马帝国从公元前43年开始了历史上的三雄执政时期,虽然西塞罗在尤里斯·凯撒遭到暗杀后支持屋大维。后面的对话会继续谈及此事。

其中的任何一个头，都会在被砍处继续长出两个头来，但最终他还是砍光了妖怪所有的头。

　　甲：故事不是这样的，其实赫拉克勒斯起初并没有去砍那些脑袋，他先是买下了这些脑袋。到后来，当他发现这样做对自己没有任何好处时，他于是就全部砍下了这些脑袋，赢得了胜利。

　　乙：他们接着又干了什么？

　　甲：在弹劾完斯特拉福德伯爵之后，平民院又于 12 月 18 日控告坎特伯雷大主教犯有叛逆大罪，也就是说，控告他阴谋实行专制统治云云。为此他于 2 月 18 日被移送至伦敦塔关押，但是对他的审判和判决却拖延了很久，一直拖到 1643 年 1 月 10 日，这是为了讨好苏格兰人。因为苏格兰军队正要开进英格兰，准备助议会一臂之力。①

　　乙：为什么苏格兰人会认为坎特伯雷大主教很危险呢？他既非好战分子，亦非领兵打仗的将才，难道他是一个干练的政治家？

　　甲：他从未提出过什么了不起的政策建议，看不出他有多干练。我只听说，他是一个道德上很诚恳的人，他热烈提倡建立由主教主导的政教合一体制，希望衷心侍奉上帝，装点上帝的殿堂。但这方面他做得很得体，尽可能不减损神圣陛下所应得的荣耀。可是他却把他以前的争论带到了国家层面，我是说，他把他在大学里有关自由意志的争论，以及他有关祈祷书的繁文缛节和规定，带到国家层面来讨论。在我看来，这只能证明他并没有多高的治国才能。差不多与此同时，他们还通过了一项每隔三年举行一次议会的议案。由于这项议案得到国王的批准，因此该议案即时生效。议案规定，本届议会之后，国王应当在今后三年内召集一次会议。因此，每隔三年，议会必须在议案中规定的某一天在威斯敏斯特召开会议。

_____

① ［西注］平民院于 1641 年 2 月 26 日把叛逆大罪的诉状呈递给贵族院，1641 年劳德被判移交伦敦塔关押，对他的审判始于 1644 年 3 月 12 日，对他执行死刑是在 1645 年 1 月 10 日。

乙:可是,要是国王发现,召集议会很不方便,甚至有害上帝交由他负责的人民的和平与安全,那该怎么办?因为我不明白,如果一个主权者的手脚被捆绑起来,或者他除了负责他治下的人民的利益,他身上还背负着其他的义务,他怎么能够维持人民井然有序的生活?与此同时,从您讲述的事情来看,他们依然承认国王是他们的主权者。

甲:我也不知道怎么办,可议案就是这么规定的。议案还进一步规定,如果国王不依照自己的命令召集议会,那么,大法官或掌玺大臣应当即时发出召集令状(Writs of Summons);如果大法官拒绝发出令状,那么,各郡郡长应当于规定好的议会会期的前一天,在他们即将举行的郡务会议上,亲自进行前述议会议员的选举。

乙:可是如果郡长们也拒绝呢?

甲:我以为他们应当为此起誓。至于其他规定和细节,我希望你查看一下法案。①

乙:既然没有议会,他们该向谁起誓?

甲:不论有没有议会开会,他们都毫无疑问应当向国王起誓。

乙:国王也可免去他们的誓言。再者,如果他们拒绝向国王宣誓,国王盛怒之下拿他们是问,这时议会又不在会期,谁来保护这些不听话的法官和郡长呢?

甲:我求你别问这么多理由,对这些事,我知道的并不比你多。

---

① [西注]大法官、掌玺大臣或国玺委员必须发出令状,启动选举程序,召集上院贵族。假如他们没能发出令状,这一任务就要交由任何十二位或十二位以上的上院贵族去执行。他们会在规定的日期在威斯敏斯特宫举行会议。假如他们也没能完成此项任务,那么议会无论如何也要召开。假如郡长们没能启动选举程序,那么各郡及各市的选举人在没有上级权威的情况下做出自己的抉择是合法的。那些没能按照职责启动选举程序的郡长们要受到惩处。但唯有大法官、掌玺大臣和国玺委员才必须宣誓奉守规定的法案。该誓言不是随便针对任何人的誓言。法案还规定,未能遵守法案的规定,除犯伪誓罪外,还构成玩忽职守罪。议会还同时规定了其他一些诸如此类的罪名(《王国法典》[Statutes of the Realm]第5卷,第54—57页)。该法案于1644年终止。

我只告诉你,他们为此目的通过了一项法案,国王在二月中旬也签署了这项法案,这事就在大主教被送押伦敦塔之前不久。除此法案以外,议会两院还通过另一项法案,该法案规定,当前的议会应继续开会,直到两院都同意解散它为止。国王是在签署斯特拉福德伯爵处决令的同一天签署了该项法案。

乙:议会为实现两院最具煽动性的成员们的目的,在如此短暂的时间之内,竟取得了如此巨大的进展! 他们十一月开始开会,而现在已经是五月,这段时间间隔不过半年,他们就从国王那里夺走了本该属于他的人民对他的忠诚。他们赶走了国王最忠实的臣仆,他们还砍掉了斯特拉福德伯爵的脑袋,囚禁了坎特伯雷大主教。他们还赢得了议会解散后,今后每三年举行一次的议会会期。而且只要他们高兴,他们的会议想开多久就开多久。所有这些事件合在一起,等于完全剥夺了国王的权利,只差颁发一个有效的特许状就可大功告成。但是我想不可能有这样的特许状,除非国王以明确的条款宣布自己放弃主权权力。但是国王并没有这样做。①

甲:再者,他们还从国王那里得到准许,取缔星室法庭(Star Chamber)和皇家民事诉讼法庭(High Commission Courts)。②

乙:国王做出这么多、这么大的让步,作为回报,他们发给王室的特殊津贴,钱数一定不少吧?

甲:一分没有。但他们常常向国王保证,会让他成为英格兰历史上最光荣的国王。这话在普通民众听来,有着无比美好的含义。

乙:可议会现在知足了吗? 因为我无法想象,国王现在已经给了他们这么多,他们还想要什么?

甲:是的,他们还想要,他们想要全部的绝对主权,想把君主政

---

① 从前一页的"国王也可免去他们的誓言"起至此,据西沃德本译出,克鲁克本没有这些内容。

② [译注]根据西沃德的注释,国王批准取缔这两个法庭的法案是在 1641 年 7 月 5 日。

府变成寡头政府。也就是,想暂时让几个贵族和大约四百平民构成的议会掌握绝对主权,接着再把贵族院一脚踢开。这正是长老会牧师们的阴谋,他们以为,根据神授权利,只有自己才是教会合法的掌门人,他们竭力要把寡头制引入到世俗国家当中。这样,宗教法便可由自己的宗教会议制定,而国法则可由平民院制定。他们还盘算着,自今往后,他们就会像从前那样牢牢控制住平民院了。然而他们万万没想到,他们的门徒竟比自己聪明百倍,虽然他们的门徒没有恶意欺骗自己,他们还是上了当。

乙:这之后发生了什么事?

甲:在接踵而来的八月份里,国王琢磨着自己已经完全控制住了议会,以为议会不会再反对自己。于是他就动身去了苏格兰,①想用和这里一样的办法,安抚自己在那里的臣民。他也许想赢得他们的善意,好在这里的议会万一领兵攻打自己时,不致使苏格兰人成为他们的援兵。可是国王同样上当了,因为,虽然苏格兰人表面上对国王的所作所为十分满意,国王也答应他们废除主教制,可是后来他们却为了钱而与议会结成同盟。正当国王在与议会的争吵中就要占得上风时,他们却突袭了英格兰。但这是一两年之后的事了。

乙:您先别往下讲,我想知道,贵族院、平民院或两院如今都自称拥有的那项权利,其根据和来源如何?

甲:这个问题太久远了,人们差不多都不记得它了。若不参考我们国家的史记,不参考零星难解的罗马史的断简残篇,我们便无从猜测其究竟。至于史记,既然它们不过是人为的记录,因此就会有时公允,有时又不免偏颇。所以我们凭着这些记录,不可能得知他们拥有什么样的权利,我们只能推知他们自称自己拥有什么样的权利。

乙:无论如何,还是让我了解一下,罗马史怎么解释这个问题。

---

① [译注]查理国王8月10日离开伦敦,到达爱丁堡是在8月14日。

甲：如果把谈到国家体制或谈到其他民族的所有古代作家一一列举出来，就会又无用又冗长，而且还离题万里。这些既有我们的祖先撒克逊人建立的国家，也有其他日耳曼人建立的国家。我们从他们那里继承了今天仍然通行于英格兰的荣誉称号。阅读这些历史，我们看不到任何有关权利的论证，我们只能找到一些事例。即使是这些事例，由于受到野心勃勃的权臣们的干扰，相比一般情形，常常会更加有失公允。至于那些盎格鲁或撒克逊人，他们在古时候通过几次入侵，就使自己成了这个国家的主人。他们本身还未结成一体，未成为一个国家。他们不过是一些大大小小的日耳曼公国的领主杂糅在一起而形成的联盟，与特洛伊战争中希腊大军的情形并无二致。他们除了受自己恐惧和软弱的驱使，再不负有任何其他义务。

这些领主大多也并非自己母国的主权者，他们由民众的选举而做了自己率领的军队的统帅。因此，当他们攻了城掠了地，让他们自己中的某人做这地那地的国王，让某些人比普通民众和士兵拥有更大的特权，这没有什么不公平。而在这些特权中，一个人很容易猜到，我们所说的权利便是其中之一。这些拥有特权的人，他们应当认准这样一人，应当为他提供咨询，这人不但拥有统治方面的主权权力，还拥有无论和平还是战争时期最伟大和最光荣的职权。但是，既然主权者多于一，治理就无从谈起。我们由此可推知，这些特权者不具有以武力反对国王的权利。如果他们已不是良好臣民，他们也不再享有荣誉和官位。

我们发现，英格兰的国王们，在每一个重大的场合，都会以王国的慎重和睿智者的称号，把这些特权者召集在一起，听他们讨论国事，让他们裁判一切他们任职期间发生的事件。但是，既然国王能随心所欲召集他们，那么国王也有权随心所欲解散他们。诺曼人和我们一样，都是日耳曼人的后裔，他们在此问题上有着同样的惯例。通过这种方式，领主做国王大议会议员的特权，以及他们被召集在一起又可成为王室最高法院法官的特权,从诺曼征服①起一直持续到今天。尽管在领主中间有着各种各样的荣誉称号或头衔,但只有一个头衔可以让他们拥有特权,这便是男爵的称号。男爵是从古代高卢人那里承袭来的称号,高卢人认为该称号的含义是"国王的人",或"国王的大人"。在我看来,虽然国王有求于他们时,他们可以提供咨询,但如果国王不听从他们的建议,他们却无权向国王开战。

乙:平民院最初什么时候成了国王大议会的一部分?

甲:我肯定是在诺曼征服之前,当时国王把自己听到的言行慎重之人,通过特殊令状,召集到国王的议会里。这些人虽然都不是贵族,但对平民院来说这也算不得什么。据我所知,郡选议员和自治市议员受召进入议会,是在爱德华一世(Edward I)统治初期,也可能是在亨利三世(Henry III)统治的末期,当时男爵们的行为异常败坏。任何人都知道,国王故意召他们进入议会,为的是削弱上院贵族们的权力,因为这些贵族开始滥用职权。在亨利三世的朝代之前,大多数贵族的头衔都是由日耳曼入侵和征服时期,有爵位的贵族和地位相当的诸侯王传下来的。后来他们就拥立他们中的某人做了国王,而他们的佃农则成了自己的臣民。这种情形很像今天的法国贵族。但是在亨利三世朝代之后,国王们开始加封贵族,让他们取代这些世袭贵族。于是世袭贵族的子嗣们便成了有名无实的贵族,因为他们不再拥有与自己爵位相称的土地。这样

---

① [译注]诺曼征服(Norman Conquest)是以诺曼底公爵威廉(Duke William II of Normandy,约1028—1087)为首的法国封建主对英国的征服。1066年初,英王忏悔者爱德华(Edward the Confessor,1042—1066在位)死后无嗣,威塞克斯伯爵哈罗德二世(Harold II,Earl of Wessex)被推选为国王。威廉以爱德华曾面许继位为理由,要求获得王位。1066年9月末,威廉召集诺曼底、布列塔尼(Brittany)等地封建主进行策划,率兵入侵英国。英王哈罗德迎战。10月14日,双方会战于黑斯廷斯(Battle of Hastings)。英军战败,哈罗德阵亡,伦敦城不战而降。12月25日,威廉在伦敦威斯敏斯特教堂加冕为英国国王,即征服者威廉(William the Conqueror)。法国诺曼王朝(1066—1154)开始对英国的统治。残存的英国贵族顽强抵抗,均遭残酷镇压。1071年,威廉一世巩固了他的统治,获得征服者的称号。

一来,他们的佃农也没有义务为他们在战场上卖命了,他们越来越势单力薄,再也无法结党谋反国王了。可是他们依然是国王大议会的一部分。既然上院贵族们的势力日渐削弱,于是平民院的势力就与日俱增。但我发现,平民院还根本不是国王议会的一部分,也不能充当凌驾于他人之上的法官。虽然,我们不能否认,国王还像征询他人那样,依然向他们咨询国事。可我发现,平民院议员们参会的目的,并非为了提供建议,倒是随时准备好了冤情,以备国王召开大会时向国王喊冤,希望冤情得到昭雪。但是贵族院和平民院都不该向国王喊冤,抱怨国王承担了制定法律的责任,抱怨他任命自己的枢密官,抱怨他筹款和征兵,抱怨他捍卫国家的和平和荣誉,抱怨他任命军队统帅,抱怨他按自己意愿任命要塞守官等等,因为这种抱怨是要告诉国王,他做国王就给他们造成了冤屈。

　　乙:国王在苏格兰期间,议会都干了什么?

　　甲:国王8月去的苏格兰,之后,9月8日议会就暂停开会,休会期一直持续到10月20日。国王大约在接下来的11月末返回英格兰。在此期间,两院最不安定的分子们早就谋划着要变更政府,摆脱君主制,可他们又没有足够的智慧建立起其他政府体制,来取代君主制,结果他们就使国家面临战争的危险。于是他们这些人形成一个阴谋集团,沆瀣一气,算计着怎样控制平民院。他们还设想着,如何借助平民院的力量煽动国家叛乱,他们好借此捏造事实并散布谣言,说这是保护国家不受外敌入侵威胁的防卫状态。还有,国王在苏格兰期间,爱尔兰天主教徒纠集了一大群人,打算屠杀那里的新教徒。他们还策划好,要在10月23日抢占都柏林城堡(Dublin Castle)①,因

────────

① [译注]都柏林城堡,1204年8月30日由英格兰的约翰王下令建造,用以盛放国王的金银珠宝。而今,金银珠宝已不知去向了,而城堡却老而弥坚地耸立着。这座城堡式的建筑四周是高高的围墙,正门有吊桥。中间的古堡大厅曾经是英国总督的官邸,现作为重要活动的场所。紧挨城堡的18世纪建筑是市政厅(City Hall),市政府的所在地。都柏林城堡是都柏林市内最古老的建筑之一,其建筑风格和规模在当时堪称欧洲之最。

为他们知道国王派去统治爱尔兰的大臣都住在城堡里。要不是头天夜里事情败露,他们的阴谋真有可能得逞。我无须讲述事情败露的经过,也不必提及他们后来在爱尔兰所犯下的屠杀暴行,因为整个事件史书都有记载。

乙:他们在英格兰开始与国王争吵时,竟然没有预料并防备到爱尔兰会发生叛乱,这真让我感到吃惊。世上竟有如此的蠢蛋,蠢到连爱尔兰天主教徒还有英格兰的长老会教徒早就想改变宗教信仰都不知道吗?他们难道不知道,爱尔兰人民大都十分憎恨英格兰人对自己的奴役吗?他们难道不知道,英格兰人一旦派军队来惩罚爱尔兰,爱尔兰还会安享太平吗?爱尔兰人发动叛乱,还有比这更好的时机吗?爱尔兰人摩拳擦掌,不就是看到国王和议会的纷争,让我们的国力虚弱不堪了吗?不就是看到苏格兰和英格兰长老会所起的带头作用了吗?可议会在国王离开期间,面对这种局面,干了什么事情?

甲:他们什么也没干,只想着如何利用这种局面来达到他们自己的目的。他们一方面把时局归咎于国王邪恶的谋臣,一方面又利用时局来篡夺国王征召和指挥军队的权力。无论谁拥有这种权力,谁就毫无疑问地完全拥有主权权力。

乙:国王什么时候回到了英格兰?

甲:他于 11 月 25 日回到英格兰。普通百姓欢声雷动,欢迎国王归来,其情形就好像他是到他为止的所有国王中最受爱戴的一位。但是本该迎接国王归来的议会却无动于衷。他们很快就又挑起对国王的争吵,国王对他们说的每一件事,他们都会挑出骨头来。12 月 2 日,国王召集议会两院开会,然后也只能建议他们往爱尔兰派遣救兵。

乙:他们从中挑出什么毛病了吗?

甲:他们挑不出什么毛病。可为了挑起争端,他们自称已经热烈讨论了一项法案,该法案声称征兵权应该归属议会的贵族和平民两院,这等于是剥夺了国王的兵权,而兵权实际就是整个的主权权力。因为谁拥有征召并指挥军队的权力,谁就可以随心所欲地拥有所有其他的主权权力。国王听说这件事以后,就在 12 月 14 日重新召集两院开会,他还敦促议会加紧解决爱尔兰问题。因为爱尔兰形势紧急,爱尔兰人一直在屠杀在爱尔兰的英格兰人。他们还集结兵力,准备抵抗英格兰可能派来的军队。此外,国王还告诉他们,他已经听闻他们热烈讨论过的征兵法案。他还说,征兵法案若获批准通过,征兵权归属问题也能暂时搁置起来。他将十分高兴,因为当前的形势不适合争论这一问题。

乙:哪里不适合?

甲:也没什么不适合的。适合与否是一个问题,而争来争去又是另外一个问题了。他们争来争去的问题是:国王陛下在法案还在贵族院辩论当中,尚未经议会渠道呈交给他之前,就已经听闻它了。而且,他还对那些提请考虑该法案的人示以难看的脸色。议会宣称,这两件事都侵害到议会的特权。他们恳请国王对他们做出补偿,揪出那些恶毒地对他进谏并让他言听计从的大臣,让他们接受严厉的惩罚。

乙:这种指控也太苛刻了。英格兰的国王们不是可以随心所欲地常常坐听贵族院的讨论吗?而且这项法案当时不正在贵族院热烈讨论当中吗?一个人与他的众伙伴在一起若是不违法,他就有必要听到、看到他们的所言所行,而现在禁止他关注这些伙伴的所言所行,这不是太不可思议了吗?虽然国王没有亲自参加讨论,可是按照法律,任何上院贵族都有义务让国王知晓讨论内容。而平民院的任何一位议员,虽然没有出席议院的提议或辩论,然而,一旦他从某位议员同事那里听说了这种提议或辩论,就不但可以与闻此事,甚至可以在平民院的演说中谈及此事。可如今,议会却要求国王交出他的朋友和谋臣,要求处死、流放或监禁他们,以此来成就他们对国王的"善意",这对国王也太残暴无礼了。除了针对叛逆罪和谋杀罪，国王几乎不对任何臣民施行这种刑罚。

甲：不久，议会的写手们好像就与力挺国王的大臣和干练之士发生了一场笔战，因为12月15日他们送交国王一份文件，就是所谓的《王国事态抗议书》(*A Remonstrance of the State of the King-dom*)，附带一份陈情书。这两份文件他们撺掇着都公开出版了。他们在《王国事态抗议书》里抗议一帮邪恶集团的害人阴谋，说这帮人的阴谋在议会尚未成立之时就已经酝酿成熟。他们还列举了议会如何利用其智慧防止阴谋得逞的各种策略，列举了这些阴谋让人不得安宁之处，列举了恢复和建立君王和国家的古已有之的荣耀、伟大和安全所应当采取的措施。

他们说，这些阴谋的始作俑者首先是狡猾的天主教徒；其次是大主教和一部分教士，他们为了加强自己对教会的专制统治和篡权擅权而非常看重形式仪节；最后，是那些谋臣和朝臣，他们说，这些人为了达到自己的私人目的，自己做出一些有利某些外国君主利益的事也在所不惜。

乙：事实也许是，某些主教，还有某些朝臣，为了追求一己私利，可能干了一些鲁莽和邪恶的勾当。所以我求您告诉我，他们具体犯了什么罪。因为我想，国王对违反自己最高权力的行为，不可能视若无睹。

甲：议会对反对国王的人，并不十分反对。他们毫不怀疑，朝臣的所作所为都受到国王的指使。因此，指控主教、谋臣和朝臣，只不过是以更加委婉的方式指控国王本人，是向臣民抹黑国王。因为事实是，他们对这些人的指控太普通、太常见，根本算不上指控，其实不过是谩骂而已。第一条罪状，他们说这些人助长了国王和臣民所分别享有的特权和自由问题，其目的看似热衷于为国王陛下效劳，实际上他们可能想爬上王国最令人信服、最具权势的高位。

乙：一项指控如果没有犯罪事实，因而指控人也无从寻求证据和证人,这能叫指控吗?因为即使承认这些人支持特权问题,但谁能证明,他们的目的就是让自己和朋友登上王国权势和信用的高位呢?

甲:罪状二是,他们企图压制信仰的力量,破坏信仰的纯洁。

乙:一派胡言,人无力压制信仰的力量。

甲:他们的意思是,他们压制了长老会的信条,这信条实际就是当时议会奸诈意图的基石。

第三条罪状是,他们青睐阿米尼乌斯派、天主教以及宗教上的自由主义。所谓宗教上的自由主义者,他们指的是不参与任何争论的普通新教徒。他们说,这些人的目的是为了形成一个可以按这些信仰行动的帮派。

第四条罪状是,他们企图诱使国王通过其他门路,而不是通过正常的议会渠道筹集经费。

你来掂量一下,这些可被正确地称之为指控呢,还是对国王统治恶毒的谩骂呢?

乙:我认为这最后一项罪名实在是大错特错,因为当时议会为了王国的安全和国王的荣耀的需要,愿意给他提供资金,而他们又诱使他通过奇怪的门路筹集经费。这能有什么好处呢?

甲:可我前面告诉过你,他们一个子儿都不愿意给他,除非国王答应他们一个条件,即他们乐意砍谁的脑袋,国王都应当照办,不用管这个人曾经多么忠诚地为他效劳。即使国王牺牲掉所有自己的朋友去满足他们的野心,他们还是会找到其他借口,拒绝给他提供经费。因为他们铁了心,要把国王的主权权力据为己有;而不断国王的财路,这是万万做不到的。接下来,他们就把国王登基以来所有令他们不高兴的事情都写进了《王国事态抗议书》里,他们以为,这些事情都是国王谏臣们的罪过,是这些谏臣们使得国王对他们自己言听计从。这是否的确是谏臣们的罪过,他们没有资格做出判断,因为他们根本不知道是什么原因和动机驱使国王干了这些事情。而这些原因和动机,也只有国王本人和他的枢密顾问知道,国王会把自己的想法透漏给枢密院。

乙:可他们所声称的罪状具体都有哪些?

甲:一,在牛津第一次解散议会;二,在他在位的第二年,第二次解散议会;三,在他在位的第四年,又一次解散议会;四,远征法国加来(Calais)无果而终;五,与西班牙议和,致使宏伟的事业夭折,还签订了备受指责的无望条约;六,派特使以借款形式筹集钱款;七,筹集造船费;八,违背《大宪章》扩建皇家园林;九,阴谋让一人掌管所有火药并保存在伦敦塔;十,阴谋发行使用铜币;十一,星室法庭的判刑,如罚金、监禁、炮烙、刖刑、鞭刑、枷刑、捂死、禁锢和流放等;十二,撤换法官;十三,全体开会议事者(Council-table)的不法行为;十四,伯爵法院(Earl Marshal's Court)的专断非法权力;十五,大法官法院(Chancery)、财务大臣法院(Exchequer Chamber)和区法院(Court of Wards)滥用职权;十六,荣誉称号、法官和庭吏职位以及其他职位的买卖;十七,大主教和教士们对众多勤恳、渊博而又虔敬的牧师们做出的无耻行为,如取消他们的权利、开除他们的教籍、褫夺他们的财产、革除他们的神职,等等。

乙:真有这样的牧师被革除神职、褫夺财产、开除教籍了吗?

甲:我说不来,但我倒是听说,很多令人讨厌、不学无术而又图谋不轨的牧师,却感到了岌岌可危。

十八,皇家民事诉讼法庭的严酷;十九,向国王鼓吹臣民不得拥有财产的道理,同时又赞成国王拥有凌驾于法律之上的特权。他们对政府还有其他一些琐碎的批评,虽然罪名都可以归在这帮人的头上,但他们知道,由于事先他们已通过出版物与民众进行了沟通,民众最终还是会把罪名算在国王的头上。

1640 年 5 月 5 日议会解散后,他们还挑出了其他一些罪名,例如:解散议会本身、监禁两院的某些议员、企图在伦敦强制借款、议会会期结束后继续召开会议、国务大臣温德班克和其他大臣垂顾天主教徒等。

乙：所有这一切，百姓自然会以为是国王治国不善，这一切都是国王的罪过。尽管其中一些不过是天灾人祸。但即使有这些天灾人祸和治国不善，也都应该是议会的罪过。是他们不给国王经费，因而不但造成国王对外抗敌失败，还迫使国王对内利用非常手段筹集经费。他们还反过来污蔑国王使用非法手段筹钱。

甲：你看，为了向民众展示政府的坏处，他们列举的罪状快要装满一箩筐了！为了支持他们的说法，他们还历数自己的功劳：即便没有根除所有罪恶，他们还是帮国王根除了其中不少的罪恶；他们在其他诸项事务上也贡献良多。他们还说，虽然他们已向苏格兰借债二十二万英镑，批准了六倍的王室财政补贴，通过了价值超过六倍于王室财政补贴的人头税赋税法案，国家却依然从中获利不少。接着他们开始一一列举他们对国王和国家所做的一桩桩善事。他们说，他们为国家做出的善事有这些：他们取消了造船费；他们取消了军装费、辎重运输费以及其他军用开销，他们说这些钱数一点也不少于造船费；他们镇压了一切垄断行为，他们由此估算，臣民每年可节省不少于百万英镑的开销；他们还祛除了生活的烦忧，这意思是说，他们清除了邪恶的谋臣和恶人，例如，他们判处斯特拉福德伯爵死刑，迫使大法官芬奇（Chancellor Finch）、国务大臣温德班克流亡海外，监禁坎特伯雷大主教、法官巴雷（Barlet），检举其他主教和法官，等等；他们还通过了每三年举行一届议会的法案，以及另一项法案，要求当前议会继续开会，一直开到他们觉得可以解散为止。

乙：这就是说，如果他们不嫌麻烦，他们的会可以开到永远。可是，他们为国家所做的所有这些事情，要点无非是：他们让国家成了一盘散沙，没有了政府，没有了力量，没有了金钱，没有了法律，没有了良策。

甲：他们还算计着，要取缔皇家民事诉讼法庭，削减国王全体议事会(the Council-table)和主教及其法院的权力,去除宗教仪式中不必要的仪式,剔除异己牧师,代之以自己的牧师。

乙:这一切都是他们自己的事情,根本不关国事。

甲:他们说,他们对国王所做的善事,首先是给予北方诸郡每月二万五千英镑的补助金,以减轻这些地区的赋税。

乙:为什么北方诸郡比英格兰其他诸郡更需要补助呢?

甲:问得好!北方诸郡驻扎着苏格兰军队,这是议会搬来并用来对抗国王的军队,因此这军队是应当被遣散的。

乙:没错,但这是议会搬来的军队。

甲:可他们不承认。钱应该给国王,因为他负有保护其臣民的义务。

乙:他们若不给国王金钱,国王也完成不了保护臣民的义务。这真是无耻之极,他们举兵既用来反抗国王,又用来镇压自己的臣民同胞,然后还要求国王减轻赋税。这就是说,面对一支反抗自己的军队,国王还得负责他们的开销。

甲:这还不算什么,还有更甚者。他们还把送给苏格兰人的三十万英镑也算在国王的账上,苏格兰人要是没有这笔钱,他们也不可能入侵英格兰。还有诸多其他事情,我现在想不起来了。

乙:我没想到,竟有如此厚脸皮和耍流氓的人!

甲:你入世不深,所以你不可能看清楚所有的邪恶行径。这就是我前面向你提起过的《劝谏书》(Remonstrance)的大致情形。和《劝谏书》一起,他们还附带呈交了一份《请愿书》,它包括三个要点:一,国王陛下应当剥夺主教议会的选举权,铲除宗教压迫,废除教会政府,废除教会制定的宗教戒律;二,他应当把所有增加百姓疾苦的人,从他的议事会中清除出去,他应该在重大的公共事务中任用那些议会信得过的人;三,他不得分封因爱尔兰人的造反而被王室没收的土地。

乙:我认为,这最后一项请求提得既不明智,又不合时宜。这项请求应当等待叛乱平息后再提出来。而针对叛乱，国家还没有派去一兵一卒，这就好比还没抓住老虎就要卖它的皮。针对其他两项请求，国王是怎么答复他们的？

甲：除了拒绝，还能有什么答复？就在这同一时候，国王还亲自列举了议会中六人的犯罪情形，其中五人属平民院，一人属贵族院，国王指控他们犯有叛逆大罪。1月4日，国王亲自去平民院捉拿这五人。但某个奸诈小人已经把国王要来的消息偷偷泄露出去，所以这五人根本没来议院。他们就用这种手段挫败了国王的意图。国王走后，他们把这当成天大的事，认为这严重践踏他们的人权。于是，他们借口威斯敏斯特不够安全，就转移到伦敦，在伦敦召集了一个常务委员会。因为国王到议院抓人时，带领的随从比平时多，但这些随从携带的武器，和平常的也没什么区别。虽然后来国王声明不再起诉这些人，他们仍不肯善罢甘休，他们还要求国王揭发给他出谋划策、让他武装闯入议院的那些人，以便这些人能够得到"应有的惩罚"。这就是他们使用的字眼，他们没敢用"残酷虐待"这种字眼。

乙：这要求也太苛刻了。国王容忍自己的敌人还不够吗？难道他还必须出卖自己的朋友吗？他们还没把主权权力篡夺到自己手中就这样欺压国王，等他们掌握了主权权力，他们又会怎样欺压他们的臣民同胞呢？

甲：他们就是这样干的。

乙：他们的常务委员会在伦敦待了多久？

甲：没超过两三天，然后他们就经由水路，由一班吵吵嚷嚷的武装人员护送着，从伦敦胜利搬回议院，在议院继续安然地开会。他们把国王抛在一边，背信弃义地构陷国王，列举他的万般罪状，想借助这些喧闹，吓跑贵族院里的异己分子。因为这时候暴民们非常傲慢粗野，所以主教们害怕受到人身伤害，几乎没人敢去议院。于是就有十二位主教以此为借口，没去议院。他们通过请愿的方式,向国王抗议,说自己不能安静履行职责。他们还反对他们被迫缺席期间通过的一切决议,认为它们是无效决议。而平民院则抓住这个时机,派自己的人到贵族院,指控贵族议员严重叛逆。随之就有十人被羁押在伦敦塔,从此以后再也不提他们严重叛逆了。然而,他们却通过一项法案,还设法取得了国王的同意。他们就凭着这个法案,剥夺了主教们在议会中的投票权。后来在9月初,他们还通过投票一致认为,主教不应当在教会管理中起任何作用。然而由于战争已经打响,对于这项法案,他们并未征得国王的同意。

乙:议会为什么那么讨厌主教制,尤其讨厌由主教组成的贵族院呢?我不明白,他们为什么要这样做,他们有什么理由要去讨好一群可怜的教区牧师?这些牧师都是长老会教徒,他们绝不可能为贵族们效劳。相反,他们倒是竭尽全力,想推翻贵族们的权力,让他们屈服于自己的教会法院(Synods)和教区长老(Classes)。

甲:因为上院贵族们几乎没人能摸透长老会教徒的用心。而且我相信,他们也不敢反对下院。

乙:可是,为什么下院如此迫切地反对上院贵族?

甲:因为他们打算利用自己的信条,借着冒充的圣洁,想让国王和他的派系在百姓中遗臭万年。他们想借助老百姓,要么建立民主制,废黜国王,要么让其保留国王的头衔,条件是他必须服务于他们的目的。他们说,上院贵族们行为举止极其傲慢专横,因此,某种程度上,不但议会,甚至整个英格兰的人民,都成了他们的敌人。① 这一切,就是他们对贵族们添油加醋的指控,他们想把贵

---

① ［译注］以下是霍布斯手稿中删去的一段话,兹据西沃德本译出如下:
　　确实,他们大多数人处身行事,觉得自己的威望并非得益于国王的恩赐,也并非因为他的特许状,他们才有了权力;他们觉得自己有权力,是因为他们具有智慧和学识这个优点。他们对待自己治下的贤者无比粗鲁,他们本来不该这么做。他们的言谈之中,充满学究的激情,却不具备职官的威严,若有谁与自己意见不合,便会火冒三丈。他们对自己的收入却是出了名的善于精打细算。

族们拉下马,其中主要的原因是源于长老会教徒们的嫉妒,这些长老会教徒煽动人民起来反抗贵族,也反抗主教制度本身。

乙：长老会教徒希望教会如何得到管理？

甲：通过国家宗教会议和地方宗教会议。

乙：这不是让国家宗教会议成了大主教,让各地方宗教会议成了为数众多的主教了吗？

甲：没错,但每一个牧师都高兴地分享到了管理权,因而他们也能够报复那些不景仰自己的学识、不帮自己赚腰包的人,而对那些既为自己赚腰包又景仰自己学识的人,他们则拉拢过来为自己效劳。

乙：有这么两派人祸害国家,真是麻烦不小,因为他们不关心国事,只在乎一己私利。他们吵来吵去,吵的都是谁的意见高明,也就是,谁的学识最大,好像他们的学识可以用来统治全天下似的。他们的学识,学的都是什么？是政治和治国术吗？我知道,他们的学识可称之为神学,可我听到他们大谈特谈的,除了哲学问题,几乎没有其他话题。因为宗教容不得半点的争议,它是国家的法律,不应有任何争议。我以为,他们声称跟上帝交谈,知道他的意志,这除了跟我们一样阅读《圣经》外,没有别的办法。

甲：是啊,他们中间的确有人这样干,他们还宣扬自己是先知,得到了超凡启示。其余的人,接着抬高灵魂照管者的圣职和责任,只能冒称比别人有更精湛的解经术,理由是他们受过良好的大学教育,还在大学里掌握了拉丁语的知识。有些人甚至掌握了希腊语和希伯来语的知识,而《圣经》就是用这些语言写出来的。另外,由于大学里公开讲授自然哲学,所以他们还学到了这门知识。

乙：说到拉丁语、希腊语和希伯来语,它们在觉察天主教的欺诈、在排斥天主教势力方面,的确起过很大的作用,甚至可说是功不可没。可是这一切都成了历史,我们已经有了英语版的《圣经》,也在用它来布道,我看不出拉丁语、希腊语和希伯来语还有什么必要。我自认为,对我们邻国的语言,法语、荷兰语和意大利语,我称得上是了如指掌。我认为,教宗的势力尚未建立起来的时代,全世界都没有人见过,哲学会对国家权力大有裨益。

甲:可是,在世界上大多数古老的国家里,哲学和神学一起,帮助哲学和神学从业者们升迁到权力的高位上,他们所拥有的巨大权力仅次于各国的君主。这在当时的史书中写得一清二楚。

乙:我能否恳请您举出一些作家和地方的实例?

甲:首先,你知道古时候布列塔尼(Britanny)和法兰西的德鲁伊特(Druids)①是什么人吗?你读凯撒、斯特拉博(Strabo)②以及其他人,尤其是有史以来最伟大的古代历史学家西西里的狄俄多儒斯(Diodorus Siculus)③的书,你觉得这些人拥有什么样的权力?狄俄多儒斯谈到法兰西德鲁伊特人时,他把他们叫作萨拉韦迪(Sarovides)。他这样写道:"他们中间还有一些哲人和神人,④这些人备受尊崇,他们还让这些人充当先知。这些人拥有占卜术,能看透动物牺牲的内脏,所以他们能够预知未来,因而也能让族众对自己俯首帖耳。"过了几页,他继续写道:"他们中间有个风俗,即没有哲人在场,任何人不得献祭,因为他们说,人若没有那些懂得神性且和自己说着同一种语言的人相陪伴,他们便不得向众神称谢。

---

① [译注]Druid 希腊语的意思是"熟悉橡树之人",他们信奉德鲁伊教(Druidism),以橡果为圣果,是公元前 5 世纪至公元 1 世纪生活于不列颠等地的凯尔特人。他们精通占卜,对祭祀一丝不苟,男女皆可充当德鲁伊教士,在族内担任祭司、法师和预言者的职位,享有崇高的地位。

② [译注]斯特拉博(公元前 63—公元 23),古希腊地理学家和历史学家,著有《地理志》(17 卷)和《历史概览》(47 卷,已散失),对地区地理和希腊文化传统的研究有着突出的贡献。

③ [译注]狄俄多儒斯是公元前 1 世纪的历史学家,出生于西西里的阿吉里安(Agyrium,即今天的阿吉拉[Agira]),因此人们多称之为西西里的狄俄多儒斯。他著有世界史《史籍》(*Bibliotheca historica*),记录了从埃及早期王国到裘力斯·凯撒的高卢战争这段历史。

④ [译注]这两个词原文分别为 philosopher 和 theologian,霍布斯的用词本没有变化,但考虑到古代部族可能没有哲学家和神学家,所以没有翻译成哲学家和神学家。下文中遇到这两个词也照此翻译。

向众神祈求一切美好的东西,也必须经由这些人。"

乙:我简直不相信,这些德鲁伊特人会精通自然哲学和伦理学。

甲:我也不相信,因为他们像毕达哥拉斯一样传授灵魂转世学说,他们坚信人死后,其灵魂能够从一个躯体转移到另一个躯体。但我不清楚,这种观点是他们从毕达哥拉斯那里学来的,还是毕达哥拉斯从他们那里学来的。

从波斯来的东方三博士,除了是哲人和占星术士以外,还能是什么人?[①] 你知道他们如何按照星星的指引找到了我们的救主,他们或许来自波斯本土,或许来自比犹地亚更靠东的某国。难道这些人在他们的国家里不拥有巨大的权力吗? 难道这些人在大多数信奉基督教的国家里没有被当作国王看待吗?[②]

很多人都认为,埃及是世界上最古老的国家和民族,他们的祭司在世俗事务中拥有巨大的权力,而别的国家中只有大臣才拥有如此大的权力。他们除了是哲人和神人,还能是别的什么人吗? 谈到这些人,这同一个狄俄多儒斯这样说道:"整个埃及国家的人可分为三类,祭司阶层是其中的一类,他们在百姓当中享有盛名,以虔信神明和博学睿智著称。"之后他又写道:

因为一般来说,他们在一切重大事务上都是国王的谋臣。

---

① [译注]事出《马太福音》第 2 章,希律做犹太人的王时,耶稣生在犹大的伯利恒。有几个博士从东方来到耶路撒冷,说他们在东方看见了耶稣的星,知道他诞生了,而且要做全犹太人的王,他们很想拜见这个小孩。希律王听说此事后心里很害怕,于是召了博士来,细问那星是什么时候出现的。他就差三位博士往伯利恒去,让他们寻到小耶稣后,就给他报信,因为他说他也很想拜拜这小孩。后来他们跟着星星的指引找到了小孩子和他母亲玛利亚,并把他们随身携带的黄金、乳香、没药等礼物献给了他,这就是所谓的"麦琪(Magi)的礼物"。博士因为在梦中被主指示,不要回去见希律,就从别的路回本地去了。耶稣和他的家人设法逃到了埃及避难。再后来,希律王死了,约瑟带着全家回到以色列,他们定居在加利利境内的拿撒勒。

② [译注]东方三博士叫麦琪(Magi),也叫东方三圣人(Three Wise Men),或三国王(Three Kings)。

所以,他们不但要执行圣旨,还要报告民情和建言献策,他们还得靠着自己的占星术和透视牺牲的本领,预先告知国王未来要发生的事情。还必须把自己的圣书上所记载的,对他有益的事情读给他听。他们那里不像希腊,由某个男人或某个女人充任祭司即可,他们是由许多人担任祭司,参加拜神和祭神的仪式;他们还可以把这种职位传给他们的后代。这种职位还拥有仅次于国王的最大权力和威望。

至于埃及的司法,他是这样说的:

他们从一些最著名的城市,如西罗波利斯(Hieropolis)①、底比斯(Thebes)②和孟斐斯(Memphis),选出法官,形成议会,这议会和雅典的最高法院③差不多,相当于斯巴达④的议事会(senate)。当这些为数有三十人的法官举行会议时,他们会从他们自己中间选出一个首席法官,而被选中做首席法官的人所属的城市,必须选派另一个人来接替他原来的法官职位。这个首席法官在脖子上用金链子挂着一颗贵重的宝石,名字叫作"真相之宝"。首席法官一旦挂上这个宝石,他就可以开始审理案子了。当法官们就案子的判决达成一致意见时,他就会把这块宝石挂在胜诉一方的脖子上。

你现在明白了,哲学和神学如果联手的话,它们在世俗事务中

①　[译注]Hieropolis,名字的意思是 sacred city 即圣城。
②　[译注]这是指古埃及跨尼罗河中游两岸的底比斯,旧译忒拜城。
③　[译注]最高法院原文为 Areopagus,本是雅典的阿勒奥帕格斯山,因为雅典最高法院位于此山,所以就以此山代指雅典的最高法院。
④　[译注]斯巴达原文为 Lacedaemon,是斯巴达的另一个名称。斯巴达原先叫作拉康尼亚(Laconia),老国王欧罗达斯(Eurotas)把王位传给自己的女婿拉栖代孟(Lacedaemon),拉栖代孟继位后就改国号,以公主同时也是自己王妃斯巴达(Spata)的名字称呼自己的国家。这就是一国有二名的原因。

能够获取什么样的权力。

　　现在让我们谈谈犹太人的王国。祭司职位，实际就是利未人的行业，还有埃及的祭司职位，不都是整个家族的职业吗？大祭司判断吉凶祸福，靠的不是里面装有乌陵和土明的胸甲吗？[①] 瞧瞧亚述王国，瞧瞧那些号称占星术士[②]的哲人们，他们难道没有属于自己家族的土地和市镇吗？你知道，这些人即使在亚伯拉罕的时代，就已经居住在迦勒底人的乌尔（Ur）之地了。关于这些人，这同一个作者这样写道：

　　　　和埃及的祭司们一样，迦勒底人在政治上属于一个派别，因为他们整个部族都被授予神职，终身服侍诸神们。他们把一生的时间都花在占星术[③]上，他们在占星术方面拥有非凡的声誉。他们还自称是先知，能够借着斋戒沐浴和动物牺牲预知未来之事。他们还发现，靠着某些咒语，既能防止灾祸的发生，又能促进好运的来临。他们具有占卜术，懂得占梦，知道如何解释奇迹，他们还能靠观察动物牺牲的内脏预知未来。他们的知识和希腊人不一样，因为迦勒底人的占星术是通过父传子受的方式在家族内部代代相传的。

　　让我们从亚述再转到印度，看看那里的哲人受到怎样的尊崇。狄俄多儒斯说：

---

① ［译注］Breastplate 是《出埃及记》中提及的，其上镶有十二颗宝石的胸甲，十二颗珍珠代表古以色列十二部族。胸甲内装有乌陵和土明（Urim and Thummim），大祭司可凭之进行占卜。

② ［译注］Chaldeans，既可译为迦勒底人，也可译为占星术士。因为迦勒底人就像古以色列的利未人一样，整个部族的人都是占星术士，所以"迦勒底人"也就是"占星术士"。译文根据上下文的含义会采取不同的译法。

③ ［译注］原文为 philosopher，这个词的古义为"包括炼金术、占星学和天文学在内的自然科学家"，这里所指以占星术为主。

整个印度众民可分为七个等级,其中第一等级就是哲人群体。这一等级虽然人数最少,但地位却最煊赫,因为他们不用纳税,他们既然不凌驾于人,别人也休想凌驾于他们。普通人遇到举行祭祀和丧礼时,就会邀请到他们,因为他们被认为是菩萨们挚爱的人,他们说起地狱来可是头头是道。他们为自己的这份职业而收到的礼物和荣耀简直无与伦比。他们对印度普通百姓来说大有神益,因为每年岁初,国民大会都会邀请他们,让他们预测未来可能的大旱灾和粮食大丰收,还让他们预测风灾和瘟疫,预测任何能让他们事先知道的有益之事。

说到埃塞俄比亚人时,他这样说道:

埃塞俄比亚人的法律好像跟其他国家很不同,在推选国王方面尤其如此。祭司们从列在名单上他们自己的首领当中推举某个人,然后根据习俗,再为他举行宴会,表示主神青睐他,于是众人就选他做自己的国王。很快他们就把他当神一样敬爱和崇拜,让他根据天意施行统治。国王选好后,他的日常举止要受到法律的限制,他做一切事情都必须符合国家的习俗,若一开始法律没在人们中间做出任何规定,他就不得赏罚任何人。即使他们判决某人死刑,他们也用不着亲自处死他,他们会委派一个传令官,手里拿着死亡书到他那里,这人一看到死亡书,就会立刻回到自己屋里自行了断。

之后作者接着写道:

所有做法中最奇怪的,莫过于他们如何处死自己的国王了。生活在麦罗埃(Meroe)的祭司们,他们把时间全都花在如何祭祀和崇拜诸神上面,他们拥有最大的权力。如果他们有心让国王死，他们就会委派一个信使到国王那里，命令他即时就去死。因为这是诸神发布的命令，因为本质上属凡胎的人无论如何都不得无视不朽者的命令。信使还利用其他一些说辞劝说国王，而头脑简单的人由于受到古老习俗的熏陶而在心上留下不可磨灭的印记，也找不到充足的理据来违抗不公的命令，于是他们也很乐意承认这些说辞。所以古时候的国王都要服从祭司，而祭司不是靠武力控制国王，他们用迷信控制了他的脑袋。可是在托勒密二世(Ptolemy II)①时，俄格美尼(Ergamenes)②做了埃塞俄比亚的国王。他按照希腊人的方式接受了哲学的熏陶，成了第一个胆敢挑战祭司权力的国王。他以王者本该有的模样重新振作起来，带领士兵来到一个叫作阿伯顿(Abaton)③的地方，阿伯顿是埃塞俄比亚人的金庙所在地。他杀死所有祭司，废除了那个习俗，并按自己的意志重整了国家。

乙：虽然那些被杀的大都是些该死的骗子，但这种行为也太残忍了。

甲：是有些残忍，但那些祭司逼他们不久前还爱如神祇的国王们自行处决，难道不残忍吗？国王杀死这些祭司，是为了自己的人

① ［译注］托勒密二世(公元前309—前246)，古埃及托勒密王朝国王托勒密一世(公元前367—前283)之子，他利用宗教进行统治，扩展版图至叙利亚、小亚细亚和爱琴海等地区，他在位期间国势非常强盛。
② ［译注］俄格美尼(公元前295—前275)是麦罗埃城邦最伟大的国王，他受到希腊哲学熏陶，因而热爱希腊艺术及其生活方式。他憎恨古代埃及传统，反对埃塞俄比亚祭司控制国王，他很热衷其邻邦托勒密国王所拥有的绝对权力。
③ ［译注］Abaton，意思是"禁地"。英语中有一个成语叫作"as inaccessible as Abaton"，意思是"像阿伯顿一样不能通达"。月亮女神阿尔特弥斯征服希腊南端的罗兹岛(Rhodes)，于是竖立两个纪念碑，一个象征她自己，一个象征罗兹岛。后来罗兹岛人摆脱奴役重获自由，他们把纪念碑看作是自己的保护神，为了防止纪念碑遭到破坏，他们在两个纪念碑四周修建了围墙，他们把这道围墙叫作阿伯顿，或"不可通达之地"。

身安全；他们杀害国王，是因为他们野心勃勃，喜欢看到王位不断更迭。国王的行为可用人民的利益加以开脱，而祭司们反对国王却找不到任何借口，因为国王们必定都是些敬畏神祇的人，否则，他们绝不会服从祭司通过一个手无寸铁的信使传达的处决自己的命令。你知道，我们已故的国王也许是迄今最好的君王，他却在长老会牧师们的煽动下被谋害了。死之前他还饱受战争的迫害。长老会牧师应该为这场战争中死去的所有人负责，我相信，包括英格兰、苏格兰和爱尔兰三地的死者，人数几近十万。这些煽动叛乱的牧师们的人数也许不到一千，如果在他们还没来得及布道之前就把他们统统杀掉，难道不是更划算吗？我承认这是谋杀，但是杀死十万人不是更严重的谋杀吗？

乙：我很高兴主教们把自己置身事外。虽然有人说他们野心勃勃，他们却没有参与此事，因为他们是此次行动参与者的敌人。[1]

甲：我举这些例子，目的并非要赞美异教民族的神学或哲学，我只是想说明，这些科学在百姓当中会赢得什么样的声誉。他们的神学无非是偶像崇拜，而他们的哲学根本算不得哲学，除了那些埃及祭司们以及向他们学习的迦勒底人，通过长期观察和琢磨星象、几何和算术得来的知识，他们的哲学的大部分都在占星术和算命术中被滥用。而我们这个国家教士们的神学则是真正的信仰，我说的并非还残存于我们这里的、由罗马教会推行的神学，这种神学混合了亚里士多德和其他希腊人莫名其妙的哲学，和信仰没有任何关系，它只会滋生不满、纷争，最终引起叛乱和内战。我们最近看到的、长老会和国教会之间的分歧就是这样的先例，这种经验

---

[1]　[译注]以下是霍布斯手稿中霍布斯删去的一段话，兹据滕尼斯本和西沃德本译出：虽然他们自称拥有治理教会的神圣权力，这种权力也不必得到国王的批准，可是他们在人数上少得可怜，民众也不怎么喜欢他们，他们除了选择站在国王一边，还能怎么样呢？而西沃德本这句话却是：他们除了装无辜还有其他选择吗（how would they choose but be innocent）？滕尼斯本认为这段话是乙说的，西沃德则认为是甲的话。

非常昂贵。因为这些分歧,当任何一派掌权,不仅会压制彼此的信条,而且对任何学说都会拿自己的利益予以批驳,最终,一切真正的哲学,尤其公民哲学和道德哲学,由于它们绝不会为篡权张目,也不会豁免人对主权权力的服从,也都难逃被压制的厄运。①

国王控告贵族院议员金伯顿勋爵(Kimbolton)和下院议员汉普登(Hampde)、皮姆(Pym)、霍利斯(Hollis)、斯特罗德(Stroud)及哈斯勒里格(Haslerigg)等五人叛逆重罪,议会通过投票把主教们赶出了贵族院,发生这两件事之后,他们在呈交国王陛下的请愿书中主要图谋两件事情:其一,国王应当宣布劝自己去议院抓人的人是谁,他应当把这些人移交议会接受应得的惩罚,他们这么做,是想让国王陛下丢人,让他背上抛弃朋友、出卖朋友给敌人的骂名;其二,国王应当让伦敦市选派一支卫队过来,由埃塞克斯伯爵统领。他们提出这个借口,是因为他们觉得不如此议会便无法安全地开会,这个借口无非谴责国王陛下,说他带着比平时更多的人,闯入议院抓捕上述五位叛乱议员。

乙:我弄不清楚是什么原因,他们竟然明明白白地指定伦敦市选派卫队给他们,还指名道姓地让埃塞克斯伯爵来统领,除非他们希望国王这样理解此事:这是一支反对我的卫队。

甲:这正是他们的用意,他们巴不得国王这样想,而且我坚信,他们还希望国王把这当作是公然的冒犯。因为一旦国王自己这样想,他就会拒绝批准此项要求。虽然,如果实在没有其他办法来满足他们的要求,他也很愿意命令这样一支卫队去听候他们的差遣,

---

① [译注]以下是霍布斯手稿中霍布斯删去的一段话,兹根据滕尼斯本补译如下:我们这个国家教士们在这些科学上的声名,非由他们靠着这些科学造成的影响而来,而是靠着人们的弱智而来。这些人对此科学一窍不通,也不会艳羡自己搞不明白的学问。最近还成立了一个"君子学会"(即皇家协会——译者),旨在推进自然哲学和数学的研究。我还不知道他们是否形成气候,但有一点我可以肯定,即撰写此主题的书籍的出版许可权不掌握在他们手上,而是掌握在某些神职人员的手上。这些神职人员对物理学所知甚少,对数学根本就是一窍不通。

因为为他们的安全负责,是万能的上帝交给他的责任。此外,伦敦市也明显受到下院的利用,向国王请愿,要求把伦敦塔的掌管权交到可靠的人手里,意思是,交给议会认可的人手里。它还要求国王任命一支卫队,来保护国王陛下和议会的安全。这种由一大群喧闹的民众吵吵嚷嚷地递交请愿书的方式,是平民院常有的事。平民院的野心,若不制造一些强烈的恐惧的气氛,光靠祷告和恳求,是得不到满足的。

后来国王放弃起诉下院五位议员,但他拒绝透漏什么人建议自己亲自去平民院。之后,他们提审了检查总长,①此人曾经奉旨向五人出示过指控他们的条款。议会经过投票,一致认为他侵犯了议会的权利。毫无疑问,这个检察总长若不赶紧逃之夭夭,他们定会让他吃尽苦头。

大约1月底左右,议会两院采取措施,禁止天主教指挥官越界进入爱尔兰。议会与其说害怕他们进入爱尔兰,还不如说害怕国王利用这个时机选任军队指挥官,然后从爱尔兰出发攻打自己。可是,比起差不多同时他们呈交给国王陛下的请愿书来,这还算不上什么大事。这请愿书的具体呈交时间大约就是1641年1月27或28日,他们凭借请愿书实际想得到的是英格兰的绝对主权。虽然当国王还在世时,他们还不敢以主权权力的名义公然挑战这项权力。因为到头来,这个国家的恐惧和危险也许会得到消除,那些仇视和平的人的恶毒阴谋也可能会得到抑制,所以他们只能祈望国王陛下,首先立即把伦敦塔,接着把其他要塞,再接着把整个国家的军队,都立刻交到议会两院推荐给他的人选手中,他们把这个叫作"迫不得已的请愿书"。

乙:这里真的有请愿书中所概括的恐惧和危险吗?那时真的

---

① ［译注］这检察总长就是赫伯特爵士(Sir Edward Herbert),赫伯特因侵犯议会特权,被逐出平民院,并于1642年4月23日被押赴弗利特监狱(Fleet Prison),但于同年5月11日获释,并与在牛津的国王会合。赫伯特只是于1648年才离开英国,并没有逃亡。

出现了请愿书中所提到的、心怀阴谋的敌人了吗？

甲：是的，但这种对危险的恐惧无他，无非任何谨慎、诚实的人都会正当怀有的、对议会本身所怀阴谋的恐惧，他们就是这个国家有望获得的和平的头号大敌。该请愿书的起头也值得注意，起头的话是："最仁慈的君主"。他们蠢到竟然不知道：谁掌握着军队，谁就掌握着国家，谁也就因此掌握着最绝对的主权权力。国王为了躲避白厅大门前普通民众的骚乱，躲避他们的喧哗和敌意，此时正在温莎宫（Windsor）。2月9日之后，他又去了汉普顿宫（Hampton Court），然后又从那里出发，和王后及女儿奥伦治公主（Princess of Orange）一起去了多佛尔（Dover），王后准备带着公主从那里出发前往荷兰。可国王却回到格林威治，他请来威尔士亲王和约克伯爵（Duke of York），于是他们就一起启程去了约克。

乙：在这次军权请愿事件中，上院贵族和下院平民联手了吗？

甲：从请愿书的标题看来是这样，但我相信他们也只能这样做。平民院当上院贵族是摆设，空有头衔没有权力。也有可能上院贵族大多数人都幻想着，从国王手中夺取军权就能增强自己的权力。可他们都大错特错了，因为平民院根本没打算和他们平分军权。

乙：国王怎么答复他们的请求？

甲：他的答复是这样的：

　　国王陛下仔细斟酌了该请愿书，他很想表示自己的诚意，愿意采取补救措施，不但补救你们所说的危险，甚至也想补救你们的疑虑和担忧，为此他做了如下答复：[1]你们希望某些人做几个郡的民团指挥，希望他们掌握指挥权，一旦国王陛下知道了他们的权力大小，同样也知道了这种权力的截止时间，那

[1]　[译注]甲开头的这段文字译自克鲁克的本子，滕尼斯本和西沃德本没有这部分文字。

么在此时间之前他未经议会表决不得单独行使任何权力。对此,陛下宣布:为了保证你们不受任何危险和嫉妒的威胁,国王陛下很愿意把议会两院都赞成或推荐给他的人选,派驻到这几个郡的要塞和民团所在地。因此,你们必须把你们赞成或推荐的人选名单提前呈示给陛下,但你们不得提名国王陛下明显而又合理反对的人选。

乙:说到民团,议会想要什么样的权力? 要多久? 为什么人要?

甲:就是国王早先分派给这几个郡的军官和副军官的那同样一些权力,他们想根据自己的喜好无限期享有这些权力。

乙:应当享有这些权力的是哪些人?

甲:他们印行了一份名单,名单上有很多人,大部分是上院贵族。没必要指出他们的名字,因为在我看来,指出他们的名字,就等于给他们贴上不忠和愚蠢的标签。他们把名单做好后,就把它呈递给国王,他们还附加了一份新的民团请愿书。此后不久,他们还送口信给国王陛下,敦请他把王子留在汉普顿宫,但国王没答应。

乙:可是,要是他们在国王离开前就把他扣作人质,那他们可就太明智了!

甲:同时,为了筹集金钱,平定爱尔兰叛乱,议会鼓励人们以风险投资的形式,按以下条例捐助资金。一,250 万亩的爱尔兰土地应按照如下比例卖给风险投资者:

对于 200 英镑的风险投资,可以分得乌尔斯特(Ulster)1000 亩的土地;

对于 300 英镑的风险投资,可以分得康诺特(Connaught)1000 亩的土地;

对于 450 英镑的风险投资,可以分得芒斯特(Munster)1000 亩的土地;

对于 600 英镑的风险投资,可以分得伦斯特(Leinster)1000 亩的土地。

这一切都应依据英格兰的度量衡，这些土地包括草地以及可耕种、可赢利的牧场，除此以外还包括沼泽、林地和秃山。

二，应当为王室保留一定的岁入，每亩地可征收一到三便士的田赋。议会应当派专员到各地，让他们建立分封制，指导人员垦殖荒地和公田，供养一定数量的布道牧师，创设行会，并整治新垦殖的土地。其他条例涉及的只是风险投资者捐款的次数和方式。国王陛下批准了这些条例，但国王陛下没有答应他们有关民团的请求。

乙：他要是答应了他们的请求，我就觉得太不可思议了。之后议会又干了什么事？

甲：他们又送交国王一份请愿书，国王在去约克的路上停留特奥巴德（Theobald）时收到了该请愿书。他们在请愿书中明确告诉国王，除非国王能够通过他们派去的信使向他们保证，他会很快恩准他们早先的请求，否则他们将强制施行请愿书中的事项，动用议会两院的权力来调动民团，以保证国王陛下和他的国祚无恙，云云。他们还请求国王陛下把王子留在圣詹姆士宫（St. James's），或留在位于伦敦近郊陛下的行宫里。他们还告诉国王，未经议会授权和同意，他不得把民团的组织权、指挥权和调动权授予任何市政当局；告诉他，国家中那些处于防卫态势的地区，它们的一切行动都受到了两院的指挥，都得到了国法的许可。

乙：国王怎么答复他们的这项请求？

甲：他不但直截了当地拒绝了有关民团的请求，也拒绝了让王子住在伦敦附近的请求。紧接着他们就开始投票表决，结果如下：一，国王的这个答复是拒绝有关民团的请求；二，劝谏国王如此行事的人是国家公敌；三，处于防卫态势的国家的这些地区，它们的所作所为都合乎正义。

乙：他们所谓的"防卫态势"是什么意思？

甲：意思就是，这些地区在议会赞许的军官们的领导下拿起了武器。四,他们还投票表决,希望国王能够让王子继续住在伦敦近郊;五,他们还决定,议会两院应当送交给国王陛下一份宣言书,控告国王陛下阴谋改变宗教信仰,虽然他没有直接这么做,但却受到某些大臣的唆使。他们还控告,这些大臣是苏格兰战争的罪魁祸首,是爱尔兰叛乱的始作俑者。他们又一次为国王企图控告上院议员金伯顿和下院五位议员而指责他,他们还指责国王调集军队的意图不可告人,军队本来是用来抵抗苏格兰人的,现在却调转枪口指向议会。对于这些指控,国王都从新市(Newmarket)给予了答复。于是两院做出最终决议:在这极端危险而又不蒙国王陛下恩准请愿的情形之下,议会两院通过的征兵法令,根据本国的基本法,对国民应该有约束力。还有,任何人未经议会两院同意,单凭军职委任状就对军队发号施令、动用军权,都可当他是扰乱国家和平的人。为此,国王陛下从亨廷顿(Huntingdon)给议会两院传去口信,要求他们遵守已经确立的法律,禁止所有臣民以议会征兵法令为借口,对军队行使任何权力,这种行为不受国法保护。听到国王的口信后,议会投票赞成先前的表决有效。而且,议会是国家的最高法院,其贵族议员和平民议员一旦宣布什么是本国的法律,若有人胆敢对此提出质疑和反对意见,就算违反了议会的特权。

　　乙:我认为制定法律的人也应当宣布法律是什么,因为制定法律的意思,除了宣布法律是什么,还能有别的意思吗? 所以他们从国王那里不仅篡夺了军权,还攫取了立法权。

　　甲:是这样,但我的理解是,立法权,甚至一切权力都包含在军权里。这之后,他们把国王陛下根据桶税和磅税法,根据王室特别津贴法所应得的钱也抢走了,他们企图千方百计架空国王。国王去了约克后,他们还呈交给他很多其他傲慢无礼的信函和请愿书,其中一项要求是这样的:他们得知国王已委任潘宁顿爵士(Sir John Pennington)接替海军大臣之职,他们就说,"因为海军大臣身体有恙,不能亲自指挥舰队",他们"恳请国王痛快授权给沃维克伯爵（Earl of Warwick），让他接替海军大臣的职位"。

乙：国王明知这些人铁了心要夺取自己的王权而又奈何不了他们，他接受这么多的请愿书、信函、宣言书和劝谏书，还一一惠赐圣复，他的目的何在？要知道这些人如此谋害国王，如果他们继续让他或他的子嗣活着，他们自己的安全还会有保证吗？

甲：除此以外，议会还在约克郡设立了一个委员会，用以探查并报告议会国王的行踪，同时还可防止约克郡的民心归向国王的阵营。于是，当国王陛下试图争取那里的士绅阶层时，委员会却煽动农民骑兵队攻打国王。约克郡的长老会牧师也为此出了不少力气。所以，国王没能抓住约克的好机会。

乙：为什么国王不把委员会攥在自己手中？或者，把这帮人赶出城去不也可以吗？

甲：我不知道为什么，但我相信，他很清楚无论是在约克郡还是约克城，议会的派系比自己强大得多。到了4月底，约克郡民众向他请愿，希望赫尔（Hull）的军火库依然留在本地，这样可以确保北方地区更加安定。接到请愿后，国王觉得应当不失时机地把军火库掌握在自己手里。此前不久，他还委任纽卡斯尔伯爵（Earl of Newcastle）做赫尔镇的总督。但由于镇上的居民已经受到议会的腐化，于是拒不接受纽卡斯尔，可他们并不反对让霍瑟姆爵士（Sir John Hotham）做他们的总督，因为霍瑟姆是由议会派来的。于是，国王在自己几个随从和周围乡村几个士绅的护卫下来到赫尔城门前，但是站在城楼上的霍瑟姆爵士却不让他进城。国王立刻宣布他的这种行为是叛逆，并传信给议会，要求伸张正义，惩处这个霍瑟姆，这样的话，赫尔镇和军火库都可以落入自己手中。议会没有答复国王的请求，他们反倒发布了又一份宣言书，在书中他们故伎重演，像往常一样不遗余力地诋毁国王的统治，他们还在宣言书中加进一些条款，以宣示他们所谓的权利。

这些权利就是：一，他们宣布为法律的无论什么条款，国王都不得质疑;二,任何判例都不能成为限制诉讼程序的绊脚石;三,议会为了公共利益有权处理国王或大臣负责的任何事情,他们无需国王就构成这个议会,他们是公共利益的裁判,根本不需要国王的意见;四,除非案件首先呈交议会面前,这样他们见到案件后就可以判明事实,然后准予起诉,否则议会两院的任一成员都不受叛逆罪、暴力重罪和其他罪行的干扰;五,主权权力属于两院,国王不得有反对的声音;六,起兵反抗国王的私自命令,即使国王亲自在场,也不可视作向国王开战,但是起兵反抗国王的政治人格,也就是反抗他的法律,即使国王不亲自在场,也可视作向国王开战;七,叛国罪不可能针对国王本人,它针对的毋宁是交托在他手中的国家,他必须为国家尽忠职守,至于他是否已经尽忠职守,唯有议会有权做出裁定;八,他们可以随意处置国王。

乙:他们可真够坦率,真够直接! 伦敦城能容得下这一切吗?

甲:容得下,如果有需要,它还能容得下更多。你知道,伦敦虽然大肚能容,却不辨是非香臭。在议会保存的有关亨利四世的卷宗里,亨利四世王登基宣誓时,有一项有关誓言的提问是这么说的:Concedes justas Leges et Consuetudines esse tenendas, et promittis per te eas esse protegendas, et ad honorem Dei corroborandas quas vulgus elegerit, secundum vires tuas. [陛下,您同意支持并遵守您的国家的人民所确立的公正的法律和习俗吗? 您能就您的职权所及,为了上帝的荣光,去保卫并增强该法律吗?]由于议会竭力要求得到立法权,所以他们就把其中的"quas vulgus elegerit"理解成了"人民有权选择",好像国王在法律还没制定之时,也不管法律是好是坏,就应当宣誓去维护并拥护该法律似的。而誓言真正的意思无非:他应当维护并拥护他们业已选定的法律,也就是,维护并拥护当时业已存在的议会的法案。财务大臣法院(Exchequer)是这样记载该誓言的:"陛下,您能答应支持并维护您的这个国家的普通人民所拥有的法律与合理的风俗吗? 您会保卫并支持它们吗?"云云。这就是国王陛下对这一问题的答复。①

乙：我觉得这一答复非常详尽清楚。可是，既然誓词被曲解，我不知道国王为什么非得对着它们起誓。因为亨利四世能够登上王位，靠的是一个和现在的长期议会一样心狠手辣的议会的选举，该议会废黜并谋害了他们合法的国王。只不过议会本身还不是主谋，主谋是那个弑杀理查二世王的篡位者。②

甲：大约一周后，5 月初的时候，议会又送交国王一份文件。他们称此为《两院谦卑的请愿和谏议》，内含十九项条款，听完这些条款后，你应当能够估算出，他们打算留给国王的权力是不是比任何一个大臣多。第一项条款是：

一，国王陛下的大臣、枢密官以及国内外一切国家的重臣，若没有得到议会的认可，都应当被停职，不得进入枢密院。这些官员若没有得到前述两院的批准不得复职。所有枢密院官员都应当起誓，会依照前述两院商定的方式，切实履行本应完成的职务。

二，国家大事只能在议会进行讨论、表决并加以处理，若有人胆敢背道而驰，则此人必须专门交由议会负责处罚。其他由陛下的枢密院专门负责的国事，也必须交由议会两院不定期选出的专职人员讨论和议决。任何关乎国事且专门由陛下的枢密院负责出台的法案，虽然出自圣旨，但若不经枢密院大多数枢密官的协商和同意，不经他们亲自论证，都应当被认作无效法案。枢密官人数不

---

①　[西注]"这一问题"是在《第三劝谏书》里提出来的，该劝谏书认为，国王的誓言使得国王不仅有义务"凭借其御准批准其人民选定的良法，根据法律补偿国家所遭受的不公，他还需维持并维护业已存在的法律"。查理一世对此的答复是："我们和先辈国王们在加冕仪式上所起的誓言，人们可以在财务大臣法院的卷宗里找到。"霍布斯本节的最后一句话应该指的就是查理一世所说的这句话。

②　[西注]兰卡斯特公爵博林布鲁克(Henry Bolingbroke, Duke of Lancaster)和他的支持者召开会议，宣布理查二世退位，会议接受其辞呈，正式发布废黜声明，并同意亨利继承王位。一周后会议作为议会重新召开，并正式宣布此前会议的决议正式得到批准。人们都相信理查二世于 15 世纪头十年初期的死亡原因是谋杀，背后的主谋就是亨利四世。

得超过二十五人,不得少于十五人。枢密官职位在议会休会期若出现空缺,则不经枢密院大多数枢密官的同意不得填补该空缺。休会期遴选的枢密官若不经下届议会确认,则这种遴选无效。

三,英国加冕典礼礼仪官(Lord High Steward of England)、皇家侍卫长(Lord High Constable)、英国大法官(Lord Chancellor)、国玺看守大臣(Lord Keeper of the Great Sea)、财务总管(Lord Treasurer)、掌玺大臣(Lord Privy-Seal)、宫廷礼仪大臣(Earl Marshal)、海军事务大臣(Lord Admiral)、五港同盟最高长官(Warden of the Cinque Ports)、爱尔兰首席总督(Chief Governor of Ireland)、财政大臣(Chancellor of the Exchequer)、监狱总管(Master of the Wards)、国务大臣(Secretaries of State)、两位首席大法官(two Chief Justices)和首席男爵(Chief Baron)等官职,必须在议会两院的同意之下,于议会休会期间由枢密院多数枢密官选举产生。

四,王子公主的师傅人选必须经由议会两院同意。在议会休会期,则必须经由枢密院同意。至于他们的保育人员,由于受到两院的有理反对,则应当予以撤除。

五,王子公主不经议会同意不得私自议定或讨论婚嫁。

六,反对耶稣会修士、牧师和悖逆国教礼拜式的天主教徒的现行法律,应当严格加以实施。

七,应当取消贵族院天主教贵族的投票权,且应当通过一项法案,让天主教徒们的子孙受到新教的宗教教育。

八,国王应当遵照议会两院的建议,发自内心地改革教会治理体系和礼拜仪式。

九,对于贵族和平民议员确定的号令军队的路线方针,国王应当发自内心地感到心满意足,他应当撤销反对此路线方针的宣言和公告。

十,自从本届议会召开以来就被革职或停职的任何议会成员,应当恢复其职位,或对其加以补偿。

十一,所有枢密官和法官都应宣誓始终维护"权利请愿书"和议会制定的某些法令,其形式应当根据议会的法案加以商定和安排。

十二,经由议会同意而任命的法官和官员只有在 quam diu bene se gesserint[其行为端正]时才能履职。

十三,不管犯罪分子尚在国内还是已经出逃海外,议会都有权审判他们;所有受到议会任何一院传唤的人员,都必须到案,并接受议会的处罚。

十四,除非得到议会两院的提议,否则国王陛下不得颁布大赦令。

乙:这一条真够恶毒! 其他条款都是出自野心,温厚善良的人们大多都不得不受其摆布,但唯独这一条简直没有人性,是残暴的恶魔行径。

甲:十五,国王派去扼守要塞和堡垒的人选必须经过议会的批准。

十六,应当解散国王身边的御用侍卫,未来也不允许蓄养任何侍卫,除非国家发生叛乱或受到入侵,这时才可以根据法律恢复侍卫制度。

乙:我觉得呈交给国王的这些提议简直就是赤裸裸的反叛。

甲:十七,国王陛下应当与尼德兰联邦以及其他毗邻的新教君主和国家结成紧密盟友。

十八,国王陛下应当发自内心地按照议会的法令,澄清金伯顿勋爵和其他五位平民院议员罪行,以免未来议会受到邪恶判决先例的影响。

十九,如果议会两院不同意上院贵族参会和投票,那么,国王陛下就应当由衷地通过一项法案,去限制今后进入上院的贵族参会,或在议会中投票。

若国王陛下同意这些提议,他们答应会全力以赴地为他争取最有利于他的收入,为他解决不辱他的王室尊严,光荣而又丰沛的收入来源,他们还答应把赫尔镇交给由国王陛下任命,且由议会批准的人手中。

乙:把赫尔镇交给由国王陛下任命,且由请愿者批准的人手中,实际上不就等于让议会掌控赫尔镇吗? 究竟他们把自己当白痴,还是把国王当白痴,竟然蠢到看不出他们对此的承诺一文不值?

甲:他们把这些提议呈交给国王陛下,国王陛下又拒绝了他们的请求,从此以后,双方就准备兵戎相见。国王为了自己的人身安全,在约克郡组建了一支卫队,而议会随即投票表决,公认国王是要向他的议会开战。于是议会发出命令,动员人民拿起武器进行操练,他们还发表声明,鼓励并号召民众贡献现款或金银餐具,或让民众写下书面保证,答应供应或供养一定数量的马匹、骑兵或武器,保卫国王和议会。他们所谓的“国王”,按照他们先前的声明,指的不是它的肉身,而是它的法律。他们还承诺按每 100 英镑给予 8 英镑的利息偿还他们的钱款,或按市面价值每盎司 12 先令的价格收购他们的金银餐具。而在另一边,国王已到了诺丁汉,他在那里也竖起皇家大旗,发出了集结令。[①] 他把勇士们集结到自己周

---

① [译注]commission of array,英国主权者颁发给特定地区的军官或士绅的令状,命令他们集结并部署当地居民准备打仗,或命令他们集结士兵准备为国服兵役。arrayer 在古代英国的成文法中指那些持有集结令的军官。集结令是从古代自由人保卫自己部落领地的义务中发展而来的,持有集结令者都是些有战斗经验的士兵,国王命令这些士兵部署并训练各郡身强力壮者准备参加战斗。第一个发布集结令的是亨利四世国王,他 1403 年 10 月以特许状(letters patent)的形式颁布此令状,要求集结军队来镇压威尔士欧文·格兰道尔(Owen Glendower)领导的叛军。

集结令本来已经长期废置,英国内战时查理一世又恢复这种令状。查理却是在未征询议会意见因而违宪的情形下启用这一令状的,他想借此抗衡议会同样在未经国王同意因而违宪情形下颁布的征兵令(Militia Ordinance)。双方都颁布法令,都希望能够控制现行的军队并征募更多的军队。因此国王查理一世在内战初期颁发的集结令,目的无非是想召集保王军。

集结令任命的人员都是当地有影响力的贵族和士绅,因为这些人能够对领地的人口施加影响。这些受颁人员还必须到人口密集地区的公众集会上当众宣读令状正文。因为不明其用意,所以当地居民经常敌视令状,他们误以为国王颁发令状的目的是为了镇压他们。国王的反对者们觉得议会的征兵法令并没有扩大内战,相反,他们认为国王的集结令才是内战的导火索。

围,因为这些人按照古老的英格兰律令,必须在打仗时为自己拼命。在此时刻,国王和议会就各自军队的合法性,你来我往地交换了各式各样的声明,这说来话长,一时也说不完。

乙:我也没有兴趣听您长篇大论地谈论这个话题,因为在我看来,普通法既然规定了人民幸福至上,国王就有权防备自己的主权权力被人篡夺。因此,国王为夺回自己的国家,为惩处叛乱分子所做的一切无不合法。

甲:与此同时,议会也拼凑了一支军队,他们任命埃塞克斯伯爵做军队的统帅。他们以此举摆明了他们先前的意图,当时他们曾经恳请国王,想让这个所谓的埃塞克斯伯爵做卫队的统领。这时,国王发布公告,不准人们服从议会的军事命令;而议会也发布命令,反对人们执行国王的集结令。到了这步田地,要说这是一场曾经的战争,但这却是一场没有流血的战争,因为双方打来打去,射向彼此的无非是些"纸弹"。

乙:我现在明白了,议会怎样破坏了国家的和平,他们怎样靠着蛊惑叛乱的长老会牧师和野心勃勃的愚昧演说家的帮助,轻而易举地就让当前的政府沦落到混乱不堪的状态。但我相信,他们要想使国家重返和平,将会比登天还难。他们是亲自进行统治,还是交给某位统治者或政府体制来统治,也不会轻而易举。因为,即使他们取得了这场战争的胜利,他们必得感激他们任命的军队将士,感激他们的勇敢行为、指挥有方和奇思妙想。他们尤其得感激军队的统帅。他的美好战绩无疑会赢得将士们的爱戴和崇敬,所以这位统帅完全有能力要么独揽统治大权,要么分配大权给他中意的人选。这样一来,如果他不独揽大权,别人会以为他是傻瓜;如果他独揽大权,他注定要遭到下级将士们的妒忌,这些将士也想从当前政府或后继政府当中分得一杯羹。因为这些将士会说:

他是凭他自己的力量,根本没靠我们这些出生入死、勇猛无畏和出谋献计的将士,取得大权的吗? 我们一定要做他的奴隶吗? 他的奴隶不也是我们集结起来的吗? 他反抗国王符合正义,我们反对他就不符合正义了吗?

甲:他们会这么做,也的确这么干了。这也说明了,在克伦威尔以护国公的名义掌握英格兰、苏格兰和爱尔兰的绝对权力后,他为什么不敢采用国王称号,为什么不敢传王位给他的子孙? 他的将官也不能容忍国王称号,不敢在他死后妄自继位称王。他的军队也不同意这种称号,因为他曾经公告全军将士,坚决反对独夫统治。

乙:我们还是回到国王吧! 他有什么资产来供养,有什么物资来装备,不,有什么办法征召一支能抵抗议会军的军队呢? 议会军可是靠着伦敦市的金库和全英格兰结为一体的所有城市的捐资而得到供养的呀! 他们的武器装备可是要多精良就有多精良!

甲:没错,国王的确处在下风,可是国王也一步步地募集起了一支庞大的军队,靠着这支军队,他的势力也一天天兴旺起来,而议会的势力则渐趋衰落。一直等到他们说服苏格兰,让它答应派遣 21,000 兵力进入英格兰来援助他们,他们才有所好转。但要详细讨论这次战争的具体细节,我现在却没有时间。

乙:好吧,那就等到我们下次会面再讨论吧。

第三场对话

乙:我们上次谈话谈到双方准备开战就结束了。每当我独自琢磨这事,我就很迷惑,我想知道,国王和议会对起阵来,国王打胜仗的可能性到底有多大? 议会有伦敦市和其他自治市为其提供金钱和人员,因而他们能掌握的人员和金钱真是多得用不完。所以,在这场反抗议会的事业中,国王能争取到足够的金钱、人员、武器、要塞、船只、谋士和军官的希望有多大? 议会能派上战场打仗的士兵,几乎全都是对国王及其所有同党心怀恶意的人,他们以为国王的同党不是些天主教徒、国王的马屁精,就是些靠搜刮伦敦和其他自治市蓄意聚敛财富的贪蠹朝臣。虽然我不信议会的兵士比一般人更勇猛,也不信他们是历经沙场的老兵,可他们身上都具备打仗时比勇敢和经验更加有利于制胜的特性,也就是"仇恨"。

至于武器,他们手中还掌握着几个主要的军火库,掌握着伦敦塔,掌握着赫尔河畔金斯顿市(Kingston-upon-Hull),除此之外,还有几个城镇也为议会的民兵准备好了弹药。

当时英格兰的军事要塞并不多,而它们大多数都掌握在议会手中。

国王的舰队由沃里克伯爵(Earl of Warwick)①统领,现在也完

---

① [译注]里克(Robert Rich)为第二代沃里克伯爵(1587—1658),在议会的请求之下,于1642年4月被海军事务大臣诺森伯兰伯爵(Earl of Northumberland)任命为舰队指挥。

全受议会控制。

它们自己的团伙里也不缺军师。

所以,国王除了军官之外,各方面都不是议会的对手。

甲:我无法对比双方主要的军官,就议会这方面来看,他们决定开战之后就任命埃塞克斯伯爵为英格兰和爱尔兰两地军队的总指挥,①所有其他指挥官都要接受他的委任。

乙:他们为什么让埃塞克斯伯爵做总指挥? 是什么原因,让埃塞克斯伯爵那么憎恨国王,竟然还接受了这个职位?

甲:我真的不知道该如何回答这两个问题,但是埃塞克斯伯爵曾经出国打仗,既不缺经验、睿智,也不缺果敢和勇气,他定能完成这项伟业。此外,我相信你早就听说过,他的父亲在他之前曾经多么受百姓爱戴,他自己远征加来,还打过其他许多仗,结果都大获全胜,他为自己赢得无上光荣。我还要补充一点,既然老百姓都认为他是朝廷的宠臣,他们也就不敢把军队交给他去打击国王了。你对此一定犯嘀咕,议会选中他做总指挥,个中的理由是什么。

乙:可为什么议会会以为他对朝廷不满?

甲:我也不知道为什么,他对朝廷倒真的没有不满。他和其他高尚的人一样,来到朝堂,无非是找机会效忠国王。可他一直没有官做,直至不久前,他们才给了他一官半职,让他不间断地来朝堂报到。② 但我宁愿相信,他不幸的婚姻使他断绝了与女人们的往来,甚至使他认为朝堂乃是非之地,他若得不到国王无比的宠爱来弥补他的不幸,他不该久留于此。③ 至于说国王对他有什么不高

---

① [译注]德弗罗(Robert Devereux),第二代埃塞克斯伯爵(1591—1646),1642 年 7 月被任命为总指挥。

② [译注]埃塞克斯 1641 年 2 月被任命为枢密官,1641 年 7 月被任命为皇室总管,1641 年 8 月被任命为特伦特河(Trent)南全军统帅。

③ [译注]埃塞克斯 1606 年娶霍华德(Frances Howard)为其第一任妻子,他于 1613 年解除其婚约,同意霍华德嫁给她的情人卡尔(Robert Carr)。1630 年埃塞克斯又娶保利(William Paulet)爵士的女儿伊丽莎白为妻,但她 1636 年所产一子却被怀疑是她和尤维达尔(William Uvedale)风流的产物。

兴，要为受到的所谓耻辱报复他，这纯属子虚乌有。他并不十分热衷长老会的教条，也不着迷任何其他有关教会或国家的狂热信条，他只不过和全体国人一样有点随波逐流，相信英格兰不该搞绝对君主制，应该实行混合君主制。他根本想不到，最高权力总是绝对的，不论这权力是掌握于国王手中，还是掌握在议会手中。

乙：谁是国王军的总指挥？

甲：除了国王自己还能有谁？其实国王还谈不上有什么军队，但当时他的两个外甥鲁珀特（Prince Rupert）和莫里斯亲王（Prince Maurice）①却来投奔他了，于是他就把骑兵的指挥权交给鲁珀特。鲁珀特勇猛过人，当世之人无人能与他比肩，也无人能比他更积极、更勤勉地执行国王的命令。再者，他当时虽然还是个毛孩子，但却是指挥士兵的老手，因为他在德国曾帮他父亲打过仗。

乙：可国王怎么筹到钱，去供养一支能打得过议会的军队呢？

甲：国王和议会当时手头都很缺钱，他们都不得不靠各自追随者的捐赠。在这方面，我得承认，议会占有绝对的优势。那班捐助国王的人不过是些贵族和士绅，他们因不满议会的做法，才答应支付一部分骑兵的军饷，这根本算不上多大的援助，因为实际支付军饷的人少得可怜。国王用珠宝做抵押从低地国家借来了一些钱，除此以外我没听说国王那时还有其他什么钱。而议会却获得大量捐赠，不仅伦敦市，还有支持议会的英格兰所有其他地区，也都愿意慷慨解囊。这是因为1642年6月议会贵族院和平民院颁布了几项提案，他们还不失时机地做出一致表决，说国王要对他们发动战争。所以，为了维护公共安全，为了保卫国王和议会两院，他们号召这些地区送来金钱和金银餐具，让自己能够支付骑兵军饷，能够购买武器弹药。至于偿还这些地区的金钱和金银餐具，有着这

---

① ［译注］鲁珀特亲王（1619—1682），英王查理一世之甥，巴拉丁选侯兼波西米亚国王腓特烈五世（elector Palatine, Frederick V）第三子，英国内战保王军总指挥（1644—1645），莫里斯是他的弟弟，腓特烈五世的第四子。

几项提案,他们也请公众放心。

乙:没有公众,何来公众放心? 内战中没了国王,何者可被称作公众?

甲:事实是,公众安全是可以十分奏效地拿来哄骗那些不安分的蠢蛋的,哄骗那些爱革命甚于爱自己安宁和利益的傻瓜的,舍此便一无用处。

他们靠着这种办法,从那些忠实他们这项事业的人那里获得了不少捐助。之后,他们又靠着这种办法从其他人那里也强取到了同样的捐助。因为在接下来的十一月份,他们出台一项条令,强迫那些没有捐助者以及捐资与财产不成比例者缴纳罚金。然而这却与议会提案本身的承诺和声明自相矛盾,因为他们在第一项提案中宣称,不能凭捐赠的多少来判断任何一个人的爱憎之情,因而一个人无论捐赠了多少,他都已经对兵役表达了他的善意。

除了这些,在接下来的三月初,他们还颁布一项条令,决定向各郡、市、镇、乡以及英格兰几乎所有有产者征收周税,这些周税数额,从议会两院 1642 年 3 月颁发并印行的条令本身来看,有将近 33,000 英镑之多,因而年税总额已超过 1,700,000 英镑。除去所有这些款项,他们还霸占了国王田产和林产的收入,窃取了原先答应支付国王的多项余款,占用了本应由国王收缴的桶税和磅税。此外,一年后或稍晚一些时候,他们还以莫须有的罪名判定一些要人犯法,没收了他们的财产,他们还把主教们田产的收入也据为己有。

乙:既然议会在钱款、武器和人数上比国王都占有优势,而且他们手中还掌控着国王的舰队,我不敢想象,要是国王不把主权权力交到他们手中,他还有什么获胜的希望? 他存活下去的希望何在? 因为我简直不相信他在官员、将领或士兵士气方面占有优势。

甲:恰恰相反,我觉得他在这些方面也处于劣势,因为他的庭臣不管和当时供职议会的官员们如何不相上下,我都不信这些人会呈献给国王一些有用和必要的建议。至于他的兵士，虽然他们和议会兵一样勇猛，然而他们的胆量却不曾像议会兵那样受到怨恨的磨砺，所以他们打仗不可能像自己的敌人那样不要命。这些议会兵中有大量伦敦学徒，他们因为没有打过仗，所以一看见闪闪发光的刀剑逼向自己，他们就怕死怕伤得不得了。可是，就是因为他们不够睿智，根本想象不到子弹里埋伏着看不见的死亡，因此，要把他们逐出战场，几乎没有可能。

乙：可是，您发现国王的谋臣、大臣以及其他干练的人士有什么错误了吗？

甲：我只发现了全国人人都有的错误，这就是：他们以为英国不应是绝对君主制，应实行混合君主制；如果国王肆无忌惮地镇压本届议会，他的权力就会要多大就有多大，而议会的权力就会要多小就有多小，他们把这叫作专制。这种意见，虽然在战斗不可避免时，不会有损他们为王前驱，打赢本场战斗的决心，可是它却有损他们为国王争取战争大获全胜的决心。就是为此原因，虽然他们看穿了议会是铁了心要从国王手中夺取全部王权，可是他们的奏章无论什么时候都是建议国王和议会签署条约与和约，劝他做出并发表和谈声明，明眼人都能预见到这根本无济于事。不仅如此，和约还对国王企图夺回王权，保全自己生命的行动也非常不利，因为它挫伤了士兵们勇往直前、争取胜利的勇气，他们盼望着一旦镇压了叛军，自己就能从叛军的财产中捞到好处，他们的仗也算没白打。然而，战事一旦靠和约而终结，这一切都将成为泡影。

乙：他们也该想想，内战不牺牲双方的精锐，单靠一纸和约就能结束得了吗？您很清楚奥古斯都与安东尼在罗马重归于好所发生的事情。① 但我相信，一旦双方开始兵戈相向，任何一方就再也不可能发表声明，也不会掀起笔墨战争，因为要是笔墨战争有好

---

① ［译注］参看第二场对话。

处,他们早就开始口诛笔伐了。

甲:但是能看到议会不停地写来写去,不停地对人民发表声明,反对国王合法部署部队。看到他们请愿书的言辞比以往更加粗暴、更加反叛。看到他们要求国王解散部队,要求国王到议院报到,要求国王交出他们所谓的罪犯,让议会来处置(他们其实不过是国王最守法的臣民),要求国王按他们的建议出台法案,难道你不想国王也发布声明和宣言,来反对他们无法无天,并借此起兵反抗国王的法令吗? 不想国王反击他们的无耻请求吗?

乙:很想,但这既然以前无益于他,所以今后也不可能带给他好处,因为任何冲突都要靠普通百姓才能解决,而普通百姓根本理解不了任何一方的理由。对那些野心勃勃地着手推翻政府的人来说,他们不关心此项伟业道理何在、正义何在,他们只关心,凭着议院的抗议书、凭着教堂的布道,如何拉拢群众,增强自己的力量。对于他们的请愿,我倒宁愿国王只做如下答复:如果他们愿意解散部队,把自己交由国王发落,他们会发现,国王比他们所料想的要仁慈得多。

甲:要是这答复出自一个打了漂亮胜仗的人,出自一个最终准保会赢得整场战争胜利的人,那才真可谓勇武。

乙:哎,虽然他的答复温厚,宣言也都在理,可他最终还是遭受屈辱,难道还有比这更糟糕的事情会临到他身上吗?

甲:不会吧,但谁知道呢?

乙:谁都看得出,他若不来一场胜利,根本不可能要回自己的权利。民众透过胜利一旦得知他很果敢,就会率更多人手来助他一臂之力,这比迄今为止任何义正辞严、巧舌如簧的宣言和文书都更加有用。我想知道,让国王不能下定决心的,都是些什么人?

甲:这些宣言又臭又长,满篇都是以前报道过的卷宗和案例,你要是亲自读读它们,你就会发现,宣言的执笔人不是职业法学家,就是很想成为法学家的士绅。而且,我以前告诉过你,那些很有可能在这个行业受到咨询的人,都很反感绝对君主制政府,也很反感绝对民主制或贵族制政府,他们把所有这些政府都称为专制,他们热爱君主制,他们过去常常以"混合君主制"的名义对之赞不绝口,但这实际不过是无政府而已。国王遇到法律和政治纷争时曾经大力依赖过这些笔杆子,要是我没弄错的话,他们曾经是本届议会的成员,卖力诋毁过造船费和未经议会批准的税赋,就是这些人,看到议会对自己期望过高,自己又满足不了议会的期望,就转而投奔了国王。

乙:这些人都是谁?

甲:没必要举出任何人的名字,因为我只是想简单叙述一下这场内乱中人们的蠢行和错举。现在既然各方的错举都已经得到原谅,我不想再通过列举这些人的名字,让你或任何其他人找着机会鄙视他们。

乙:事情既然到了这一地步,双方不是争着征募兵士,就是相互攫取军权、武器和军需品,任何人都不会瞎到看不出双方已经剑拔弩张。为什么国王不根据自己无可置疑的权利发布公告或通告,解散议会,从而一定程度上降低他们征兵的权威,降低他们不公正法令的合法性呢?

甲:你忘了吗? 我已告诉过你,国王本人在颁布法令、处决斯特拉福德伯爵的同时,也通过了一项法案,该法案授权议员自行掌控议会,允许他们经由两院同意可自行解散议会。如果他因此给议院发布公告或通告,决定解散它们,他们就会在先前诽谤国王陛下行为的名目中加上一条,这就是:国王是一个背信弃义的人。于是,他们不但瞧不起国王而继续开会,还会利用这个有利时机加强、扩大自己团伙的力量。

乙:国王起兵攻打他们的目的,难道不能被理解成"以武力解散议会"吗? 以武力驱散他们和发布公告解散他们,背信弃义的大小有区别吗? 再者,我想国王是想有条件地通过此法案,这条件

就是:他们颁布的任何法令都不得违反国王的主权权力。可议会
颁布的许多法令早已违反了这一条件。我还相信,即使根据恒定
不易的自然法,亦即根据衡平法,拥有主权权力者即使愿意,也不
得出让其平治臣民所必不可少的任何权利,除非他以明确的言辞,
说"他不再需要主权权力了",这才算出让了主权权力。因为凡出
让某东西,只是由于连带关系,这种出让也牵涉到主权,我以为,这
种出让并非出让了主权;这不过是一种错误,除了说明让渡的无效
外,不起任何其他作用。① 国王批准此项法案,规定:只要议会两院
高兴,议会可继续存在下去。其中的用心不言自明。可是既然双
方下决心要打仗,还有必要进行笔墨之争吗?

甲:我不清楚有什么必要,但双方都觉得有必要尽力牵制对
方,不让对方征募士兵。所以,国王果然发表书面声明,他想让人
民知道,他们不该服从议会根据自己的法令建立起来的新军指挥
官,他还想让他们看清他自己的集结令的合法有效性。而议会一
方也不甘示弱,他们也依葫芦画瓢地做出同样举动,希望向人民证
明上述征兵法令的合法有效,因而使得国王的集结令看起来如何
非法可笑。

乙:看到议会已经在征兵,国王也征兵来保卫自己和自己的权
利,有什么不合法? 既然集结令之名以前很少有人听说,因此即使
出师的名义不过是为了他自己的自我保存,有什么不合法!

甲:就我而言,我觉得没有比保卫一个人自己的权利更好的名
义了! 可当时的人民却认为,要是没有议会制定的成文法做依据,
国王做任何事都不合法。因为法学家们,我指的是威斯敏斯特法

---

① [译注]参见《利维坦》第 18 章:由于这些都是必不可缺和不可分割的权利,所以就
必然会得出一个结论:其中任何一种权利不论表面上根据什么言辞转让出去了,只
要主权本身没有直接宣告放弃,即使受让人不再将主权者之名赋予转让权利之人,
这种让渡也是无效的。因为当这人把一切能让出去的全都转让了之后,我们只要
把主权转让回去,这一切便又全都作为不可分割地附属于主权的东西而恢复了。

院的法官,还有其他一些虽为律师,却都有着烂熟英国普通法和成文法大名的人,他们以自己的行为作风感染了大多数英格兰士绅,他们还凭预想判案,他们把这叫作凭借判例判案。他们想让士绅们觉得自己的法律知识多么了不起,因此很想借此机会,靠着反对国王来炫耀一番,这样好在议会面前博得虔诚爱国者和睿智政治家的声名。

乙:这个集结令是怎么回事?

甲:征服者威廉靠着战争胜利攫取了英格兰所有的土地。他为了消遣,就给自己留出一部分土地做御林苑和狩猎场,剩下的土地,他就分封给了贵族和士绅,因为这些人过去帮自己打过仗,未来也可能为自己打仗出力。这些受封土地的贵族和士绅必须在他打仗时为他出兵役,每人根据自己受封土地面积的大小决定出兵丁的数量。因此,无论什么时候国王派遣使臣携带令状,役使他们打仗,他们就必须自备武器赶往国王那里,自掏腰包和国王并肩战斗。我们的这个国王那时候征兵靠的就是这些集结令。

乙:可集结令为什么就不合法了呢?

甲:毫无疑问,集结令完全合法。可在平民院的人眼里,合法又有什么用? 这些人早已下定决心,要废除君主制,要把主权和绝对裁断权掌握在平民院手里,因此任何有违此目的者都不可能合法。

乙:废除君主制和加强平民院的权力,是两码事呀!

甲:他们最后也意识到了这一点,可当时他们却不这么想。

乙:我们现在还是继续讨论战事吧!

甲:我只想谈谈他们如何不义、如何无耻、如何虚伪。因此,至于战争进行得怎样,这方面的历史英语著述非常详尽,你可以去读读。我只想以此为必要线索,把我从他们的行为中观察到的狡诈和愚蠢连缀起来。

国王从约克去了赫尔,这里储藏着用于防守英格兰北部的全

部弹药。国王来此的目的是看看他们是否会让他进城。议会已经
任命霍瑟姆爵士做该镇的总督,这个霍瑟姆让人紧闭城门,自己站
到城墙上,断然拒绝国王入城。① 国王为此宣布他是叛贼,并致信
议会,想弄清楚他的行为是否得到议会授权,议会果然授权了此
行为。

乙:他们凭什么不让他进城?

甲:他们的借口是:不仅该镇,就连英国所有的城镇,都属于英
国人民,国王无非是城镇的受托保管者,不是所有者。

乙:可这跟议会有什么关系? 城镇都属于他们吗?

甲:他们说,对呀,属于我们,因为我们是英国人民的代表。

乙:我看不出这种说法有什么说服力:我们代表人民,故人民
所拥有的一切都属于我们。赫尔镇的市长代表国王,能因此说,国
王在赫尔镇所拥有的一切都属于市长吗? 英国人民可以被有限地
代表,例如人民可派代表替自己递交请愿书,诸如此类的事情都可
以派代表去做,但是,我们能因此就说,递交请愿书的人拥有英国
所有的城镇吗? 本届议会什么时候开始成了人民的代表? 难道不
是 1640 年 11 月 3 日吗? 11 月 3 日前一天,也就是 11 月 2 日,谁
在这天有权不让国王进入赫尔镇并把赫尔镇据为己有? 既然那时
候并没有议会,赫尔镇到底归谁所有?

甲:我认为赫尔镇属于国王,不仅因为该镇的全称是"赫尔河
畔国王之城(King's town upon Hull)",而且因为当时只有国王自己
才是英国人民人格的代表。既然当时议会还不存在,他不代表英
国人民,还有谁能代表英国人民呢?

乙:我们也许会说,人民那时没有代表。

甲:那也没有国家,所以,英国所有城镇都是人民的,你、我以
及其他任何人都有自己的份额。你由此也能看清楚,这些被议会

---

① [译注]国王 1642 年 4 月 23 日到达赫尔,此事在第二场对话里已经提到。

以如此推理拉进反叛行列的人民是多么的软弱,而这些灌输谬误给人民的人又是多么的无耻!

乙:这些人无疑被尊奉为英国最聪明的人,也正是由于这个原因,他们才被选进了议会。

甲:那些选他们的人,也被尊奉为英国最聪明的人吗?

乙:这我不敢说,因为我知道,各郡各市的有产者和商人都会按照常例,尽可能选那些最反对给国王颁发王室津贴的人当议员。

甲:国王喊叫了赫尔镇城门,也试探了附近的几个郡,想看看这些郡能为自己干点什么。之后,他就在八月初于诺丁汉竖起大旗,可奔赴那里的人却不够组建一支能够抗击埃塞克斯伯爵的大军。国王又从那里赶到什鲁斯伯里(Shrewsbury),在那里迅速武装了一支军队,任命林赛伯爵(Earl of Lindsey)为统帅,随后他决定向伦敦进发。这时,埃塞克斯伯爵正率领议会军驻扎在伍斯特(Worcester),根本没有拦截国王军的行进。可是国王军刚一开拔过去,他就率军紧随在国王军后面。

于是,国王为避免受到埃塞克斯伯爵和伦敦城的夹击,就回师攻打埃塞克斯,在边山(Edgehill)跟他打了一仗。虽然国王没有在这里大获全胜,可要说谁略胜一筹的话,应该是国王略占上风。国王当然尝到了胜利的果实,这就是,他可以按照既定路线,继续向伦敦进发了。次日早晨,大军在进发途中,还夺取了班伯里城堡(Banbury-castle),接着又从班伯里进发到牛津,又从牛津进发到布伦特福德(Brentford)。他在那里击败了议会军三个团的兵力,之后又回师牛津。

乙:为什么国王不从布伦特福德继续进发?

甲:议会一看到国王军准备撤离什鲁斯伯里,就命令伦敦城所有的民兵团和雇佣军一起出动,而伦敦所有的店铺由于害怕也早已关门大吉。因此就有一支数量庞大、人员齐整的大军正等候着埃塞克斯伯爵来统领,于是伯爵就悄悄潜入伦敦,不早不晚刚好成了军队的统帅。这就是国王撤退回牛津的原因。后来在二月初，鲁珀特亲王又从议会军手中攻取了赛伦塞斯特（Cirencester），俘虏大批士兵，缴获大量武器，因为赛伦塞斯特刚建好一个弹药库。国王军和议会大军之间的战事就这样僵持着。议会同时还开辟了一条十五英里长，连接伦敦和市郊的通信线路，并成立了一个"数郡联络委员会"，联络埃塞克斯、剑桥、萨福克（Suffolk）诸郡以及其他各郡，为保卫自己行动起来，准备战斗。委员会中有一个人名叫克伦威尔，他就是从委员会的任职上一步步壮大起来的。

乙：这段时间，我们国家的其他地区在忙什么？

甲：在西部，斯坦福德伯爵（Earl of Stamford）正在执行议会的军令，而霍普顿爵士（Sir Ralph Hopton）正在执行国王的集结令。两人在康沃尔郡的里斯科德（Liskeard in Cornwall）打了一仗，霍普顿爵士赢了这场战役，他随即占领了一个名叫索尔塔什（Saltash）的小镇，缴获大量武器弹药，俘获许多士兵。沃勒爵士（Sir William Waller）同时也为议会攻占了温彻斯特（Winchester）和奇切斯特（Chichester）。在北方，执行集结令的是纽卡斯尔勋爵（my Lord of Newcastle），指挥议会军的是费尔法克斯勋爵（my Lord Fairfax）。纽卡斯尔勋爵从议会手中夺取了塔德卡斯特（Tadcaster），由于议会全国的兵力大部分都集中在这里，所以他差不多牢牢控制了整个北方。大约与此同时，也就是二月份，王后驾临伯灵顿（Burling-ton），纽卡斯尔勋爵和蒙特罗斯侯爵（the Marquis of Montrose）护送她去了约克。不久又把她护送到国王身边。在北方，除了这些，国王军还赢过议会军很多其他的胜仗。

在斯塔福德郡（Staffordshire），议会军和国王军也爆发了激烈的战役，指挥议会军的是布鲁克勋爵（my Lord Brook），指挥国王军的是北安普顿勋爵（my Lord of Northampton），两位将领都在本次战役中战死。布鲁克勋爵包围了里奇菲尔德庄园（Litchfield-Close），结果被流弹打死，即使如此，他的部队也没有放松对庄园

的围困，最后他们终于占领了庄园。但没过多久，北安普顿勋爵就
带领国王军包围了庄园。为解除包围，布里尔顿爵士（Sir William
Brereton）和盖尔爵士（Sir John Gell）又率议会军直扑里奇菲尔德
庄园，在霍普顿郊野（Hopton Heath）遭遇北安普顿伯爵的国王军，
结果被打得溃不成军。伯爵本人战死，但他的部队又乘胜回去包
围了庄园。之后不久，他们又得到当时还是外邦人的鲁珀特亲王
的增援，他们最后一举夺取了庄园。1642 年的主要战事就是这
些，国王在这些战事中的战绩还不算糟糕。

乙：可议会现在有一支精良的军队，靠着这支如此精良的军
队，埃塞克斯伯爵若能紧追不舍，追赶国王军一直到牛津，趁着国
王军还没来得及筑好防御工事之时，极有可能攻占牛津。因为国
王不可能不缺兵丁和弹药，而完全效忠议会的伦敦市的弹药储备
却十分充足。

甲：我说不来，但有一点很清楚：考虑到国王从约克首次起兵
时的经济状况，他当时既没钱没人，又没武器弹药，他获胜的希望
非常渺茫。所以这年总的看来，还是比较兴旺的一年。

乙：战争第一年，你发现议会有哪些罪大恶极的蠢行？

甲：他们以战争为借口，企图为自己在这方面的各种罪行开
脱，但这战争其真名不过是叛乱。他们总是以国王和议会的名义
号召任何城市，可国王是敌军，对议会军曾多次围着打。我不明白
战争权怎么能够用来证明如此无耻的行为合乎道义！但他们声
称，国王实质上总是议会两院中的国王，国王的自然人格不同于他
的政治人格。这种做法不仅使他们更显愚蠢，也使他们的无耻更
加昭彰。因为这不过是大学里的诡辩，是学校里的学童不能辩护
自己所主张的信条时所采用的遁词。

这年岁末，他们又乞求苏格兰人派军队进入英格兰，企图弹压
北方纽卡斯尔伯爵的势力。这也清楚证明了议会军此时弱于国王
军。很多人都以为，假如纽卡斯尔伯爵当时能够挥军南下，与国王

领导的军队会师,议会大多数成员准会逃离英格兰。

1643 年年初,议会看到纽卡斯尔伯爵的势力发展得如此惊人,于是就派人去苏格兰,希望雇佣他们入侵英格兰。同时,为了讨好苏格兰人,他们还模仿苏格兰人反对国教时订立盟约的做法,在自己人中间也订立盟约,要求拆毁整个英格兰所有画有圣徒像的十字架和教堂窗棂。在本年年中,他们还与这个国家庄严结盟,他们称此盟约为"神圣盟约"(the Solemn League and Covenant)。

乙:难道苏格兰人与爱尔兰人不一样,不能正确地被称为外国人吗?斯特拉福德伯爵由于建议国王利用爱尔兰军反对议会,结果被议会折磨致死。有鉴于此,他们有什么脸面勾结苏格兰军反对国王?

甲:国王一方于此应该不难识破他们的诡计,即他们是要罢黜国王,自己做王国的主人。他们还有一件无耻之极的行为,毋宁说是禽兽的行径,即他们表决王后犯有叛国罪,因为她从荷兰为国王和英军援助了一些弹药。

乙:他们可能干出这一切的勾当吗? 人们可能看不出文书和公告毫无用处吗? 罢黜国王,取国王之位而代之,唯如此他们才能心满意足,这可能吗?

甲:是的,非常可能,因为一般人虽然都知道国王拥有主权权力,可有谁知道主权权力都包含哪些基本权利? 他们连做梦都想着混合权力,想着国王和两院这两种权力。可他们却不能理解,混合权力是被分割了的权力,这种权力之下不可能有和平。因此这些人就总是在敦促国王发布公告、签署条约,因为他们很害怕使自己屈服并绝对听命于国王。这只会增强叛乱分子们的野心和气焰,对国王没有任何益处。因为百姓要么干脆弄不懂,要么懒得去理会报章上的争论,他们看到国王一味退让、一味发布公告,他们心里就会存有一种想法,认为议会很可能要赢得战争的胜利了。再者,由于这些文书的撰稿人和谋划人原来曾是议会成员,都存有二心，他们因不能如其所愿地掌控议院才背叛了议会，所以人们一般会认为，这些人都不怎么信奉自己的主张。

　　说到军事行动，鲁珀特亲王从总部出发，拿下了议会军的要塞伯明翰。后来在七月份，国王军在环形高地的迪韦齐斯（Devizes on Roundway-Down）附近大败议会军，俘虏士兵2000人，夺得四门铜炮、28面军旗和所有辎重，布里斯托尔（Bristol）也很快向鲁珀特亲王投降，归顺了国王。而国王本人则率军西进，从议会手中也攻取了其他很多地方。

　　但这种好运却因围困格洛塞斯特而急转直下。当时格洛塞斯特被围困得只剩最后一口气，却不料被埃塞克斯伯爵解围。埃塞克斯的兵力此前几乎消耗殆尽，可现在伦敦学徒和民兵忽然之间又为他补充了大量兵员。

　　乙：由本次以及历史上很多事件看来，国家要是没有发展得体态臃肿的城市，城市的胃口也没有大得能"吞下"一两支军队，国家就几乎不可能发生一场持久而又危险的动乱。

　　甲：不仅如此，这些庞大的郡府城市以不平的名义发动叛乱时，也就纠集不到一帮叛乱分子。因为人们的不平无非是对税赋的不满，而税赋是城市市民（亦即商人）的天敌。要知道，商人的本职就是获得私利，他们的荣耀就是靠着买卖的智慧聚敛无量的财富。

　　乙：但他们据说是所有行业中对国家贡献最大的群体，因为他们让贫困人口有工作可做。

　　甲：这也就是说，让穷人按照他们定下的工价出卖劳动力。这样，大多数穷人就会在伦敦的济贫院（Bridewell）里找到一份较体面的谋生工作，这些穷人再也不必去干纺纱织布以及诸如此类他们擅长的工作了。他们在济贫院里只要稍微劳动一下就能帮补到自己，这简直就是我们制造业的耻辱。而且这些人仗着自己的力气，通常就是叛乱的始作俑者。他们大多又会头一批后悔不迭，他们觉得上了那些操控自己力气之人的当。

我们还是谈谈战事吧。虽然国王从格洛塞斯特撤退，但这根本不是飞速撤离，因为不久之后，国王就在纽伯里（Newbury）和埃塞克斯伯爵干了一仗。这一仗打得很血腥，如果不考虑赛伦塞斯特一役，国王打得并不算最糟糕。在赛伦塞斯特，国王军就在几天前曾受到行军中的埃塞克斯伯爵队伍的袭击。

国王军在北方和西方大胜议会军。因为在北方，这年年初，也就是 3 月 29 日，纽卡斯尔伯爵和孔博兰伯爵（Earl of Cumberland）击败了费尔法克斯勋爵在布拉汉姆荒原（Bramham Moor）率领的议会军。这让议会军不得不匆忙向苏格兰人求援。

在随后的六月份，纽卡斯尔伯爵在阿德顿荒野（Adderton Heath）击溃了费尔法克斯勋爵的儿子费尔法克斯爵士（Sir Thomas Fairfax），追击他们到了布拉德福（Bradford），捉获并打死 2000 名士兵。第二天，他们又攻占布拉德福，俘获 2000 名俘虏及其所有武器和弹药，费尔法克斯爵士侥幸逃生。除此之外，纽卡斯尔伯爵的军队还迫使费尔法克斯勋爵放弃了哈利法克斯（Halifax）和贝弗利（Beverley）。最后，鲁珀特亲王解除了梅尔顿爵士（Sir John Meldrun）率领的 7000 议会军对纽马克的包围，他杀死议会军 1000 人，有条件放走了其余的士兵，该条件就是：他们必须留下所有的武器。

为了稍稍挽回败局，曼彻斯特伯爵会同其中将克伦威尔在何恩塞（Horncastle）附近对保王军赢得一场胜利。他打死保王军士兵 400 人，俘获 800 名士兵和 1000 件武器。随后不久，他们又攻占并洗劫了林肯城。

在西部，5 月 15 日，霍普顿爵士在康沃尔郡（Cornwall）的斯特拉顿（Stratton）对议会军赢得一场胜利。他在此次战役中俘虏 1700 名议会军的士兵，缴获 13 门铜炮和所有弹药，其实就是 70 桶火药。他们还缴获了该城其他一些库存军需物资。

还是在环形高地(Lansdown),①霍普顿爵士的保王军和威廉·沃勒爵士(Sir William Waller)率领的议会军爆发了一场激烈的战役,双方都不十分明了孰胜孰负。但不久之后沃勒爵士尾追霍普顿爵士,一直追到了维尔特郡(Wiltshire)的迪韦齐斯,由此看来,好像是议会军稍占上风。可是沃勒爵士却得不偿失,因为他在该地遭到全军覆没,这我已跟你讲过了。②

此后,国王亲自率军向西挺进,他沿途攻克埃克塞特(Exeter)、多切斯特(Dorchester)、巴恩斯特布(Barnstable)以及其他多个地方。要不是他回师时围困格洛塞斯特,因而给了议会军喘息休整的时间,很多人都以为他也许能彻底干掉平民院。可本年岁末却对议会军十分有利,因为一月份苏格兰人开进英格兰;三月一日,他们又跨过泰恩河(Tyne)。正当纽卡斯尔伯爵向着苏格兰人开拔时,费尔法克斯爵士在约克郡纠集了一支强大的部队,曼彻斯特伯爵也从林恩(Lyn)直扑约克城而来。因此,纽卡斯尔伯爵后有两支叛军尾追,前有一支叛军堵截,他被迫撤退到约克城。很快三支叛军便形成合围态势,包围了约克城。1643年这年所有重要的军事行动就是这些。

在这同一年,由于掌玺大臣把国玺运到了牛津,于是议会就命令重新制作一件新的国玺。国王听说后就派使臣到了威斯敏斯特的法官那里,警告他们不得滥用国玺。议会逮捕了使臣,军事法庭认定他是国王派来的间谍,于是绞死了他。

乙:这合乎战争法吗?

甲:我不知道,但好像是这样:若一个士兵未经照会或通知敌军最高指挥官就进入其阵地,该士兵就可被推定为以间谍身份而来。就在这同一年,当伦敦的一些士绅收到国王的"集结令",让

---

① [译注]Lansdown 的另一名称就是 Roundway-Down。
② [译注]指以上提到的"国王军在环形高地的迪韦齐斯附近大败议会军"。

他们在该市为自己的部队募集兵员时,结果事情败露,这些士绅都被定罪,有些甚至被处决。本事件和以前的这起事件没什么不同。

乙:制作新国玺的行为难道还不足以证明:议会发动战争并非为了清除国王身边的奸臣,而是为了推翻国王的统治? 因而发布公告,签订条约还有什么希望吗?

甲:苏格兰人的到来对国王来说根本就是意料之外之事,他派往苏格兰的特使汉密尔顿公爵(Duke Hamilton)不停给他写信,使他相信苏格兰人根本没打算入侵英格兰。公爵当时正在牛津,当国王确知苏格兰人已进入英格兰后,他就把公爵押往康沃尔的潘登尼斯堡监牢(Pendennis Castle)里去了。

1644年年初,就像我跟你讲的,纽卡斯尔伯爵被苏格兰人、曼彻斯特伯爵和费尔法克斯的联军包围,于是国王就派鲁珀特亲王去解救约克城,让他随时给敌人一次痛击。鲁珀特亲王顺利通过了兰开夏郡(Lancashire),他还顺道猛攻了叛乱之城博尔顿(Bolton),攻克了斯多克福(Stockford)和利物浦,最后于七月一日赶到约克城,解除该城的包围。敌人于是从约克撤退,登上四英里之外的马斯顿荒原(Marston Moor),就在那里打了那场不幸的战役,这场战役基本上让国王失去了整个北方。鲁珀特亲王按原路回师,纽卡斯尔伯爵则回到约克城,他和几个军官渡海逃到汉堡(Hamburgh)去了。这场胜利的荣耀应主要归功于曼彻斯特伯爵的中将克伦威尔。议会军又从阵地战卷土重来,重新包围了约克城。不久以后,国王军就把约克城按照还算体面的条款拱手让给议会军。这一役之所以光荣,与其说是因为议会军受到上天的眷顾,不如说是因为议会军围城既不费时又没折损多少兵将。

乙:这一仗让保王军的元气一下子损失不小。

甲:确实如此,但国王只用五六周的时间就又恢复了元气。沃勒爵士的军队在环形高地一役全军覆没后,伦敦城又为他凑集了一支部队。为了支付部队的军饷,他向伦敦市民强征周税,要求市民每周须缴纳与一餐所食肉价相当的税费。这支部队联合埃塞克斯伯爵的部队,准备围攻牛津。国王得知消息后,就派人护送王后到西部,自己则朝伍斯特开拔。这让议会两支部队又分道扬镳,伯爵深入西部尾追王后,沃勒则去追逐国王。结果你也看到了,国王靠这种战术击败了这两支队伍。国王突然对沃勒发动袭击,在克洛普雷迪大桥(Cropredy-bridge)大败沃勒,俘获他的炮兵辎重队和许多军官。接着,他很快又紧追埃塞克斯伯爵到了康沃尔,由于国王的兵力远胜埃塞克斯,埃塞克斯不得不乘着一艘小船逃往普利茅斯。埃塞克斯的骑兵队趁着夜色从国王的阵地突围出去,可他的步兵却全部缴械投降。他们同意国王提出的条件,即永不拿起武器反对国王,国王于是就放他们走了。

在接下来的十月份,在纽伯里再次爆发了一场激烈的战斗。埃塞克斯的那支步兵队伍寡廉鲜耻地毫不顾及答应国王的条件,他们这时候正朝伦敦进发,一直走到了贝辛斯托克镇(Basing-stoke)。这时,他们手中又操起武器,一些民兵也加入到他们的队伍中,于是埃塞克斯伯爵突然之间又有了一支庞大的军队,他于纽伯里再次攻打国王军。白天的战事中他一直占着上风,可一直到漏尽更残,他们也没取得完胜。我们在此注意到一点,这就是:伯爵军队的任何其他部分都没有像康沃尔缴械投降的这支队伍一样打得如此狂热。

1644年重要的战役就是这些。国王自己还有其他人都认为,国王和议会的形势都很好,这让双方各自任用的指挥官们都看不到胜利的希望。因此,议会经过投票表决,决定重组军队。他们怀疑埃塞克斯伯爵是十足的保王党,因为他在第二次纽伯里战役中并未做出他们期望于他的战绩。但我以为他们的怀疑并不正确。埃塞克斯伯爵和曼彻斯特伯爵看破议会的用心,于是就主动交出委任状。平民院也出台法令,规定两院任何成员都不得担任任何文职武职,不得指挥军队。他们就用这一转弯抹角的招数撵走了一直对自己忠心耿耿的人。他们的这一法令却对克伦威尔法外开恩，因为他们十分器重他的行为和勇气。假如他们能像后来那样看清此人的真面目，他们也许就不会那么器重他了。他们让他做了费尔法克斯爵士的中将，费尔法克斯是议会新任命的统帅。在给埃塞克斯伯爵的委任状中，有一项条款是要保全国王的人身。可这一条款却在新的委任状中被删除了。然而，议会成员和新统帅可都是长老会宗教的信徒呀！

乙：看来，为了达到自己的目的，连长老会宗教徒也乐意派人弑杀国王。

甲：我对此毫不怀疑，因为让一个合法的国王活着，对一个篡权者来说绝不会安全。

就在这同一年，议会处决了霍瑟姆爵士及其儿子，理由是：他暗中勾结纽卡斯尔伯爵，企图把赫尔城移交国王。他们还处死了卡鲁爵士（Sir Alexander Carew），理由是：他企图把他代表议会任总督的普利茅斯交给国王。他们还处死了坎特伯雷大主教，理由无非是讨好苏格兰人。起诉书列举的他的总罪状是：到处活动，企图颠覆国家法律。可这根本够不上指控，这只不过是污言秽语的谩骂！接着他们还投票否决了《公祷书》，命令国民使用长老会牧师大会新近编纂的《礼拜仪式大全》。他们还费尽心思，与国王在乌克斯桥（Uxbridge）成功签署了一份协约，对于他们先前的要求，协约书一项都没有漏签。国王此时在牛津也成立了一个议会，成员由那些不满威斯敏斯特议会，因而投奔国王的人员组成。但这些人仍然死守着他们的旧原则不放，所以这个议会也没什么价值。还不仅仅如此，由于这些人一心想着发布公告和签订条约，也就是说，他们的这种做法使士兵们盼着从战争中捞点好处的希望完全破灭。所以，大多数人都认为，他们对国王的害处远大于益处。

1645 年对国王来说是很不幸的一年，由于一场大战失利，他失去了他先前攻占的所有地盘，最终还搭上了自己的性命。当时陶顿(Taunton)由后来在海战中战功卓著的布雷克(Blake)防守,而戈林勋爵(Lord Goring)率领的国王军对它久攻不下。新模范军于是就犹豫不决,他们不知道如何是好:是应该围攻牛津,还是应该向西挺拔解围陶顿。经过商议,新模范军还是决定解围陶顿。虽然克伦威尔还没有强大到能够牵制国王的地步,他们还是留下了克伦威尔,让他留意国王的动向。国王于是利用这个有利时机,把部队和大炮都撤出了牛津。此举让议会不得不召回他们的统帅费尔法克斯,命令他围攻牛津。与此同时,国王还解除了布里尔顿男爵对切斯特(Chester)的围困,在回师途中又强取莱斯特(Leicester)。莱斯特战略地位非常重要,火炮和补给都很充裕。

有了这场胜利,人们都以为国王的势力更加强大了,国王也持这种看法,议会某种程度上也承认如此。议会命令费尔法克斯从围困中起来反攻,尽量主动打击国王。国王军虽然打了不少胜仗,但军中的党争和变节事件却与日俱增,这使得国王军不得不盼望运气某天会降临到自己这边。抱着这种侥幸心理,国王军在纳思比(Naseby)被彻底击溃,这一役没有给他留下任何重整旗鼓的希望。所以,打完这场仗,国王只得率领一小撮残兵,与议会军巧妙地玩起忽上忽下、忽左忽右的游击战术,但始终没有加增兵员。

与此同时,费尔法克斯先是收复了莱斯特,接着深入到西部,除了极少数地方外,他几乎征服了整个西部。他还费尽艰难,迫使霍普顿勋爵根据体面的条件解散了他的部队,让他和威尔士亲王(the Prince of Wales)一起去了西西里,不久他们又从西西里去了巴黎。

1646年4月,费尔法克斯将军开始向牛津挺进。与此同时,雷恩巴勒(Rainsborough)也包围了伍德斯托克(Woodstock)城,最终迫使它投降。国王这时也已经返回牛津,而伍德斯托克离牛津只有 6 英里之遥。他毫不怀疑自己在牛津一定会受到费尔法克斯的包围,他又没有救兵来解救自己。于是他决定乔装打扮一番,混进纽瓦克(Newark)附近的苏格兰军中。他 5 月 4 日到了苏格兰军中,苏格兰军队在撤兵回乡途中,押解着他一起到了纽卡斯尔,他们到达纽卡斯尔的时间是 5 月 13 日。

乙:国王怎么这么放心把自己交给苏格兰人? 他们可是第一批起来造反的人呐! 他们都是长老会教徒,也就是残酷无情之徒。再者,苏格兰人都穷得叮当响,所以人们都在怀疑:他们会不会为了金钱把国王出卖给他的敌人? 最后,他们如此势单力孤,他们能保护国王,能让国王安全待在他们国家吗?

甲:他还能怎么样? 头年冬天,他派人去议会,想为里士满伯爵(Duke of Richmond)和其他一些人搞到一份通行证,以保证他们能够出入平安,结果却遭到拒绝。他又派人去了一次,结果又遭到拒绝。然后他希望自己能够亲自去一趟,这也遭到拒绝。他为此目的一次又一次地派人去议会,他们不但拒绝给他通行证,还颁布法令,规定:只要国王试图跨入伦敦的通信路线,伦敦的民兵指挥官就可以带领他们觉得差不多的兵力,镇压国王引起的骚乱,逮捕与国王同来的人,并且为保证国王的安全,把他关进监牢。假如国王冒险去了伦敦,假如国王被关押起来,议会会怎样待他? 他们会通过投票罢免他,所以国王即使活着,即使待在监牢里,他也没有任何安全。他们也许不会通过某个高等法院公开判他死刑,他们会以其他手段悄悄处死他。

乙:他应当试试逃往海外。

甲:从牛津出海很难。再者,人们一般都相信,苏格兰人已经向国王做出承诺,不但保证陛下本人,也会保证和他同去的他的朋友在军中的安全。他们答应不仅保证他们的人身安全,还会保证他们的荣誉不受损害,良心不受影响。

乙:可是,部队和部队的具体士兵毕竟是两回事。部队不愿意做的事,让士兵承诺去做,这不是美丽的谎言吗?

甲:7月11日,议会向尚在纽卡斯尔的国王送交了他们的提议,他们声称,这些提议是实现稳固牢靠的和平的唯一出路。送交这些提议的,有彭布罗克伯爵(Earl of Pembroke)、萨福克伯爵(Earl of Suffolk)、厄尔爵士(Sir Walter Earle)、希皮斯利爵士(Sir John Hippisley)、古德温先生(Mr. Goodwin)、罗宾逊先生(Mr. Robinson)。国王问他们是否有权签订协议,他们回答说"没有",于是国王就说:"好吧,你们和传送喇叭声音的传声筒有什么分别?"他们的提议和他们过去经常送交的没什么分别,其目的只有一个,那就是罢免国王。所以,国王根本没有答应他们的提议。苏格兰人也咽不下这口气,他们也表示了一些抗议,只不过他们好像要让议会明白,他们不会白白把国王交到其手中。所以他们相互之间最终还是做了一桩交易:议会向苏格兰人支付了200,000英镑,苏格兰人于是就把国王移交给了议会派来迎接他的专员手里。

乙:以虚假的信仰加上无比的贪婪,以懦夫而起伪誓,以致做出这种出卖行为,面目真是可憎啊!

甲:这场看似能够开释许多不光彩之事的战争终于结束了,从这些叛乱者的行为中,除了他们的卑鄙、虚伪和愚蠢,别的你什么也看不到。

到这个时候,议会已经攻占了国王所有其他的要塞,他们攻占的最后一个要塞就是潘登尼斯堡,这也是国王监押汉密尔顿公爵的地方。

乙:这期间,爱尔兰和苏格兰都发生了什么事?

甲:在爱尔兰,国王陛下本来下令休战一段时期,但由于爱尔兰人中间发生内讧,所以停战协议并没有得到很好的遵守。当时由于教廷大使①在爱尔兰,于是天主教帮派就抓住这个有利时机,

---

① [译注]教廷大使是里努奇尼(Giovanni Battista Rinuccini),费尔默(Fermo)的主教。

希望摆脱英格兰的统治。再者,当时停战协议也已到期。①

乙:爱尔兰人受制于英格兰人,英格兰人也受制于爱尔兰人,前者的受制程度难道比后者要大吗?爱尔兰人是英格兰国王的臣民,而英格兰人不也是爱尔兰国王的臣民吗?

甲:这种分别太微妙了,一般人理解不了。② 在苏格兰,蒙特罗斯侯爵率领国王军,没费多少兵力就打了几次不可思议的胜仗,他侵占了整个苏格兰。既然已经无比安全,他就批准士兵们暂时离开了军营。敌军打探到这一情报,就突然向他们发动袭击,迫使他们迅速撤退到苏格兰高地,他们准备重整旗鼓。他在苏格兰高地开始恢复元气,这时,在纽卡斯尔被苏格兰人羁押的国王却命令他解散部队,侯爵只得渡海离开苏格兰。

1646 年这同一年岁末,议会派人毁了国王的大国玺,国王也被带到霍姆比(Holmeby),由议会派来的专员看守。就这样,英格兰结束了与苏格兰的战争,但却没有结束对爱尔兰的战争。大约也在这期间,被议会弃置不用很久的埃塞克斯伯爵也离世了。

乙:既然英格兰又恢复了和平,而国王又身在牢狱,谁掌握着主权权力?

甲:主权权力当然在国王手中,只不过没有人能够行使这种权力。这就好比玩纸牌游戏,1647 年和 1648 年这两年来,议会和费尔法克斯爵士的中将克伦威尔,虽然没有真刀实枪地打起来,但对主权权力的争夺却从没有停歇过。

---

① [西注]1643 年 9 月,尚在爱尔兰作战的保王军将领奥蒙德侯爵(the Marquis Or-mond)决定与爱尔兰天主教联盟停战,于 1646 年 3 月 28 日正式签署停战协议。由于教廷大使带头以天主教的名义反对停战协议,所以爱尔兰天主教联盟也跟着于 1647 年 2 月拒绝该协议。

② [译注]伯伊宁斯(Sir Edward Poynings)是英王亨利七世派驻爱尔兰的总督,他于 1494 年 12 月 1 日在德罗赫达(Drogheda)召集爱尔兰议会开会,宣布爱尔兰议会在此以后必须接受英格兰议会的领导,这同时也标志着英国都铎王朝直接统治爱尔兰的开始。这一法令史称"伯伊宁斯法"或"德罗赫达法"。

乙：和议会斗，克伦威尔手中有什么好牌？

甲：你一定晓得，亨利八世国王彻底废除这里的教宗权力时，他就自己担当起这种权力，做了教会的领袖。主教们既不敢反对他，也不敢对此表示不满。因为，有鉴于以前教宗不许这些主教主张对自己教区的 jure divino［神圣管辖权］，也就是，不许他们主张直接出自上帝的权利，这种权利只能由教宗赠予或授权给他们。现在既然教宗被赶走了，他们毫不怀疑神圣权利又回到自己手中。此后，日内瓦城以及海外其他许多地方都起来反叛教宗制，成立长老制来管辖他们的教会。那些在玛丽女王时期遭受迫害而纷纷逃亡海外的各色英国学者，非常迷恋这种制度。等他们在伊丽莎白时期返归英国时，尽心尽力要建立这种制度，好利用这种制度作威作福，炫耀小聪明，这给教会和国家制造了不少麻烦。这些人不但觉得自己具有神圣权利，还掌握了神启。由于这些人受到纵容，甚至在布道中不厌其烦地鼓吹这种制度，因而，他们引进了大量奇怪而又有害的学说，正如他们所声称的那样，他们引进的学说，比起路德和加尔文，更是有过之而无不及。就像路德和加尔文离教宗越来越远，他们离早先的神学或教会哲学也越来越远。这里且不谈信仰，因为信仰是另一回事。他们的听众也被分散成众多的派别，有布朗派（Brownists）、再洗礼派、独立派、第五君主国派、贵格派和其他各色教派，这些教派人们一般统称之为"狂热派"。这些被长老会像母鸡孵蛋般造成的种种教派，反倒发展成了长老会前所未有的最危险的敌人。

这些就是克伦威尔手中的好牌，他在军中有着大量这样的好牌，议院中也有一部分好牌，他本人也被认为是议院的一分子。虽然不能说他胜券在握，但他总是让自己站在最强大派别的一边，总是与强者有着共同的立场。

虽然不占最大部分，但议会军中有大量人员，他们只想着劫掠，只想着瓜分敌人的土地和财产。就是这些人，当他们看到克伦威尔有勇有谋时,他们就心想:要想更好地达到自己的目的,除了追随这人,还有其他办法吗? 最后,议会本身也有虽然算不上主要部分,但却数量可观的狂热分子。他们狂热得足以能够质疑,甚至延迟议院的决议。他们有时还会利用议会势单力薄的时机,投有利于克伦威尔的票。他们在 7 月 26 日就是这么干的。因为,既然议会早在 5 月 4 日就投票表决,要求伦敦的民兵应当由"公民委员会"领导,而眼下市长大人就应当是委员会的一员。可不久之后,由于长老会独立派碰巧占了议会多数,他们于是就颁布法令,把民兵领导权交给了更支持军队的人手里。

议会手里握的好牌是伦敦市和国王本人。议会军的统帅费尔法克斯爵士是地道的长老会信徒,但他被军队牢牢控制着,而军队又被克伦威尔牢牢控制着。然而,双方谁能获胜,还要看他们怎么出手里的好牌。

克伦威尔坚决申明他仍然服从并效忠议会,但他的用意却恰恰是:一旦他鼓动军队做出一些有悖议会的举动,他也能为自己的一切行为想到一个开脱的理由。于是他就和他女婿,和自己一样诡计多端且能说会写的军需官埃尔顿(Ireton),一起谋划如何让军队起来反对议会。为此目的,他们在军中散布谣言,说议会既然已经抓住国王,现在打算解散他们,骗掉拖欠他们的军饷,并把他们派往爱尔兰,让爱尔兰人消灭他们。士兵们一听说这个消息就义愤填膺,埃尔顿于是就教他们自己成立一个"军事委员会",由每一个骑兵连和步兵连各出两名士兵组成,共同磋商军队的利益,并且作为"战争委员会"的辅助,为国家的和平与安全贡献良策。这些人被称作"军事委员"(adjutators),因此,只要克伦威尔想做什么事,他无须命令他们,他只需悄悄告诉他们自己的想法就行了。军事委员会首次磋商的结果,就是把国王从霍姆比带到军中。

费尔法克斯统帅也向议会写信,为自己和克伦威尔以及整个军队开脱,说他们都不知道其中的底细,说国王是情愿跟着那些押送他的士兵离开霍姆比的。他还向士兵们保证，整个军队想要的无非是和平，军队不反对长老制，不指望独立派，也不赞成宗教中放纵的自由。

乙：真是太不可思议了，费尔法克斯爵士这样被克伦威尔玩弄，他竟然还相信他这里亲自写下的东西。

甲：我不信乔伊斯（Cornet Joyce）带领 1000 名士兵去缉拿国王，费尔法克斯将军、将军的中将、整个军队竟然都不知情。说国王是情愿跟他们走的，这根本是谎言，因为国王陛下故意差人送信给议会，已经证实这一点。

乙：这是不义之上又加不义，首先是议会加诸国王的不义，接着是军队加诸议会的不义。

甲：这是克伦威尔玩的第一个把戏。他以为自己靠着这个把戏已经占据绝对优势，他居然公开宣称："议会已成我的囊中之物。"其实不只议会，连伦敦城也成了他的囊中之物。听到这个消息，伦敦城的人们一个个地都惊慌失措，甚至比这更糟，因为和这个消息一起传开的，还有一个谣言，说军队正朝着伦敦开拔而来。

与此同时，国王也被不停地从一地押到另一地，最后他被最终安顿在汉普顿宫。他们这样把他押来押去，难保不是为了招摇过市。但比起在议会专员手里，他至少也得到更多的自由，得到更多的尊重，因为他们不仅允许他的随军牧师跟从他的左右，还允许他的孩子和朋友来看望他。除此之外，他还受到克伦威尔百般恭维，克伦威尔还以一种严肃且表面热切的态度向他承诺，会和他一起反对议会，夺回他的王权。

乙：他凭什么那么有把握？

甲：他并没什么把握，但他已下定决心朝伦敦和议会进军，重新把国王扶上王位，然后他做一人之下的宰相。除非这次图谋让他看到比以前更大的希望，否则他就驱逐国王，自己亲自做皇帝。

乙：克伦威尔指望从国王那里获取什么样的帮助，去反对议会和伦敦城？

甲：他宣布直接效忠国王，目的是想借此笼络所有的保王党，而自从国王落难以来，现在保王党的人数比以前大大增加。这是因为议会内部有很多人识破了其同僚的虚情假意和自私自利的用心，他们受到天赋理性的感召又重新开始忠于自己的职守。他们都开始同情国王的遭遇，同时也对议会萌生了义愤之情。所以，假如克伦威尔能够在现有军队的保护之下把他们团结起来，把他们编入军队，他或许能够放手去做他一直以来想做的事情。这首先是为了国王，其次也是为了他自己。但他似乎更愿意去尝试那些无需国王染指的事情，这种尝试若能证明他以一己之力足以做成这些事情，他随时准备对国王放手。

乙：为了反对军队，议会和伦敦城都干了什么事情？

甲：首先，议会差人送信给费尔法克斯将军，要他交还国王给他们的专员。军队对此没做任何答复，相反，他们反倒送交议会几项条例，还附带一份控告议会十一位成员的控诉信，这十一位成员全都是活跃的长老会信徒。以下就是这些条例的部分内容。一，议会应当根据"克己法令（the self-denying ordinance）"①清除不应继续留在议院的人员；二，那些滥用职权、致使国家濒临险境的人员，今后不应让他们继续为非作歹；三，应当敲定一个终止本届议会的日子；四，议会应当向国家交代清楚他们收到的巨额款项的去向；五，应当取消十一位成员的议会议席。这些条例是军队打出的王牌，议会并未对这些条例做任何答复。对于要求取消十一位成员议席一事，他们说只能依法查实了控诉书中的具体罪状，他们才会这么做。后来议会自己起诉坎特伯雷大主教和斯特拉福德伯爵，这证明控诉书中的罪状的确属实。

---

① ［译注］"克己法令"是1645年4月3日英国长期议会通过的一项法令。根据该法令，长期议会所有担任议会军军官的成员，必须要么辞去军职，要么辞去议会议席。这是议会改革军队的一项举措，该法令最终促成了"模范军"的诞生。

　　议会因此有些害怕起来，而国王则恢复了一些信心，他决定为伦敦城负责，要求议会把伦敦城的民兵交给别人指挥。

　　乙：我不明白，别人是指谁？

　　甲：我告诉过你，伦敦的民兵指挥权 5 月 4 日交到了市长大人及其领导的"市民委员会"手里，稍后又交到更倾向军队的人手里。现在我要告诉你，7 月 26 日，伦敦遭遣散的士兵和一些学徒制造暴乱，迫使议会又像以前那样把指挥权又重交到"市民委员会"手里。随即，因受军队的邀约，就有两个议长带领一帮议员跑到了军队那里，得意洋洋地在貌似议会的军事委员会里占着席位，行使着投票权。他们巴不得"市民委员会"的民兵指挥权被夺走，让指挥权重新回到 7 月 26 日被抢夺该权的人手里。

　　乙：伦敦城对此做何反应？

　　甲：伦敦人派人驻守防御工事，就是防御通信线路。他们组建了一支由勇武之人组成的部队，让一些经验丰富的指挥官率领着，驻扎在线路周围，以英武的姿态静候着敌人的来临；一旦听到伦敦城的命令，他们随时准备出击，迎战来犯之敌。

　　与此同时，军队的士兵们也发誓要与费尔法克斯爵士生死与共，与议会和军队存亡与共。

　　乙：很不错，军队是在模仿议会。议会起兵反抗国王时，曾经号称自己是"王和议会"，这样称呼是因为：他们认为"国王实际上总是在自己的议会中"。所以，现在军队既然向议会开战，也不如称呼自己为"议会和军队"。但议会既已成克伦威尔的囊中之物，他们这样说也许更为合理："议会实际在军中。"

　　甲：他们还发布宣言，申明自己朝伦敦进发的理由。他们在宣言中以议会的裁断人自居，自以为有权裁断谁人适合委之以治国重任，他们不称这些人为"议会的议员"，他们给他们取名为"威斯敏斯特的士绅"。因为自从经历了 7 月 26 日的暴乱，军队已不再承认其为合法的议会。同时，他们还去信给市长和市政官，斥责他们参与暴乱,称他们是和平之敌,议会的叛徒,说他们既不能保护议会,也不能保护自己,要求他们把伦敦城的管理权交到自己手中。他们还说,他们朝他们进军的目的就是为此。费尔法克斯将军也发出令状,号召邻县民兵加入到自己的队伍中来。

乙:这些邻县民兵属于将军的部队吗?

甲:不是,绝对不是,他们既非将军掏钱买来的雇佣军,也没有接到议会的命令而为将军部队的一部分。但是,如果一支军队控制了国家的一切法律,它还有什么干不出来呢?军队开拔到豪恩斯洛的荒野(Hounslow Heath),这时,离伦敦城只有十英里的距离了。于是市政委员会(the Court of Aldermen)急忙召开会议,商议如何应对。伦敦城的军官和士兵武器弹药很充足,他们很想冲出去和敌人决一死战,可防守南岸区(Southwark)工事的一个背叛的军官却放一小股敌人进入了防线,这一小股敌人一直窜到了伦敦桥的大门附近。市政委员会看到城中心已陷落,于是就宣布投降。军队提出的投降条件是:放弃民兵指挥权;驱逐十一位议员;移交所有要塞和通信线路、伦敦塔及其所有的武器弹药给军队;解散部队,交出洗心革面者(reformado),亦即交出所有埃塞克斯的老兵;撤去议会的卫兵等。军队看到所有这些条件都已兑现,于是就耀武扬威从伦敦市的主街道上开拔而过。

乙:市长和市政官们有着这样一支强大的部队,竟然如此神速地缴械投降,真是怪事啊!他们难道不能以自己的一小股部队,去抗击桥头的一小股敌人吗?他们难道不能以其余的部队,去抗击其余的敌人吗?

甲:这我说不准,可对我来说,他们要是不投降的话,那才是怪事。因为在我看来,伦敦城大部分靠钻营和买卖致富的市民,这些人除了自己眼前的利益,别的什么都不关心。任何事情只要不挡自己的发财之道,他们都会视若无睹。所以一想到自己的财产被劫掠,他们就惊慌不已。要是这些人早知道服从自己合法的君主能让自己有什么能耐保住自己的财产，他们也就不会和议会站在一边了，我们也根本不必动刀动枪了。市长和市政官们确信投降可以挽救自己的财产，却拿不准反抗能否也如此。所以，在我看来，他们选择了一条最明智的道路。议会的驯顺一点也不亚于伦敦城，因为很快，就在 8 月 6 日，费尔法克斯将军派一支强大的卫队护送着前述逃往军中的议长和议院议员们又回来了，让他们取代了议会议长的席位。为此，这些人不但在议院里正式对将军表示了感谢，还择定某日为全国的神圣感恩日。不久以后他们还任命他为英格兰全军总司令和伦敦塔总管。但这一切实际上只是助长了克伦威尔的势力，因为虽说费尔法克斯爵士是军权的持有者，但克伦威尔却是军权的运用人。独立派们很快就破除了整个通信线路，他们还把原先统一的伦敦民兵部队一分为二，威斯敏斯特为一派，南岸区为一派。他们还撤换了任期未满的各市镇和各要塞的长官，这些长官本来是按照议会的条例被安置在各处的。他们又在这些位置安插上了自己的心腹。他们还迫使议会宣布所有自7 月 26 日至 8 月 6 日通过的法令无效。他们还把一些上院贵族以及一些最有名望的公民砰地关进了监狱，市长大人就是被关者中的一员。

乙：现在克伦威尔有足够势力去恢复国王的王位了，他为什么不这么干呢？

甲：他的野心是想让自己取而代之，恢复王位不过是他反对议会的权宜之计。议会既已成了自己的囊中之物，他还要国王干什么？国王现在只会碍手碍脚。把国王羁押于军中不无麻烦；让他落入长老教徒手中有碍于自己的目的；悄悄杀死他——可他现在还只是个中将——这种行为不但可怖，而且还会使自己臭名昭著，不利于自己的大业。因此，除了放国王从汉普顿宫逃跑，别无他法能更有利于他达到目的。汉普顿宫离议会很近，国王爱去哪个国家就去哪个国家好了，反正连累不到自己。虽然克伦威尔在议院中有很多自己的同党,但这些人根本不知道克伦威尔的野心是要做他们的主子;可假如他真的做了这些人的主子,他们必定会成为他的敌人。为了使国王叛逃成功,他指使看守国王的卫兵,让他们告诉国王,说军事委员会要杀了他;他们还到处散布这个谣言,期望谣言能传到国王的耳朵里,国王果然听到了谣言。

于是,国王就趁着一个月黑雨湿之夜,离开汉普顿宫,来到南安普顿的海边。看守他的卫兵也按照预先的计划故意退下去了。按照约定,海边会有一只船来接他,但船却没有来,于是国王不得不投靠当时身为怀特岛总督的哈蒙德中校(Colonel Hammond),期望他能大发善心,因为他兄弟哈蒙德博士是国王陛下宠爱的随军牧师。可没想到事与愿违,中校把此事报告给了自己的议会主子,等候主子发布命令,然后再决定如何发落国王。国王这次逃到怀特岛,不大可能是克伦威尔提前谋划好的,因为他既不知道国王要去哪儿,也不知道他怎么去。哈蒙德和其他人一样,都不知道船是否会按照约定时间到达指定地点。

乙:要是国王真的逃到法国,法国难道会不派兵帮他夺回王国吗?这样不就挫败了克伦威尔以及其他一切国王之敌的阴谋了吗?

甲:对,会大大挫败他们的阴谋,他们会像帮助他的皇子,我们当今最仁慈的君主那样帮助他。皇子于两年前从康沃尔逃到了法国。

乙:据我看,毗邻之国像现在这样经常互相偏袒彼此的叛乱分子,并非什么明智之举,更何况这些叛乱分子可都是冲着君主制本身而来的呀!毗邻之国应采取的上策是互相联合,共同对付叛乱;如果实在没有其他良策,再采取互相攻打的下策。基督教君主之间打来打去解决不了什么问题,除非他们能管好本国的道坛。否则,布道士对希伯来语、希腊语和拉丁语《圣经》诗句的解释,就往往会成为内战的导火索,并致使上帝的受膏者遭到废黜和暗杀。

再者,你若肯花些时间和那些解经之士长谈一下,一百解经之士中你几乎难以找着一个足以沉稳慎重之人,可以让他来担当战争或和平的大任。虽然人人明确同意让渡的权利造就了主权者的权力,可让主权者履行其职权,靠的却不是这种权力,他履行职权靠的是臣民的服从。就像某些传道士,一开始还表白其忠心,接着就慢慢开始高呼:"以色列人呐,各回各家去吧!"①这有什么好处?普通人靠苦思冥想并不能分辨孰是孰非。因此,他们义务的根据,他们违抗其合法主权者会给自己招来灾难的理由,就必须要有人来给他们讲授清楚。然而事实却与此相反,我们的道坛公然讲给叛乱分子听的,却是如何反叛,讲给他们听的是:世上本无罪,除非他们不按道坛的建议行事,或行了道坛禁止他们的事。既然国王已成议会的俘虏,为什么长老会教徒不扶他重登王位,并借此推进自己的利益呢?

甲:议会里长老会教徒人数比独立派众多,要是他们不恣意妄为,不让糊涂野心妨碍自己的大业,也许在国王活着时就已经得到梦寐以求的东西了。他们呈交国王四项提案,希望它们能作为议会法案而得到国王的签署并首肯。他们还告诉国王,如若国王同意这些提案,他们还会派专员继续和他协商别的条款。

这些提案是:一,议会应当掌握军权和征税养兵的权力20年。20年后,假使议会想到了涉及军队的国家安全问题,说不定会把指挥军队的权力交还给国王。

乙:议案第一项从国王手中抢走了军队,因此也永久性地抢走了他的整个主权权力。

---

① [译注]这是教人反叛的话,霍布斯的引文后有两个标点符号,一个感叹号和一个问号。这句话出自《列王记上》第12章第16节,所罗门之子罗波安王不听老臣的建议善待以色列人,反而听从了与己同龄的少年人的建议,打算变本加厉地严酷对待以色列人,于是以色列众人就对罗波安王说:"我们与大卫有什么份儿呢?与耶西的儿子并没有关涉。以色列人呐,各回各家去吧!大卫家呀,自己顾自己吧!"

甲:第二项议案是,国王应当合法化议会对他本人的诉讼,还应当宣布自己针对议会所发的所有誓言和公告都无效。

乙:这是让国王背上战争的罪责,让他对战争中的流血牺牲负责。

甲:第三项议案是,收回国王从 1642 年 5 月掌握国玺后所御赐的一切荣誉头衔。

第四项议案是,议会可自行决定休会期限、会议延期时间和转移会址的地点等。

国王不同意这些提案,他当然有他的理由;但他也向议会送交了一些对议会不无好处的提议,他还希望和议会签订保护其人身安全的协议,共同解决国家的和平问题。然而议会却认为他的提议实现不了和平,他们于是投票决定:不当再向国王呈交奏章,也不当再从他那里接受咨文,没有国王他们照样可以安顿国家。他们做出这种决定,多少受到了当时在平民院中发表演说的军队分子的威胁,其中有一个军队分子①提出三点建议:一,应当把国王监禁在内陆的某个古堡里,并派卫兵看守古堡;二,应当草拟罪状弹劾他;三,应当弃国王于不顾,自行安顿国家。

还有一个②在演讲中说,"国王拒绝四项提案,就是拒绝保护其臣民,所以大家应该拒绝向他臣服。"他还补充说,"只要议会不抛弃军队,军队也绝不会抛弃议会。"这简直是在恐吓啊!

最后,克伦威尔亲自发表演说,告诉议员们,现在人民都期待议会能够统治并保卫国家,别再让人民寄希望于国王来保卫自己的安全,这人的心肠已被上帝化为铁石;也别再让那些安全保住议会的人听任其不共戴天的仇敌摆布,以免这些人为了自己的安全铤而走险。他边说边手按佩剑,这又是在恐吓啊!

———————————

① [译注]这三点提议是托马斯·罗斯爵士(Sir Thomas Wroth)在演说中提出的。
② [译注]这是克伦威尔的女婿埃尔顿在议会中的发言。

　　议院本打算要取消"不当再向国王呈交奏章"的决议,可现在受到克伦威尔的胁迫,逼他们信守诺言,于是又不得不把它制定成议会的法令。

　　苏格兰人对此很不高兴,一是因为他们的英格兰长老会同胞丧失了诸多权力,一是因为它既然把国王会出卖给了议会,却不见议会有什么起色。

　　国王现在也向其子民发表了激情澎湃的演说,抱怨自己受到百般虐待,这让子民们很是同情,但子民们并没有为他揭竿而起。

　　乙:你不觉得,这是克伦威尔夺权的最佳时机吗?

　　甲:绝不是最佳时机,他还有许多障碍需要清除。他还不是军队的将军;军队仍旧拥护议会制;伦敦城对自己的民兵也不甚满意;苏格兰人还指望着出兵解救国王;他的军事委员会的委员们个个都是支持共和的平等派成员,个个都反对君主制,尽管他们帮助克伦威尔制服了议会,可他们就像狗一样,虽然教他们去叼东西容易,教他们学会报恩却很难,他们不会拥立他当国王。所以,克伦威尔要想使自己正式坐上最高权力的王位上,他必须克服以下困难:一,当上总司令;二,清除国王;三,镇压国家的一切叛乱;四,抵挡住苏格兰人;五,解散现在的议会。这些困难个个艰巨,他绝不敢保证能够一一克服。所以我相信,他当时绝不会想着去做国王。相反,他一直以来的主要策略,是紧密效忠最强大的派别,希望靠着这种效忠,甚至靠着机运,来尽可能推进自己的大业。

　　乙:要是议会还没有牢牢控制住军队之前,就这么舍弃国王,它就不是单单的邪恶了,它简直是蠢之又蠢了。

　　甲:1648 年年初,议会授权当时身为牛津大学校长的彭布罗克伯爵菲利普(Philip Earl of Pembroke),让他带领一些和自己一样同为牛津大学的优秀神学博士,去净化大学校园。他们借此机会赶走了所有不属自己帮派的人员,赶走了赞同使用《公祷书》的分子。他们还赶走了一些臭名昭著的牧师和学生,也就是说,赶走了嘴上总是毫无必要地挂着上帝之名的学生,赶走了一些出言不逊的学生,赶走了一些总是与淫荡妇女为伍的学生,我不得不为他们的这后一举措拍手叫好。

乙:我不会拍手叫好,因为这就好比因人腿瘸而赶他们出医院,一点没有怜悯之心呀! 建立大学的目的是为了养成人的虔诚,是为了纠正人的恶习,除了大学,还有其他地方能让人更好地做到这两点吗?

甲:也许议会不这么想。我经常听见做父母的抱怨说,他们的孩子被大学教坏了,他们学会了酗酒,学会了放纵,学会了赌博,还染上了由这些恶习造成的其他缺点。因为青年学生们的老师和自己年纪差不多,他们一般不会把老师放在眼里,所以很多同学之间相互败坏、一起堕落,也就没什么好奇怪的了。因此我以为,议会并不怎么崇敬大学这种机构,也不觉得大学是教青年人养成德性之地。很多学生反倒在大学里学到了布道鼓吹之术,他们凭此特长还能找到一份美差和营生之计。还有一些父母在孩子最难管教的时期把他们送到大学里,是为了躲避在家照管孩子的麻烦。我还认为,议会和其他人一样并不十分关心大学里的神职人员。的确,大学是神职人员十分忠实的奴仆,要是神职人员不受到细心看管,一旦他们的意见产生分歧,一旦他们借机发表自己的歧见,这些歧见就会成为分裂国家的方便法门。

乙:可既然我们这地方的人没有不高度重视哲学和其他人文科学,那么,除了大学,他们还能到哪里学到更好的知识呢?

甲:还有什么其他科学? 神学系的神学不是已经包含了一切人文哲学和道德哲学了吗? 至于自然哲学,这门学科不是被牛津大学和剑桥大学挪到伦敦的格雷欣学院(Gresham College)[①]了吗?

---

① [译注]格雷欣学院是一个位于英国伦敦的高等教育机构,该机构不接受正式注册的学生,也不颁发任何学位,但它每年会主办140场公共演讲。该机构于1597年由格雷欣爵士(Sir Thomas Gresham)授意建立。

学生不是必须通过学院的公报来学习这门学科吗？可我们已经离题万里了。

乙：是啊，我们的确离开了国家大事这个正题，那就让我们言归正传吧！

甲：第一次暴乱，不如说是骚乱，是伦敦学徒4月9日搞的恶作剧。但这跟国王没有任何关系，这次骚乱起于学徒们在墨菲尔德（Moorfields）一次惯常的娱乐聚会。当时不知从哪里来了几个爱管闲事的军官，带着一队民兵，要强行赶走这些学徒。但没想到这些士兵自己却被学徒们用石头打败了，学徒们还抢走了士兵们的军旗，于是他们就扛着军旗走遍大街小巷，把市长大人吓得躲进屋里不敢出来。他们还抢得一门小火炮，接着还派人把守住大门，他们还像小孩子一样雄赳赳气扬扬地来回走动，他们就这样打发了这一天接下来的所有时间。第二天，将军亲自带兵开进了伦敦城，很快就驱散了学徒。虽然这是件小事，但也足以让人们认清楚，议会是多么的不得人心。

接着，威尔士人也起兵反抗他们。威尔士有三个陆军中将，分别是兰霍恩（Langhorne）、波义尔（Poyer Powel）和鲍威尔（Powel）。这三个人曾经为议会出过不少力气，但议会现在却命令他们解散部队。他们拒绝了议会的命令，不但没有解散部队，反而还扩大了自己的兵力，兵员达到了8000人左右。他们还宣布效忠国王。

与此同时，威尔士又发生了两次叛乱，一次由尼凯米石爵士（Sir Nicholas Keymish）领导，另一次由欧文爵士（Sir John Owen）领导。所以当时整个威尔士都起来反抗议会了。但不到一个月的时间，克伦威尔就带兵把他们镇压下去了。双方还都牺牲了不少士兵。

乙：那些把自己因内斗所干的坏事归在国王头上的人，我对他们的牺牲一点也不同情。

甲：这以后不久，萨里郡有一些人呈交给议会一份请愿书，要求议会与国王签署一份人身安全协议，可他们的信使却被驻扎在威斯敏斯特和伦敦皇家马厩的士兵打回了老家。接着肯特郡的人也递交了一份同样的请愿书。想到请愿书不可能受到欢迎，于是他们干脆扔掉请愿书，拿起武器起来造反了。肯特郡有许多英勇的军官，他们拥戴诺维奇伯爵（Earl of Norwich）做统帅，每天都有成批的学徒和被遣散的老兵加入到他们的队伍中来。伦敦城不安全到如此境地，议会只好让伦敦的民兵重新开进城里，让他们防守泰晤士河河岸，接着费尔法克斯也向敌军进发。

乙：我想，接着伦敦人本应该轻易而迅速地首先控制住议会，然后控制住费尔法克斯和他的 8000 精兵，最后再控制住克伦威尔的军队。至少他们也应该能给苏格兰军以可乘之机，让他们不遇任何抵抗地开进伦敦城。

甲：没错，但伦敦城向来畏首畏尾，他们和苏格兰人都不守规则，不喜欢国王君临其上，倒喜欢国王匍匐其下。费尔法克斯率领 8000 人前去攻打保王军，在梅德斯通（Maidstone）击溃了一支保王军，还有一支保王军正占据着离这里较远的肯特郡的一些地方。诺维奇伯爵率领着其余的保王军到了黑荒原（Blackheath），他于是派使节去伦敦城，要求伦敦城放他的部队通过市中心，然后好与埃塞克斯起事的卢卡斯爵士（Sir Charles Lucas）和李尔爵士（Sir George Lisle）率领的义军汇合。伦敦城拒绝了他的要求，跟随他的肯特兵大部分也都叛逃了。他带着剩下的不到 500 个残兵，渡过泰晤士河，到了多格斯岛，从多格斯岛又去了波尔（Bow），从波尔又去了科尔切斯特（Colchester）。费尔法克斯得知消息后，从格雷福森（Gravesend）渡过泰晤士河，追上了诺维奇的部队，在科尔切斯特包围了他们。科尔切斯特城没有防御工事，只筑了一道低矮的防护墙，即使这样他们依然顽强抵抗，希望挺过两个月的期限，能够等来苏格兰军来解救他们。后来他们知道了苏格兰人败北的消息，于是就被迫投降了。诺维奇伯爵被当作战俘交给了伦敦城。

卢卡斯爵士和李尔爵士这两个忠实而又勇敢的人被射杀至死。霍兰德伯爵（Earl of Holland）在金斯顿附近也领导了一次起义，但很快就被镇压下去，霍兰德自己也成了俘虏。

乙：苏格兰人怎么这么快就被打发了？

甲：据说全都是因为指挥乏术。苏格兰军由刚从潘登尼斯堡获释的汉密尔顿伯爵指挥。汉密尔顿伯爵曾被国王关押在潘登尼斯堡，但后来潘登尼斯堡被议会攻占了，议会于是就释放了他。他带领步兵和骑兵 15,000 人长驱直入英格兰，英格兰 3000 保王军也加入到他们的队伍中。克伦威尔率领 11,000 名步兵和骑兵，从威尔士出发迎战他们。部队行进到兰开夏郡普勒斯顿（Preston）附近时遭遇苏格兰军，克伦威尔用不到两个钟头的时间就打败了他们。据说，苏格兰人战败的原因，出在排兵布阵上。他们的阵势既不利于全体士兵共同出击敌人，也不利于士兵解救伤员。战败后苏格兰人看到没有后路可逃，只好硬着头皮往前冲到英格兰腹地。克伦威尔紧追不舍，苏格兰人几乎全部被活捉，军队所有的装备都丧失殆尽。有几个逃回家乡的人，连武器都不知道什么时候丢了。汉密尔顿伯爵被活捉，不久就被移送伦敦。但克伦威尔却继续挥军向爱丁堡进发。到了爱丁堡，由于受到汉密尔顿的敌对集团的帮助，他确信自己的图谋再也不会遇到阻碍。他的第一个图谋，是要借议会之手，取走国王的性命。

这些事情在北方发生的时候，议会看到克伦威尔不在伦敦，就稍稍回过神来，撤销了"不当再向国王递交奏章"的决议，又差人向国王呈交了一份新的提案，这份提案虽说不比原先容易多少，毕竟还是容易实行一些。接到国王的答复后，议会便派专员到怀特岛的纽波特（Newport）与他签订协议。他们在纽波特就细节问题谈来谈去浪费了不少时间，结果协议还没签，克伦威尔就回到了伦敦。国王看样子要完蛋了。军队现在完全效忠克伦威尔，克伦威尔也恢复了军事委员会的工作，他让军事委员会给平民院递交了一份劝谏书,书中要求:一,国王应依法受到惩处;二,应传唤亲王和约克公爵于指定日期到庭,并依其表现决定是否起诉他们;三,议会应当解决和平问题,确定未来的政府,确立一个合理的议会会期,确保未来议会为一年一届或两年一届;四,应启用国王能干的老臣。这一切应由平民院根据人民签名证实的普遍协议去执行。他们还等不及答复,就派士兵组成卫队,守住了议院的大门。他们还派兵守住了威斯敏斯特宫,只允许那些符合自己要求的议员出入议院。所有其他议员不是被吓跑,就是被扔进监狱,还有一些经过多次争论后被暂缓判决。这九十多个议员,要么是因为他们拒不投票反对苏格兰人,要么是因为他们拒不投票反对"不应再向国王递交奏章"的决议,所以才落得如此下场。其余的议员都支持克伦威尔。① 伦敦城还有一些狂热分子,因为有军队撑腰,就凑集了一个新"平民委员会",委员会任何四十委员的议决都可以凌驾于市长权力之上。委员们要做的第一件事,就是草拟一份要求惩处国王的请愿书。伦敦市长蒂奇博恩(Tichborne)害怕连累城市犯弑君罪,就把请愿书呈交给了议会。

　　与此同时,他们用同样的暴力手段,把国王从怀特岛的纽波特挟持到赫斯特城堡(Hurst Castle),让他待在那里,直到审判他的工作准备就绪为止。在此期间,议会为了不使自己背上起伪誓的罪名,就出台一项法令,宣布原来做出的"国王至高无上"和"永远效忠国王"的誓言无效。之后不久,他们又出台一项法令,要求押送国王就审。

　　乙:这种法律我以前一直搞不懂,一开始是众人逐个起誓,到

① ［译注］此一事件史称"普莱德大清洗"(Pride's Purge)。1648 年 12 月 6 日,普莱德上校在军方领袖即部分议员的支持下,率军清洗议会,将 100 名长老会议员逐出议会,其目的在于确保审判查理一世的政策得以通过。由于大批议员遭到驱逐,经常出席议会者仅剩 50 人左右,古史称此议会为"残缺议会"。1649 年 1 月,议会通过决议,宣布议会下院享有最高主权。随后,议会成立特别最高法庭,对查理一世进行审判,最终查理一世被判死刑。

后来大家被召集到一起时，他们又说大家不必遵守誓言。

甲：法令起草完毕后就被送到了议院，经过议院的三读程序①，他们的表决结果一致认为，"英国的贵族议员和平民议员在议会召开会议，会议宣布：根据本国的根本法，英国国王向议会开战犯有叛逆大罪。"平民院把会议的表决结果呈递给贵族院，但贵族院不承认这项结果，于是平民院气急败坏地又搞了一个表决结果，认为"不论贵族院同意与否，议会的所有成员都应当继续遵守，并执行议会制定的任何法令；人民是上帝之下一切正当权力的来源；平民院拥有国家的最高权力；平民院制定的任何法令都属法律。"这一切就这样被他们全体一致地表决通过了。

乙：这种表决结果反对的不仅是英国国王，它反对的是世界上所有的国王。他们要是能反复思量一下他们的说法，那就太好了！可是，我相信，人民是上帝之下一切法律的来源。

甲：但是，人民为了自己和他们的后世子孙，很久以前就通过其同意和誓言，把国家的最高权力交给既为自己，又为后世子孙着想的国王了，因而就交给了他们已知的合法主权者，我们当今的圣上了。

乙：可难道议会不代表人民吗？

甲：代表人民，但只是在某些目标上代表人民。例如，他们若有冤情，得到批准后可向国王提出请愿，但他们不得对国王的权力有任何不满。再者，议会若没有得到国王的召集绝不可能代表人民。国王召集议会来罢黜自己，这样的事简直难以想象。举例来说，设若每一个县和市都应当向本届议会捐赠一定数目的善款，设若每一个县都会在县衙或别的什么地方开会，每一个市也会在它们的市政厅开会，设若它们会选出一些人员，让他们带着各自的善款分别呈交给议会，这些人难道不代表整个国民吗？

---

① ［译注］三读指议会的议案要经过提出、审议和表决等三个程序。

乙:毫无疑问,他们代表整个国民。

甲:假如议会受到召集,让它对这种代表进行解释,你觉得议会会荣膺此任吗?

乙:不会,绝对不会。但我得承认,这跟前面举的例子差不多。①

甲:该法令包含以下内容:第一,概括了国王的罪状,这些罪状主要是,由于不满先辈国王侵害人民的自由,于是他就决定建立一个专制政府;为此目的,他又在我们的国土上发起并持续了一场针对议会的战争,国家因此不幸遭受蹂躏,公共财富遭受耗竭,成千上万的生民遭到涂炭,他的其他罪状可谓罄竹难书。第二,他们成立了一个由几十名委员组成的高等审判法庭,规定任何由二十名委员组成的法庭都有权审判国王,有权根据案件的是非曲直来进行起诉和定罪,有权监督判决立即执行。

法庭委员于 1 月 20 日,即星期六,在威斯敏斯特宫开庭,国王被带到他们面前。国王坐在椅子上,听审判长宣读了对他的指控。但他拒绝抗辩,既不承认有罪,也不承认无罪,他只想知道,他们根据什么合法权威把他带到这里。审判长告诉他,是议会批准了他们的权威。国王依旧不屈不挠地拒绝抗辩。虽然国王和审判长之间你来我往说了很多话,然而整个庭审的过程无非就是如此。

法庭于 1 月 22 日星期一又开庭,检控官提议,如果国王继续否认法庭的权威,可以当他自动认罪,然而国王依旧不承认他们的权威。

法庭又于 1 月 23 日开庭,紧接着检控官就要求法院进行判决。于是他们要求国王给出最终答复,国王依然不承认他们的权威。

最后,他们又于 1 月 27 日开庭。国王要求在缀锦阁(the

---

① ［译注］参见本场对话之前对"代表"的讨论。

Painted Chamber)①当着贵族议员和平民议员的面接受审讯,他还承诺事成之后他会遵守法庭的判决。委员们退庭就此事商议了半个钟头,复庭后又让人把国王押到审判席上,告诉国王,他的提议是对法庭裁判权的藐视;若他无话可说,将对他提起诉讼。然后国王回答说自己无话可说,审判长于是开始长篇大论发表演说,他举出英格兰、苏格兰和世界其他地方国王遭邪恶议会谋杀或罢黜的事例,企图对议会的诉讼程序进行辩护。他试图用以下唯一原则对所有这些事例进行辩护,即人民拥有最高权力,而议会就是人民。演说结束后,法庭宣读了死刑判决书。后来,他们于1月30日星期二在国王自己的白厅宫门前对他执行了死刑。至于国王在接受审判和执行死刑期间如何受到凶恶士兵的虐待,对此感兴趣的读者可亲自翻看一下史书,在史书中会看到,被那届邪恶的议会成员在其诉状中称作暴君、叛徒和凶犯的这位君主,有着怎样的勇气、节制、智慧和善良的德性。

国王就死当日,议会宣布了一项法令:为了不使人觊觎王位,当今议会根据其权力制订本法令,规定任何人不得擅自宣布、宣扬或发表,或以任何形式鼓动已故英国国王查理的儿子查理·斯图亚特,即通称的威尔士亲王,或鼓动任何其他人,继任英格兰或爱尔兰国王。

乙:既然国王已死,也不准人继其位,国家靠什么公开宣布的权力来维持和平呢?

甲:他们对上院贵族很是气愤,原来曾经宣布国家最高权力在平民院;现在,他们又于2月5日投票表决,认为贵族院既无用又

---

① [译注]缀锦阁是威斯敏斯特宫的一部分,由英王亨利三世所建,与圣斯蒂芬礼拜堂(St Stephen's Chapel)平行而建。缀锦阁是贵族院议事之地,圣斯蒂芬礼拜堂则是平民院议事之地。缀锦阁原名圣王阁(the King's Chamber),后来改名缀锦阁是因为墙上装饰有美德和恶行的寓意画,以及圣经人物故事等壁画。缀锦阁毁于1834年的一场大火,于1851年被拆毁。

危险。他们于是把国家变成民主制,毋宁说是寡头制,因为他们不久就宣布一项法令,规定那些因投反对票反对"不当再向国王递交奏章"而受到排斥的议员,永远不得再行进入议会。这些人一般被通称为"受排斥的议员",其余的议员,有人说他们就是议会,也有人说他们不过是"残缺议会"(Rump Parliament)。

我觉得你现在没必要历数组成长期议会大多数议员的罪恶、罪行或蠢行,天下没有比这更大的罪恶和蠢行了。还有比长老会议员和长老会牧师所昭彰犯下的亵渎、虚伪、贪婪和残忍更大的罪恶吗? 还有比独立派所犯下的亵渎、杀死上帝的受膏者之罪更大的罪恶吗? 还有比背叛、出卖国王给刽子手的长老会教徒更蠢、更悖逆的人吗? 上院贵族也蠢得不轻,他们竟然看不透,夺走国王的权力,他们自己的特权也将保不住。他们甚至愚蠢地以为,自己无论在人数上,还是对形势的判断上,都会大大帮平民院一把。至于那些通晓法律之士,他们竟然不明白,国家的法律由国王制定,用来约束其臣民归向和平和正义,但不会约束制定法律的国王本人。这说明他们的智力也不怎样。最后,也是一个普遍规律,即所有人在还没来得及建立起新制度来取代旧制度之时,就推翻旧制度,他们无不是傻瓜。以武力建立民主制的人,也会以武力维持民主制;一些人好不容易建立起民主制,另一些掌握武力的人又会下决心推翻民主制。除了这些傻瓜,还有一些博学的蠢材,他们读了塔利(Tully)①、塞涅卡和其他反对君主制者的书,觉得自己完全够得上政治家的称号,这些人一旦没有受邀治理国事,他们就会表现出很不高兴的样子,会因自己想象的,国王或国王之敌对自己的忽视,像墙头草一样叛变来叛变去。

---

① ［译注］Tully 指西塞罗(Quintus Tullius Cicero)。

第四场对话

甲：你已看到，残缺议会自信掌握住了英格兰和爱尔兰两个王国的最高权力，掌握住了自己的看家狗军队。可是克伦威尔却与他们同床异梦，只不过为了达到自己的目的，他还是百般殷勤地服侍着议会。现在我要让你看看他们的作为。

乙：您先告诉我，这种在残缺议会或平民院残余势力之下的政府该怎么称呼？

甲：毫无疑问这是寡头制政府，因为最高权力必定要么由一人掌握，要么由多人掌握。若最高权力由一人掌握，这就是君主制，因此残缺议会不是君主制。若最高权力由多人掌握，那么权力要么掌握在全体人手中，要么掌握在非全体的少数人手中。若权力掌握在全体人手中，这就是民主制，因为人人都可进入成了主权者朝堂（the Sovereign Court）的议会；这在我们这里不可能实行。因此很清楚，我们这里的权力是掌握在少数人手中，因而国家现在是寡头制政府。

乙：让人民服从不止一个主人，这样来治理好人民，并非不可能吗？

甲：无论是残缺议会，还是其他一切形式的主权议会，只要它们用一个声音说话，即使构成它们的人数量众多，它们也不过是一个人格。因为同一个声音不可能发出两个相反的命令，而且这同一个声音也是大多数人的声音。所以，只要这些主人具有足够的诚实和智慧,也能把人民治理得井井有条。

残缺议会的首要行动就是驱逐平民院的某些成员。这些成员原先因要求为审判国王立法,因而受到强行排斥;他们被逐出平民院,还因为他们曾投票反对"不当再向国王递交奏章"的法令。残缺议会觉得,要是不驱逐这些人,这些人很可能会成为自己未来大计的绊脚石。

乙:难道没有别的原因吗?原因是不是,他们觉得,在少数人掌权的体制中,掌权者越少就越好。因为这样的话,他们不仅能占有更大的权力份额,而且他们个个离国王般的威严也越来越近。

甲:对,的确如此,这也是他们的主要目的。

乙:这些人既然被逐出平民院,为什么各郡、各自治市镇不选派其他人来弥补他们的空缺呢?

甲:没有平民院的命令它们不可能这么做。这以后他们又组建了一个由四十人组成的国务委员会(Council of State),它的职能是执行残缺议会的命令。

乙:这个时候既没有国王,又没有贵族院,他们不能称自己是议会,因为议会是国王、贵族和平民一起商议国家大事的会议。残缺议会和谁商议国家大事?

甲:人可以随意给自己的议会起名字,而不用管这样的名字原先具有什么含义。残缺议会采用了"议会"这个名字,因为它最符合他们的目的。"议会"这个名字千百年来一直受到人们的尊重,它软化了臣民本来很反感的税赋征收政策,因而也就间接成了国家财政收入的后盾。他们后来又给自己起了另一个名称,叫作Custodes Libertatis Angliae[英格兰自由保护者],不过这个名称他们只用在法院发出的令状中。

乙:我不明白,一个同样受法律约束的臣民,不同的政府形式如何能赋予他们不同的自由?

甲:不管怎样,对那些把自由理解为"允许自己爱做什么就做什么"的人们来说，这倒不失为一个好听的名字。

他们的第二项任务是发布公告，宣布他们完全下定决心要维持国家的根本法，要保全人民的生命、自由和财产。

乙：他们所谓的"国家的根本法"指的是什么？

甲：他们提出这个口号无非是为了欺蒙人民。唯一一条通行于每一个国家的根本法，就是时时刻刻遵守被人民赋予最高权力的那个人所制定的法律。他们已经杀死他们自己通常也认可的合法主权者，他们还怎么可能去维持根本法呢？而且，公告发布的同时，他们还成立了一个高等法院，靠着这个高等法院，他们夺走了汉密尔顿伯爵、霍兰德伯爵和卡佩尔勋爵（the Lord Capel）的性命。不论他们所谓的根本法是什么意思，他们成立法院都是对根本法的违背，因为英国原来没有任何法律或先例会同意这种做法。

他们同时还动用士兵强行征税，也允许士兵免费驻扎民宅，还做出其他许多事情。这些事情要是国王做的话，他们准会说，这做法侵害了人民的自由和财产。

乙：普通类别的民众被如此哄骗，真是蠢货！

甲：就这件事来看，哪类人不属普通人？整个残缺议会里最狡猾的无赖也不比上他们当的人聪明多少。因为他们大多真的相信，他们加诸普通人身上的，都是公正又合理的事情；而那些高谈阔论的人，那些自以为学富五车的人，尤其如此。这也是因为，如果一个君主制的国家原则都取自它的敌人，诸如西塞罗、塞涅卡、加图和其他罗马政治家，以及雅典的亚里士多德这样的人，这些人一谈到国王，就说他们是恶狼和贪婪的畜生，那么在这样的君主制国家里，谁会去做一个良好的臣民？你也许会以为，一个人只需具备良好的天生禀赋，就能知道他对统治者应负的义务，知道统治者命令自己的权利，但事实并非如此；因为这是一门基于可靠而又明晰原则基础之上的学问，一门需要深入、细心研究的学问，一门需要跟随对此有深入研究的老师学习的学问。在议会中或在整个国家中有谁能够发现这些明晰的原则,并从这些原则推导出正义的必然准则,推导出正义与和平的必然联系? 人民七天中会有一天的闲暇去聆听教诲,会有指定的牧师为他们讲解他们应负的义务。可那些牧师们履行自己职守的情况如何呢? 他们中的大多数人,也就是那些长老会的牧师们,在整个战争过程中,只是一味地煽动人民反抗国王;那些独立派牧师,还有其他狂热的牧师,无不如此。剩余的牧师们则满足于自己的职位薪俸,他们在自己的教区会讲述一些问题的论争,这虽与信仰风马牛不相及,但对破坏人们之间的相互慈悲却非常立竿见影。或者他们还会宣讲一些天花乱坠的东西,人们对之要么不知所云,要么漠不关心。然而这类牧师虽然没做什么好事,但也没有什么害处。祸害全部出自长老会牧师,他们以其演员般操练已久的能耐十分有力地鼓动人们起来造反。

乙:他们有什么目的?

甲:目的是,国家既然正在变成民众统治的,教会也应该如此,应该由一个(宗教)议会来治理。他们盘算着,要是这样的话,既然政治服务于宗教,实际实行统治的就是他们自己。这样一来,这不仅可以用财富满足他们的贪欲,而且可以用权力满足他们的恶意,除掉所有不对他们的智慧表示赞美的人。你称民众为蠢货,我得离题向你说明一下,他们之所以沦落到如此水深火热的境地,不是因为他们不够聪明,而是因为他们得不到正义科学(science of justice)的教育。那发财甚至发了大财的人、那雄辩的演说家、那让人陶醉的诗人、那敏锐的律师,甚或那娴熟的猎手、狡猾的赌徒,你能用你的能力说服我,使我相信这些人根本没有聪明才智吗? 可是,即使是这些人,他们大多也都蠢到上了残缺议会及其成员的当。他们不缺才智,他们缺的是一种知识,这种知识能够使他们明白,有人具有统治的权利,而另外的人则具有服从的义务,其中的根据和理由何在。这种知识必须教给民众,因为要是没有这种知识,他们相互之间和平相处的日子不会长久。

乙:让我们言归正传,谈谈残缺议会的举动吧!

甲:这一年的其余时间,他们投票表决了这个国家货币的新图案。他们还商议了派往外国的使节人选。由于不久前他们通过高等法庭做出的成绩受到军队的赞扬,在激励之下,他们完善了高等法庭,他们利用这个法庭审判了汉密尔顿公爵、霍兰德伯爵、卡佩尔勋爵、诺维奇伯爵和欧文爵士——我前边提到过,五人中的前三人被砍头。这种举动让很多保王党人吓得逃亡到国外去了。不仅这些保王党人,还有一切拿起武器为国王战斗的人,他们的生命在当时都岌岌可危。因为军队成立了一个战争委员会,商讨是否应当对所有这些人执行死刑,而当时投反对票的只有两个人。最后,他们撤去了伦敦市长的职务,剥夺了他的公民权,还判处他缴纳2000英镑的罚金;还因他拒绝公布取消国王权力的法令,判处他在伦敦塔接受两个月的监禁。1648年就这样结束了,斋戒月就这样结束了。上帝恩准了他们斋戒的理由,纪念国王宾天,以及对其世袭继位权的侵占。残缺议会因这些举动已经失去了大多数人的民心,他们唯一可以信赖的也只有军队了,可军队也不在他们的掌控之中,军队掌握在克伦威尔的手里。克伦威尔绝不放过任何一个可乘之机,唆使议会做一些看似惊天伟业、实则遗臭于民的事情,以便时机成熟,为前途计摆脱这些家伙。

1649年年初,苏格兰人对残缺议会反对已故国王的做法十分不满,于是开始招兵买马,准备再次入侵英格兰。爱尔兰叛军由于没有受到英格兰及时派兵打击,势力也发展得惊人。而国内的英格兰军队由于受到军事委员会委员们的感召,正算计着如何在他们自己这些虔诚的信徒以及自己可意的人中间均分土地,他们因这种均分所以称自己是平等派。而且,目前残缺议会财库匮乏,所以他们要做的头等大事就是为维持军队向人民每月征收90,000英镑的税款。

乙:这不是他们曾和国王争论的一件事情吗? 他们不是谴责

国王未经议会里人民的同意就擅自征税吗？

甲：你由此也能明白，残缺议会为什么会把自己叫作"议会"，因为议会征收的税款，人们总是能把它理解成"已经征得人民的同意"，因而总是属于合法的征收。为了安抚苏格兰人，残缺议会还派使节带去一封讨好的信函，恳求苏格兰人不要为当今的国王打仗，但最终都是徒劳。苏格兰人把没有国王和贵族位于威斯敏斯特的平民院，称之为"孤零零的平民院"，对于他们的来信，苏格兰人一个字都不愿意听。为了让国王了解他们正在为他做的事情，他们还派遣特使去了国王那里，他们下决心为自己征召一支由17,000名步兵和6000名骑兵组成的军队。

为了救援爱尔兰，残缺议会早已决定从英格兰军队中抽调十一个团的兵力，奔赴爱尔兰。这正是克伦威尔大显身手的好时机。每一军团中都有许多赞成平等派的士兵，在某些军团中他们甚至占了绝大部分。当这些士兵发现自己不能在家均分土地，而是要亡命爱尔兰时，就坚决拒绝出发。还有一个军团在索尔兹伯里（Salisbury）附近甚至扔下自己的上校，如今正朝着和他们有着同样决心的三个军团进发，准备和他们汇合。（费尔法克斯）将军和克伦威尔在伯福德（Burford）拦击他们，彻底击垮他们，很快就迫使全军服服帖帖地服从指挥了。所以，克伦威尔很快又清除了一个阻碍自己上位的障碍。克服了这个障碍，他们就去了牛津，又从牛津去了伦敦。在牛津，将军和克伦威尔都被授予法学博士的头衔；而在伦敦，他们又受到该市的热情问候和款待。

乙：不是先得了硕士头衔，再得博士头衔吗？

甲：他们早已自封为法律和议会的主人了。军队既然已经服服帖帖，残缺议会于是就把那十一个军团派到了爱尔兰，由克伦威尔博士指挥，他现在已经受命为爱尔兰王国的总督，而我们的费尔法克斯勋爵依然是这里和那里的全军统帅。

以前的奥蒙德侯爵现在已经是伯爵，他本是国王派往爱尔兰的总督。爱尔兰叛军相互之间结为同盟，这些盟友又与总督结成了某种形式的联盟，他们在盟约中答应，只要国王给予他们信教的自由，他们就会效忠并帮助国王。卡斯尔黑文伯爵（Earl of Castle-haven）和克兰李卡德伯爵（Earl of Clanricarde）以及英其坤大人（my Lord Inchiquin）集结的队伍也加入到他们的联盟里去了，所以他们联合在一起组成了此岛国最强的兵力。可是，在他们的队伍中还有大量其他的天主教徒，他们根本不愿屈从新教教徒。这些人有些被称作教廷大使党（Nuntio's party），其余的人则被称作同盟党。这两个党派相互之间很不和谐，同盟党也背叛了他们与奥蒙德总督之间的盟约，总督大人看到他们准备在都柏林围攻自己，自己又抵抗不了他们，为了给新教教徒保留一块地盘，于是就把都柏林拱手让给了英格兰议会军。[1] 他自己就投奔到国王那里去了，国王当时正被军队不停地押来押去。他于是又从英格兰投奔到了现在成了国王的威尔士亲王那里，亲王当时正客居巴黎。

但同盟党的盟友们听到消息，说残缺议会正派兵前来攻打自己，早已仓皇失措，急忙写信给亲王，要求亲王再差回奥蒙德大人，并保证绝对服从国王的权力，绝对服从他的总督奥蒙德大人。随即国王就把奥蒙德大人派了回来，这事发生在克伦威尔渡海来到爱尔兰的头一年。[2]

在这期间，由于爱尔兰的同盟党和教廷大使党之间摩擦不断，再加上他们又对军队指挥权牢骚满腹，这支本来够强大的军队却一无所获，虽说他们已经包围了都柏林，但最后于 8 月 2 日还是被突围出包围圈的议会军彻底击溃了。不到几天克伦威尔就赶到都柏林，他以惊人的速度和骇人的才干，在他待在爱尔兰不到 12 个月时间里，就差不多征服了整个爱尔兰王国。杀死或消灭大部分

---

[1]　［译注］奥蒙德让出都柏林给议会军是在 1647 年 7 月。

[2]　［译注］奥蒙德回到爱尔兰是在 1648 年 9 月，而克伦威尔渡海来到爱尔兰是在 1649 年 8 月。

爱尔兰军以后,他就让自己的女婿埃尔顿留下来,继续征服爱尔兰残余的势力。可埃尔顿不幸死于瘟疫,没能完成交克伦威尔交给他的使命。无论如何,这向着克伦威尔登基为王又迈进了一步。

乙:天主教徒们的学识让爱尔兰沦落到了多么悲惨的境地,长老会牧师们的学识让英格兰也沦落到了多么悲惨的境地!

甲:在头一年的年末,国王从巴黎来到海牙。① 不久,残缺议会派来的大使多利斯劳(Dorislaus)也很快到了海牙。多利斯劳是法学博士,他曾起草过针对已故国王的控诉书。可他到达海牙的第一天晚上,正当他在自己的房间里用餐时,十几个保王党人冲进他的房间,杀死他后就逃之夭夭了。不久之后,他们派往马德里的大使,一个名叫阿斯科姆(Ascham)的人,这人曾撰文为自己的议会主子辩护,也遭到同样方式的暗算。大约在这个时候,坊间出现了两本书,一本是由长老会信徒萨尔马修斯(Salmasius)为反对谋杀国王而撰写;另一本由英国独立派牧师弥尔顿(Milton)为回应前者而撰写。②

乙:我读过这两本书,两者的拉丁语都很好,好得简直分不出高下;但两者的逻辑都很糟糕,糟糕得也分不出高下。两本书就像修辞学校的同一个学生分别扮演正方和反方所做的辩论练习。长老会信徒反对独立派信徒,情形跟这差不多。

甲:这一年,残缺议会在国内没有过多举动,只不过于年初通过一项法案,把英国变成了一个自由国家。法案这样写道:

> 当今议会根据其权力宣布并实施该法案,规定:英格兰,以及隶属或即将隶属英格兰的所有自治领和地区的人民,从此建立、缔造并宣布国家为共和国、自由国,等等。

---

① [译注]查理二世于1649年2月到达荷兰海牙。

② [西注]萨尔马修斯撰写之书名为《为查理一世国王申辩》(*Defensio Regia, Pro Carolo*)弥尔顿撰写之书名为《为英国人民申辩》(*Pro Populo Anglicano Defensio*)。

乙：他们所谓的自由国和共和国是什么意思？人民不必再服从法律了吗？他们不可能是这个意思吧，因为他们也想用自己的法律来治理人民，也想惩罚那些违反法律的人。难道他们的意思是"英国不应屈服于任何外来的王国或共和国"吗？既然外国没有任何国王或人民敢于欺压英国人民，也没必要实施这项法案呀！

甲：他们的意思是：我们的国王、任何国王、任何个人都不得做人民的主人，唯独他们自己可以做人民的主人。只要能够轻而易举地哄骗老百姓上当，无论用词易懂还是难懂，他们都打算白纸黑字地立下法案。

这之后，他们还瓜分了忠君者们的领地和货物，相互分发金钱和财物。他们还相互立下誓言，规定人人不得违反誓言。誓言的文字是这样：我们应当保证忠诚，并忠实于如今已经建立起来的、没有国王和贵族院的英格兰共和国。

他们还赶走了伦敦二十五英里之内的所有保王党人，不允许他们每个人离开住所超过五英里。

乙：如果有必要，他们也许打算让这些人做好准备，等待一场屠杀。可是苏格兰人这期间都干了什么事？

甲：他们正忙着为国王召集军队，他们正考虑谁适合做军队的指挥官，他们正想着如何排除那些曾为当今国王的父王忠心效力的人，想着如何才能排除所有的独立派教徒，和所有曾任汉密尔顿伯爵军中指挥官的人，不让他们再继续指挥军队。这一年发生的主要事情就是这些。

蒙特罗斯侯爵 1645 年曾经带领一小撮人，以迅雷不及掩耳之势，令人难以置信地击败了已故国王在苏格兰的敌人。侯爵于1650 年年初重新踏上这片土地，如今又到了苏格兰北部。他拿着当今国王颁发给他的委任状，希望自己能像原先对待他父王那样尽心效忠当今的国王。可现在形势有了变化，因为当年的苏格兰军都在英格兰为议会军效力，而现在苏格兰军是在苏格兰本土，而且他们大多都还想着对英格兰发起新一轮的入侵行动。再者,侯爵带来的士兵只有孤零零的几个人,还都是些雇佣兵,他期待的苏格兰高地兵团也没有如约而至,所以他很快就被击垮了,自己也被活捉。苏格兰神圣盟约派成员恶毒地下令不许对他立即实行报复,要求对他进行百般折磨,之后才于5月2日处决了他。

乙:国王与苏格兰结盟期间,看到自己忠心耿耿的仆人受到如此恶待,他与这些人结盟,希望得到什么好处?

甲:很显然,苏格兰当时遍地都是教士,他们很希望像英格兰议会对待其父王那样对待当今的国王。这样做,他们说不定能够攫取到他们痴人说梦般梦寐以求的东西,攫取到国家的统治权。不要以为独立派比长老会更坏,双方是一丘之貉,无论谁胆敢阻碍他们的野心,他们都会毫不手软地予以消灭。可现在形势紧迫,国王宁可原谅苏格兰人对自己的诸般侮辱,也不想让自己诉求英格兰权力的热火冷却下来。宽恕这些侮辱的行为,总比自己的热情遭到扑灭要好得多。

乙:的确,一个国家要是变得宿债缠身,它的元气就很难恢复过来了。而且,国王很清楚,无论他在哪里打了胜仗,除了在战争中牺牲敌人,他自己没有别的任何牺牲。

甲:五月份,大约就在蒙特罗斯死亡前后,克伦威尔还在爱尔兰,他在那里的任务尚未完成。但他后来发觉,也可能他的朋友忠告他,要想实现大业,他现在必须参加准备攻打苏格兰的远征军。于是,他差人到残缺议会,想知道议会对他回国的意见。即使这样,他知道,也反复思量过,他没必要等待议会的复函。他随即离开爱尔兰,于接下来的6月6日抵达伦敦,并受到残缺议会的热烈欢迎。如今,费尔法克斯将军也的确如其所言,是一个名副其实的长老会信徒。国内的长老会牧师三番五次盘问他的宗教信仰,烦得他直接抗命,拒绝攻打苏格兰的同胞兄弟。残缺议会和克伦威尔也都懒得去劝说他改变对这件事的态度。最终,费尔法克斯交出了自己的委任状,克伦威尔现在成了英格兰和爱尔兰全军的将军,这使他朝着主权权力又迈进了一步。

乙:国王在哪儿?

甲:国王长途跋涉刚到苏格兰。虽然国王还没有和苏格兰人就所有问题达成一致意见,他还是从北部进入苏格兰,苏格兰人还光荣地把他护送到了爱丁堡。虽然他效法已故国王在怀特岛的做法,对许多苛刻条件做出让步,没想到苏格兰人得寸进尺,又附加了许多条件,国王忍无可忍,只好拂袖而去,再次返回到苏格兰北部。苏格兰人派信使追赶他,恳请他回来。他们还派了足够的兵力护送这些信使,命令他们,要是恳请遭到拒绝,他们可强行押国王回来。他们最终达成了协议,但他们却拒不允许国王和任何保王党人在军中担任指挥。

乙:总的来说,国王在苏格兰成了南冠楚囚了。

甲:克伦威尔从贝里克郡(Berwick)差人给苏格兰人送去一份宣言书,告诉苏格兰人,他对苏格兰人民没有什么不满意。让他不满意的,是那些拥护查理的保王党分子。这些人把国王请到苏格兰,扰乱了两个王国之间的和平关系。他很愿意,要么借助谈判,互相满足对方的要求,从而使双方皆大欢喜;要么诉诸武力,让战争一决雌雄。对于克伦威尔送来的宣言书,苏格兰人也回敬了一份。苏格兰人宣言书宣布:国王若不承认或未及承认其家族、其原先品行有罪,不向两王国上帝的子民赎罪,他们不会帮助他完成大业。你凭此做个判断,当今国王在苏格兰的情形,是不是和他父王受英格兰长老会教徒囚禁时一样糟糕?

乙:长老会教徒处处都一样,对于和自己有交往的人,他们巴不得都做他们的绝对主人。他们对此的辩解理由无非是:无论他们在哪里施治,都是上帝在施治,概无例外。但我注意到他们一个奇怪的要求,即国王应当承认其家族的罪恶。我之所以觉得这项要求有些奇怪,是因为我认为所有的牧师都承认,人除了有义务承认自己的罪恶,没有义务承认别人的罪恶。

甲:国王屈从了苏格兰长老会提出的所有要求,苏格兰人这才答应继续进行早已计划好的战争。克伦威尔大军挺进到爱丁堡附近,使尽各种办法叫骂苏格兰人,可苏格兰人就是不出来应战。克伦威尔看到英格兰军的补给即将耗尽,于是就撤退到丹巴(Dunbar)。他看不到有任何获胜的希望,于是打算经过海道或陆路返回英格兰。这个克伦威尔大将军,不可一世的战术指挥家,就把他的军队带到了这般境地。要不是命运女神和敌人的失误帮他解围,他的光荣早就以耻辱和惩罚告终了。事情是这样,克伦威尔撤退时,苏格兰军紧追不舍,一直追到了离丹巴只有一英里的地方。这里绵亘着一段山脉,从爱丁堡延伸出去,曲曲折折一直蜿蜒到海边,在一个叫作考伯思佩斯(Copperspeith)的村庄附近截断了连接丹巴和贝里克的公路。这里的山径很难通行,要是苏格兰人能及时派几个人守住山径,英格兰人恐怕永远也回不了家了。因为只要苏格兰人守住只容一人通过的山口,每逢战斗都会靠着天险优势以一打十。克伦威尔的军队就驻扎在山北面的山脚下,军队和山脚之间隔着一条宽阔的水渠或河道。所以,他想经陆路返乡万无可能;想让军队乘船返乡,军队可能遭灭顶之灾;想待在原地,补给又将耗尽。如今,克伦威尔心里很清楚,只有这条山道畅通无阻,于是他就指挥一队由步兵和骑兵组成的精兵,想占领这条山路。苏格兰人自吹已经包围了这一小队人马,为了不与克伦威尔正面交锋,他们不得不放走了这队人马。

随后,他们率领精良的骑兵对克伦威尔发起进攻,英格兰军这队人马只得稍稍后撤。这时候英格兰军步兵及时赶来,苏格兰骑兵不得不被迫应战。苏格兰的战马纷纷逃窜,挡住了苏格兰步兵参战的路线,所以步兵也开始落荒而逃。其余的骑兵看到这种场面也都逃之夭夭。苏格兰指挥官们就这样愚蠢地葬送了大好局面,两小撮队伍之间又回到势均力敌的局面。在双方的对峙中,命运女神最终把胜利给了英格兰人，英格兰军活着的人数差不多就是苏格兰军被杀死和俘虏的人数。苏格兰长老会军丧失了火炮和全部辎重，损失 10,000 件武器，整个军队几乎全军覆没。剩余的残兵由莱斯利（Lesley）集中到了斯特灵（Stirling）。

乙：这场胜利对国王来说倒是好事。因为要是苏格兰人获胜，英格兰和苏格兰的长老会教徒们，就又会盛气凌人起来，国王就会落到和他父王在纽卡斯尔被苏格兰人俘虏时一样的处境当中。因为英格兰人在求取这场胜利的过程中，最终教苏格兰人学会了一种好习惯，这就是，无论什么时候国王重掌王权，他们都得老老实实服从国王。

甲：英格兰人为了求得这场胜利，就朝苏格兰人已经放弃的爱丁堡进发，他们还加固了里斯（Leith）防御工事，他们把弗里斯（Frith）这里的兵员都吸收进来，把那里他们认为合适的堡垒也攻占了，现在弗里斯成了两个王国的分界线。苏格兰长老会神职人员开始有点自知之明了，他们决定允许一些保王党人在自己打算征募的军队中任指挥。克伦威尔大军从爱丁堡向斯特灵进发，本想叫骂敌军出来应战，后来发现斯特灵暗藏杀机，就撤回到爱丁堡附近，包围了通往爱丁堡的城堡。与此同时，他还派遣一支队伍前去苏格兰西部，镇压斯特罗恩（Strachan）和克尔（Kerr）领导的两支长老会大军，他们正在西部为自己的新军招募兵员。与此同时，苏格兰人在司康（Scone）为国王举行了加冕仪式。

这一年的其余时间，大事都发生在苏格兰。克伦威尔一方为了越过弗里斯，为了越过可以接近苏格兰军的任何其他要道，攻占了爱丁堡城堡；而苏格兰人这一方，却忙着在北方征集军队。

乙：这期间，国内的残缺议会都做了什么事情？

甲：他们投票提倡教派成员的良心自由，也就是说，他们拔掉了长老会这根毒刺，因为长老会只是一味地向民众灌输无关宗教的古怪思想，只是一味地助长长老会牧师的权力。他们还招募了更多的士兵,让哈里森(Harrison)指挥这些士兵,哈里森是第五王国派信徒,现在已被他们升为少将。这些士兵中有两个团的骑兵和一个团的步兵,是从第五王国派信徒和独立派信徒中招募来的,他们能摆脱长老会的暴政端赖于此。他们还推倒了劳工介绍所门口的国王塑像,还让人在塑像原先所站立的壁龛里写上这些文字:Exit tyrannus, Regum ultimus[滚蛋吧,暴君],云云。

乙:这对他们有什么好处?为什么他们不把所有其他国王的塑像都推倒呢?

甲:对于这些并非出自理性的行为,对于怨恨以及诸如此类的激情,我们有什么可解释的呢?除了这件事,他们还接见了葡萄牙和西班牙的大使,承认了它们的势力。本年岁末,他们还派大使去了荷兰,希望与荷兰建立友好关系。除此之外,他们干的全部事情,就是不停地迫害和处决保王党人。

1651年年初,总教长(General Dean)来到苏格兰。4月11日,苏格兰议会召集会议,为更紧密团结自己,为更忠实服从国王,他们制定了一些法案。国王如今带领着他的苏格兰军驻扎在斯特灵,他还打算招募更多新兵。克伦威尔几次率军从爱丁堡前往斯特灵,希望激怒苏格兰军出来应战。士兵苦无浅滩渡河,他们最终从伦敦和纽卡斯尔开来很多船,但这时已经是7月份了。虽说花了不少时间,但这毕竟是首次有了船只。奥夫屯上校(Overton)除了运送克伦威尔一个团的步兵和四个骑兵连过河,他还把自己的1,400名步兵也运过河。他在河对岸的北渡口(Northferry)挖了壕沟。在斯特灵的救兵来临之前,兰伯特(Lambert)少将也率领更多的士兵过了河。到这时,布朗爵士(Sir John Browne)才带领4,500名士兵来抗击他们。布朗被英格兰军击溃,2,000名士兵战死,1,600人做了俘虏。打完这一仗,克伦威尔又根据所需运来了更多的士兵,他来到圣约翰斯通(St. Johnstone's)的城门前,向该城招降。苏格兰议会得到克伦威尔越过弗里斯的消息后,早就从圣约翰斯通搬到了敦提（Dundee）。就在当日，克伦威尔的探子还打探到消息，说国王正从斯特灵向英格兰进军。虽然情报属实，国王三天前就出发了，但克伦威尔却下定决心要夺取斯特灵城，然后再追逐国王。随之，克伦威尔也于第二天因该城投降而占领了该城。

乙：国王在英格兰除了死敌，他那里没有一个朋友，更别提武装的朋友，他前去那里抱的是什么希望？

甲：他有朋友，在他前面等待他的是伦敦城。伦敦城的人都很憎恨残缺议会，那里装备精良的士兵掐指算算也有 20,000 人，而且大家都以为，只要国王逼近城门，这些人都会站在国王这一边。

乙：这种可能性有吗？你以为残缺议会对市长和该城民兵指挥的忠诚没有把握吗？他们要是国王的真正朋友，还有必要等到国王前来伦敦才起事吗？假如他们真的愿意这么干，既然残缺议会手无缚鸡之力，他们早就占领残缺议会了，至少也把他们逐出议院了。

甲：伦敦人果然没有这么做，相反，他们还允许克伦威尔扩招兵员，招募一些能够保卫国家，不使国家落入国王之手的兵员。国王从斯特灵开始向伦敦进发是 7 月下旬，中途经过卡莱斯尔（Carlisle），于 8 月 22 日抵达伍斯特。到达伍斯特时，他率领的大约 13,000 名士兵已经疲惫不堪。克伦威尔尾随着国王，中途还有一些新兵加入到队伍中来，士兵人数达到了 40,000 人，于是他们就包围了伍斯特。9 月 3 日他们彻底击败了国王的军队。伍斯特是汉密尔顿伯爵的哥哥遭砍头的地方，伯爵本人也在这里惨遭杀害。

乙：国王有事吗？

甲：夜幕降临，国王趁着敌人还没有完全占领沃斯特时，离开了该城。天很黑，城里的步兵害怕城外的骑兵进来抢夺战利品，于是就关闭了城门，所以根本没有一个敌人的骑兵追赶他。国王破晓前到了距离伍斯特二十五英里的沃里克郡（Warwickshire），他在那里一直穿着便装，后来还冒着被人认出的危险四处走动，直到后来他从苏塞克斯郡（Sussex）的布莱顿（Brighthelmstone）到了法国才算脱离危险。

乙:克伦威尔什么时候离开了苏格兰？苏格兰接着又发生了什么事情？

甲:克伦威尔离开苏格兰时留给蒙克中将(Lieutenant-General Monk)7,000名士兵,蒙克于8月14日因斯特灵城投降占领了该城,于9月3日因敦提反抗,经过强攻占领了敦提。士兵洗劫了敦提,抢到不少战利品,据说苏格兰人为安全起见,把他们大部分的珍宝从爱丁堡和圣约翰斯通运到了敦提。蒙克还以同样方式占领了投诚的亚伯丁(Aberdeen),占领了苏格兰牧师头次学会扮丑角逗人乐的(to play the fool)圣安德鲁斯(St. Andrew's)。还有,阿留雷德(Alured)上校在苏格兰高地绑了一群贵族和士绅,也就是,绑了四个伯爵、四个勋爵及二十多个爵士和士绅,把他们押送到英格兰监狱去了。所以苏格兰再也没有什么可害怕的事情了,留给残缺议会所有的麻烦是,必须就如何处置苏格兰做出决议。最后他们形成决议,决定把苏格兰与英格兰、爱尔兰联合起来,一起组成一个共和国。他们把圣约翰(Oliver St. John)和瓦内爵士(Sir Henry Vane)以及其他专员派到苏格兰,让他们向苏格兰人公开宣布这份联合声明,并且通知他们选派郡代表和市代表到威斯敏斯特协商联合事宜。

乙:这真是莫大的恩惠!

甲:我也这么认为,可许多苏格兰人,尤其牧师们,还有其他长老派教徒,却拒绝了残缺议会的声明。牧师们同意了通过征税向英格兰军支付军饷的要求,但要让他们依从英格兰专员的声明却绝无可能。

乙:我认为向征服者提供军饷,某种程度上表示的是奴役。而加入联邦则能让苏格兰人享受自由,享受与英格兰人一样的平等权利。

甲:根据长老会教徒们自己做出的解释,他们拒绝加入联邦的理由是这样:联合声明有一项附加条文,要求在基督的信仰问题上,教会必须从属于世俗国家。

乙:苏格兰人拒绝该声明。这是一份向全世界所有国家的国王做出的断然宣言,宣言表明,在基督的信仰问题上,长老会牧师非任何国王忠实的臣民;至于这些信仰问题是什么,只有他们自己才有权做出裁断。这些牧师除了闭嘴不说话,他们身上本没有什么有益公众的特长,如果让这些小人得其所愿,那么,我们摆脱教宗的独裁还有什么意义? 说到他们的学识,他们无非掌握了一些一知半解的拉丁语和希腊语知识,学到了解说《圣经》语言的聪敏,学会了如何用合适的姿态和声调解说《圣经》语言。我讲给您的事情表明,他们对于正义和仁慈,不是一窍不通,就是从未身体力行过。他们判断一个人是虔诚还是亵渎,若这人是一个有主见的人,则看他是否顺从自己的意图;若这人是普通人,则看他是否鹦鹉学舌地念叨自己的布道词。

甲:可苏格兰人却白白发泄了一肚子怨气,因为残缺议会在威斯敏斯特颁布了一项法案,要求联合两个王国并取消苏格兰的君主制,还规定了对那些违反该法案者的惩罚措施。

乙:残缺议会这一年还干了什么事儿?

甲:他们派圣约翰和史崔克兰(Strickland)出使海牙,表示愿意与各国联盟(the United Provinces)①结盟。

3月3日他们获得了向它们陈述自己意见的机会,圣约翰还在演说中向它们说明了,结盟可以让他们使用英国的港口和口岸,对他们的贸易和航运有诸般好处。荷兰政府虽然没有对此事表现出多大的热情,它们还是派来专员,与他们谈判结盟事宜。但是,荷兰人民却普遍反对与英国结盟,他们实际上还骂英国大使及其随从是他们国家的卖国贼和害人精。他们还在大使们的官邸门前

---

① [译注]各国联盟是1581至1795年荷兰共和国(Dutch Republic)的另一名称。

制造骚乱,要不是荷兰政府及时平息了骚乱,这些大使的随从们连门都不敢出去一下。残缺议会听到这个消息,就立刻召他们回国。圣约翰在荷兰专员离开时还说了一些恭维的话,这些话你听听也不无益处。他说:

> 你们在留心观察苏格兰事务的进展,所以你们拒绝了我们提出的,希望结为友好关系的提议。现在我要让你们知道,我们议会里很多人都觉得我们本不该派大使出使你们国家,因为我们国家还没有解决苏格兰人和国王之间存在的问题。他们觉得这些问题解决以后,才希望你们派大使出使我们国家。我现在知道我们错了,议会里的那些绅士们没有错。你们很快就会看到该问题的了结,然后,你们会找上门来,主动寻求我们曾经无偿提供给你们的东西,到那时,你们会对曾经拒绝我们而百思不得其解。

乙:其实,圣约翰对苏格兰问题如何解决,心中并没有数。虽然苏格兰人在丹巴战败,他也不敢肯定苏格兰人一定会加入英联邦,不过这事后来倒是真的发生了。

甲:但他预测得不错,因为伍斯特战役之后不到一个月,他们就出台一项法案,禁止使用非英国船只进口商品。他们还大肆干扰荷兰人在我们的海岸附近捕鱼。因为当时我们正在与法国打仗,所以我们还不失时机地多次搜查他们的船只,还把他们的船只没收为战利品。然后,荷兰就不得不派大使来我们国家,向我们要求他们曾经拒绝的东西。当然,他们可能还有别的目的,他们也许想探查英国现如今的海军军力如何,英国人民是否满意他们的政府。

乙:他们如愿以偿了吗?

甲:残缺议会现在就像当初的荷兰人一样,根本不想与他们签订任何协议。他们坚决要求了荷兰人根本不会答应的一些条件。第一,荷兰人不付钱,不得在英国海岸捕鱼;第二,英国人应当效法荷兰人尚未反抗西班牙国王时的做法,可以在米德堡(Middleburgh)和安特卫普(Antwerp)之间自由贸易;第三,他们要求对旧事做出补偿,荷兰人不应忘记安波那事件①。所以,与荷兰的战争已经箭在弦上,只不过寒冷的冬季妨碍了双方的行动,要等到来年春天,战争才会打起来。双方失和的真实原因是,英国方面觉得自己的友好提议遭到蔑视,派去的大使又受到冒犯;而荷兰方面则认为,英国人想独占一切贸易未免太贪婪,荷兰人还错误估计了我们,甚至他们自己的实力。

　　在进行这些事情的同时,他们也没有疏忽爱尔兰和苏格兰战场上的尸骨,虽然两个王国直到两年后才真正实现和平。对保王党人的迫害一直没有停止过,其中有一个叫作洛夫(Love)的先生,因为与国王有通信往来所以被砍了头。

　　乙:我本以为,像他这样一个长老会牧师,不可能是保王党,因为长老会牧师相信他们的宗教会议掌握着耶稣信仰问题上的最高权力。所以,英国法律认定他们犯有叛逆罪。

　　甲:你依然可以这么想,因为,虽然我把洛夫先生称作保王党,我指的不过是他因之被判死罪的、一个装腔作势的行为。议会与国王在乌克斯桥谈判时,就是这个人在国王派来的专员面前鼓吹说,天堂和地狱都能和睦相处,故国王和议会也能达成协议。他以及其余的长老会教徒,为了自己而非国王的利益,过去是、现在仍是国王敌人的敌人,是克伦威尔及其狂热信徒的敌人。他们的忠诚有点像霍瑟姆爵士,霍瑟姆拒绝国王进入赫尔城,到后来他又把赫尔城拱手让给了保王军纽卡斯尔侯爵。所以,称这些长老会教

---

① ［译注］安波那(Amboyna)是荷兰在印度尼西亚摩鹿加群岛(Molucca Islands)的一个殖民地港口城市,1623年2月,荷兰人怀疑英国商人阴谋夺取该城,于是就折磨这些英国商人,最后还处死了他们。

徒为忠君分子是不恰当的。这些人犯了双重的不义,就好比双重否定造成肯定一样,双重背叛也能造就忠诚。

　　这一年,西西里岛、马恩岛(Man)以及巴巴多斯(Barbadoes)和圣克里斯多夫(St. Christopher's)也都被迫归顺了残缺议会。本年还发生了一件让议会不高兴的事情,这就是,克伦威尔通知他们,让他们根据三年一届的议会法案确定议会会期。

　　乙:我觉得这种要求很是苛刻!

　　甲:1652年5月14日,与荷兰人的战争是这样打起来的。三艘荷兰军舰护卫着几艘商船从多弗海峡通过,结果被一个名叫杨格(Young)的英军舰长发现了。当时杨格正率领英军炮舰在海上游弋,这个杨格于是就派人前去通知荷兰舰队司令,请求他降下荷兰国旗。做出这种举动,通常表示的是:承认英国对该海峡有管辖权。荷兰舰队司令于是降下荷兰国旗。后来,荷兰舰队副司令也赶来了,英军向他喊了同样的话,要求他降下国旗,他却毫不含糊地答复说,不可能。于是,双方舰炮齐发,打了四五个回合,双方的舰船各有损伤,之后荷兰舰队副司令才降下国旗。可杨格舰长竟然还要求舰队副司令或他的舰队赔偿自己船只所受到的损伤。对此,舰队副司令答复说,虽然他已经收起国旗,但不会放弃保卫自己和自己的舰队。为了不在英荷谈判时期挑起战争,不使自己背负战争的罪责,杨格舰长于是就征询了其他舰长的意见。这时天也开始黑下来,他考虑再三,决定不再继续追究荷兰人的责任。

　　乙:战争此时的确已经打响,可谁打响了第一枪?

　　甲:多弗海峡的管辖权属于英国。所以,毫无疑问,是荷兰人打响了第一枪。上述海域属于英国管辖,荷兰舰队司令起初友好地亲自承认了这一点。最后,荷兰舰队副司令收起国旗,也承认了这一点。

　　两周后,在同一海域又发生了一场海战。荷兰海军的川普(Van Tromp)率领四十二艘军舰,绕到古德温暗沙(Goodwin

Sands）港口的后面，当时，英军海军上校伯恩（Major Bourne）率领几艘议会的舰船正驻守在多弗海岸的唐斯（Downs），而布雷克率领其余舰队正向西航行。川普派两个舰长求见伯恩上校，希望伯恩原谅自己不小心闯入古德温暗沙。伯恩回复他的舰长，说"你们送信过来，说明你们很通情达理，但事态看来很严重，你们应当立刻离开"。于是，川普就离开了古德温暗沙，伯恩上校也很满意，但没想到川普却打算驶向布雷克的舰队，他果然驶向布雷克的舰队。伯恩害怕布雷克遭到不测，也向布雷克的舰队驶去。当川普的舰队和布雷克的舰队彼此靠近时，布雷克对准川普的船只发射了一枚炮弹，警告他收起国旗。布雷克又连发三炮，川普也予以回击，于是双方开始打起来。战斗从布雷克打出第一枚炮弹的两点钟算起，一直持续到夜里，英军占了上风。跟上次一样，这次也是因为国旗问题而打了起来。

乙：既然两国执意要干戈相向，还坚持问谁开的第一枪，要这种"被迫还击"的美誉有必要吗？既然这种情形下各国君主往往不会指望邻国能拔刀相助，他们只会依仗自己在战事中的实力，因此，我以为想凭此赢得朋友和盟友纯属徒劳。

甲：一般来说是这样，可既然是这样，就是因为荷兰人知道拥有多弗海峡的管辖权是一种光荣的权力，来到多弗海岸的各国都对之垂涎不已，所以荷兰人才有可能对抗这种管辖权，使这种管辖权处于争议状态，他们做得太明智了。打完这一仗，荷兰驻英国大使给英国国委会发去一份照会，照会称这最后一次冲突为鲁莽的举动，并且申明，荷兰海军做出的这种举动，荷兰的上院，亦即荷兰的国民议会，并不知情，因此也违背了国民议会的意愿。照会要求英国不要激化矛盾，导致局势无可挽救。议会收到照会后就做出表决，一致认为：一，国民议会应当支付赔款，用以弥补他们在海战中给英国造成的损失；二，赔偿款项付清后，荷兰应当停止一切敌对行为，两国都应归还互相抢劫对方的所有船只和货物；三，两国就此两点达成协议后,应当结为盟友。为了回应前述荷兰大使的照会,英国派人把这些表决结果送交给了荷兰大使。在此之前,他们先给荷兰大使发去一封信函,陈述了英国人先前对荷兰人表示的善意,他们还告诉荷兰大使,他们也注意到荷兰新组建了一支由 150 艘战舰组成的舰队,其意图很明显是要消灭英国舰队。

乙:荷兰人对此有何答复?

甲:荷兰人没有任何答复。川普不久扬帆驶向荷兰的西兰省(Zealand),而布雷克则率领 70 艘战舰驶向英国苏格兰北部的奥克尼群岛(Orkney Islands),打算扣押苏格兰人的双桅捕鲱鱼船,并恭候荷兰东印度公司的五艘商船到来。刚从巴巴多斯归来的艾斯丘爵士(Sir George Askew)则率领 15 艘战舰来到唐斯,他在唐斯接到命令,要他在唐斯待命,准备接受从泰晤士河运来的补给。

川普的帆舰如今已经增加到 120 艘,他就故意插到艾斯丘爵士的舰队和泰晤士河口的中间。可没想到遇到逆风,舰队在这里耽搁了很长时间。这时刚好荷兰商人恳请他为他们的商船护航,他在这里也就待不住了,因此他就返航回到荷兰。随后又从荷兰去了奥克尼,在奥克尼,他又遇到前述荷兰东印度公司的五艘商船,于是就把它们护送回了荷兰老家。随后他试图和布雷克干一仗,没想到突起一阵风暴,把他们吹到海上,舰队也被吹散,只剩下42 艘战舰临时组成一支舰队返回家乡,其余的战舰费尽力气才零散找到家门。布雷克也返航回了家乡,但回乡之前他率舰先去了一趟荷兰海岸,发现了荷兰 12 艘护渔的战舰,俘获到其中的 6艘,并抓获了 900 名荷兰俘虏。这是宣战以来的首次较量。

接下来的 8 月份,西兰省的舰队司令鲁伊特(De Ruyter)率领50 艘战舰,在普利茅斯附近,与艾斯丘爵士率领的 40 艘英军战舰发生交火。艾斯丘爵士在交火中占了上风,要是他的舰队全部参战,他本可以大获全胜。残缺议会虽然奖赏了他,但不知后来出了什么事,他回来后,他们再没有起用他担任任何海军职务,他们反倒投票选出了来年的三位将军人选，布雷克已经是将军，另外两位分别是迪恩（Dean）和蒙克。

　　大约与此同时，神圣罗马帝国的利奥波德大公（the Archduke Leopold）①包围了法国北部的敦刻尔克，法国随即派舰队解围。不幸在加来遭遇布雷克将军的舰队，结果布雷克俘获他们 7 艘战舰，并最终导致敦刻尔克投降。

　　9 月份，威特（De Witt）和德鲁伊特率领荷军战舰，布雷克率领英军战舰，又在海上交战，结果荷兰人被击溃。

　　11 月末，川普率领 80 艘战舰，又出现在古德温暗沙后面，而防守古德温暗沙的布雷克只有 40 艘战舰，他冒险进攻川普，结果被川普打得一败涂地。到了夜里，他停止进攻，退回到泰晤士河。与此同时，川普把守住出海口，俘获了不少英军军舰，据说，他随即还幼稚地在主桅杆上挂上一把扫帚，意思是，他要横扫海面上所有英军的舰只。

　　这以后的 2 月份，川普率领的荷军舰队在朴茨茅斯（Portsmouth）附近又遭遇布雷克和迪恩率领的英军舰队，结果荷兰人大败。这一年双方在多弗海峡的遭遇战就是这些。他们还在莱格霍恩（Leghorn）②打过一仗，荷兰人胜了这一仗。

　　乙：到目前为止，我觉得双方只是打了个平手，要说胜算，英国人倒是有希望打胜仗。

　　甲：双方都不希望战争以和平收场。荷兰人还派使节去了丹麦、瑞典、波兰和北欧的汉萨城市同盟（the Hanse Towns），向这些盛产黑柏油和张帆索的国家和地区通报战争已经打响，希望它们能加盟荷军。之后，他们就召回了驻英使节。残缺议会也不失时

---

①　［译注］利奥波德大公（1614—1662）是神圣罗马皇帝费迪南二世之子，1647 至 1656 年一直是西（班牙）属荷兰的总督。

②　［译注］莱格霍恩（Leghorn）是意大利托斯卡纳海岸的一个港口，意大利人称之为利沃诺（Livorno），英国人习惯把它叫作莱格霍恩。

机地于荷使临别时分召见了这些国家的大使,但却丝毫没有放松他们原先的主张。为了维持来年的战争,残缺议会很快就开始向人民按月征收 120,000 英镑的税款。

乙:这期间国内都发生了什么事情?

甲:克伦威尔如今正与自己图谋的最大绊脚石,即残缺议会,吵得不可开交。为此目的,他让军队每天都给残缺议会发去请愿书,发去奏章,发去抗议书和其他信函文件,催促残缺议会速速解散,让位给新一届议会。残缺议会对此要求,既不想屈服,又不敢拒绝,最后他们决定于 1654 年 11 月 5 日结束议会会期。但克伦威尔却不愿等那么久。

与此同时,爱尔兰的英军正在接受爱尔兰人投降,正在签发流放爱尔兰人的放逐令,正在为此目的而专设于那里的高等法院随心所欲地判决犯人。在这些被处决的人当中,有一个名叫奥尼尔(Sir Phelim O'Neale)的爵士被处以绞刑,因为是他发动了爱尔兰人的叛乱。英军为了控制顽固的苏格兰人,还在苏格兰建造了一些城堡。1652 年就这样结束了。

乙:那我们就谈谈 1653 年吧。

甲:如今,克伦威尔只差一步就可以实现自己的野心了,而这一步就是,必须用脚踩住议会的脖子。他踩出这一脚是在目前这一年,即 1653 年的 4 月 23 日。这一脚踩得非常及时,因为,虽然荷兰人还没有被制服,但元气已经大受损失。一方面由于俘获了不少敌人的战利品,一方面由于不断压榨保王党人,而且按月征收的 120,000 英镑的税款也开始入账,所以国库现在非常充实。所有这一切都以军队的名义归属于克伦威尔。

因此,克伦威尔带着少将兰伯特和哈里森,带着一些军官以及足够用的很多士兵,干脆直接去了议院,宣布解散议院。他赶出议员后,就锁上议院的大门。由于他的这个举动,他受到的百姓的喝彩,比他在战场上打了胜仗还要热烈。而老百姓对议会里的人,不是起劲儿地冷嘲热讽，就是卖力地嗤之以鼻。

乙：现在没了议会，谁握着最高权力？

甲：如果你理解的权力是指统治权，那么没人握有这种权力。如果你理解的权力是指最高势力，这种权力显然掌握在克伦威尔手里。他是英格兰、苏格兰和爱尔兰全军的统帅，全军都听命于他。

乙：他把"全军统帅"当作自己的称号了吗？

甲：那倒没有，不过，很快他就自己发明了一个称号，这称号是这样：为了捍卫正义的事业，他不得不诉诸非常的行动。议会当初就是为了这项事业，才拿起了武器，也就是说，才开始反叛国王。你知道议会造反的借口是为了人民，为了国家的安全，所以才必须反对天主教徒危险的阴谋，必须反对国内的恶毒分子。所以，每个人都必须竭尽全力，努力实现整个国家的和平。可这只有军队才做得到，议会至今对此还稀里糊涂。所以，保卫人民的安全难道不是全军统帅的责任吗？难道他不具备这种权力吗？因为人民的法律只会命令那些拥有足够力量的人去保卫人民，也就是说，命令那些拥有最高权力的人去保卫人民。

乙：是的，的确是这样。他使用的称号和长期议会所使用的称号一样动听，可长期议会的确代表人民，而且依我看，主权权力本质上与"人民的代表"密不可分。

甲：没错，如果那个成了代表的人，这就我们当前的情形来看就是国王，他确实把被代表的人召集了在一起，接受了主权权力，那么，除非他放弃主权权力。否则这权力就永远属于他。议会下院从来不是全国人民的代表，它只是平民的代表，所以这个议院的法案或法令对上院贵族议员或牧师不具任何强制力量。

乙：克伦威尔就是靠着"人民"这唯一的称号上台的吗？

甲："人民"这一称号，很少有人能够理解其含义。他想借助"人民"这一称号，得到议会授予他的最高权力。所以他才召集了一个议会,然后再赋予它最高权力,其最终目的是要议会把最高权力再还给他。这够不够狡猾? 所以,他首先发布一份公告,解释了他解散议会的原因。主要原因是:议会没有致力于增进上帝子民的幸福,相反,他们当时准备通过一项法案,想进一步增强议院的实力,从而攫取永久的权力。接着,他组建了一个他自己想出来的"国委会",规定它是英国最高权力机构,但"国委会"在下届议会召集开会之时会自动解散。第三,他召集了一个由 142 人参加的会议,与会者包括他自己和他精挑细选的自己的可靠的军官。这些人中的大多数都受到他的悉心指导,都知道该怎么做。这些人都是些无名之辈,大多都是狂热分子,他们被克伦威尔称为经过考验的忠诚之人。国委会就把最高权力交给了这些人,很快,这些人又把它交给了克伦威尔。7 月 4 日议会开始开会,他们选出一个名叫罗斯(Rous)的先生做他们的议长,从那时起,他们开始称自己为"英国议会"。但克伦威尔为了确保万无一失,他又组建了一个"国委会",这次只有他自己和自己的主要军官担任"国委会"的委员,原来"国委会"中的众多小人物已不复存在。"国委会"委员总揽一切事务,包括政府事务和民间事务。"国委会"的职权是颁布法令,接见外国使节。然而现在克伦威尔的敌人比以前增加了许多。哈里森本是第五君主国派的教徒,他现在放弃了军职,只是一味地鼓动他的同伙起来反对克伦威尔,后来克伦威尔因为此事就把他关了起来。本届傀儡议会同时还出台了一些十分可笑而又令百姓反感的法案,结果人们都以为,他是故意选这些人当议员,好让一切统治人民的议会遭到人民鄙视,让君主制重新获得人民的信赖。

乙:哪些法案?

甲:有一项法案这样规定:所有婚姻都应当经由治安法官批准,婚姻公告应当连续三天在就近的集市张榜公布。法案不禁止人们举行教堂婚礼,但婚姻若未经治安法官批准则属无效婚姻。

所以，形形色色小心翼翼的情侣们为了让彼此放心，无论今后他们是否后悔，就用两种办法结婚。他们还取消了效忠誓词，根据这一誓词，没人可以在任何未承认该誓词（即未承认残缺议会）的法院提起诉讼。

乙：这些法案对克伦威尔不构成任何伤害。

甲：他们还着手制定一项法案，打算取消所有现存的法律和法律典籍，准备制定一套更符合第五君主国教徒脾性的新法规，因为现今议会中有着大量这样的教徒。他们的信条是：除了地上的王耶稣，地上不该有任何别的主权者；除了耶稣之下的圣人，任何他人都不得为治。然而这项法案还未通过，他们的权力就终结了。

乙：这对克伦威尔有什么影响吗？

甲：没有任何影响。他们同样还在着手制定另一项法案，该法案眼看已经到了提请表决的地步了，法案规定：议会的前一届会议结束时，下一届会议就应当立即接续上。这样，从今往后的议会就应当是永不停息的议会。

乙：这点真让我糊涂，议会像禽兽一样能产崽子吗？像凤凰一样能浴火重生吗？

甲：还真有点儿凤凰涅槃的意思！议会在会期届满的当日发出令状，不就成立新一届议会了嘛！

乙：您以为他们不会在原先的会址重新召集一次会议吗？这不也省去了再去一次威斯敏斯特的麻烦了吗？如果他们召集全国人民进行大选，选举结束后他们自行解散，可既然不存在长期有效的最高权力，各县人民聚集县衙开会，他们凭借的是什么权力？

甲：他们的所有做法都很荒唐，只不过他们不自知罢了。他们也不知道这样会得罪克伦威尔，后者的目的只有一个，这就是攫取主权权力。似乎该法案的谋划者没有认识到这一点，而议院中克伦威尔的人却早已对之心知肚明。所以，该法案刚一提出，就有一个议员站起来，提出一项动议，说道："既然议会开会对国家没有任何好处,议会应当自行解散。"哈里森及其同伙听到后极为恼火,开始长篇大论地反驳此项动议。可克伦威尔的同党之一,议院的议长,却从议院出来,让人拿着权杖在他们前头开路,一直走到白厅,然后物归原主,把权杖交还给了克伦威尔。克伦威尔就这样凭借议会的一项动议,攫取到主权权力。4 天之后,也就是 12 月 16 日,他正式就任三个王国的护国公,并宣誓会遵守正式书写在羊皮纸上的特定的为治法则,他还让人当面宣读了这些法则。人们称这些文字为《治国书》。

乙:他对着宣誓的法则都有哪些?

甲:《治国书》第一条是,议会每 3 年召开一次会议,其中第一届议会会议应在来年的 9 月 3 日召开。

乙:我相信克伦威尔选定 9 月 3 日不无迷信,因为 1650 年和 1651 年的丹巴战役和伍斯特战役都在 9 月 3 日取胜,9 月 3 日是幸运日。

甲:但他不知道,1658 年这一天白厅将发生的事,对全国将是多么幸运的一天!①

第二条法则是,议会开会开不到 6 个月,不得解散议会;议会呈交给他的议案,他会在 20 天之内予以通过,若过了 20 天,则议案可不经他同意自行通过。

第三条法则是,他应当保留一个上不超过 21 人,下不低于 13 人的国委会,国委会在护国公驾崩之日应召集会议,在会议结束之前选定新一任的护国公。《治国书》里还有许多其他法则,但都没必要在这里引述。

乙:与荷兰人的战争打得怎么样?

甲:英军的三个将军是布雷克、迪恩和蒙克,荷兰人的将军是川普。6 月 2 日,也就是本届傀儡议会开会的头一个月,双方之间

---

① 〔译注〕克伦威尔 1658 年 9 月 3 日死于白厅。

打了一仗，英国人大获全胜，把敌人赶回到他们自己的港湾，但迪恩将军不幸中弹牺牲。这是一场大胜仗，大到迫使荷兰人不得不派遣使节出使英国，目的是要签署一份停战协议。但与此同时，荷兰人又整编了一支新的舰队，已经离港出海，但照样于7月底被蒙克将军击败，蒙克取得的这场胜利比上次还要巨大，这让荷兰人不得不低三下四地用战争赔款来购买和平。荷兰人除了其他条款，还不得不承认英国拥有于多弗海峡悬挂国旗的权利。

由于几近岁末，和平条约只好在来年的3月份签署，但直到四月份才公布，好像一直到4月份，荷兰人也没有支付战争赔款。

与荷兰人的战争如今终于进入尾声，护国公大人把他的幼子亨利（Henry）派到了爱尔兰，过了不久还让他做了那里的总督。他还任命蒙克为苏格兰的陆军中将，好让这个国家能够俯首称臣。这一年，国内还发生了其他一些小事，都不值一提，但有一件事除外。据说，他们摧毁了保王党人企图谋杀克伦威尔的阴谋，克伦威尔这期间从一个国王的叛臣那里打听到了国王的图谋，后来这个叛臣因透漏情报被捕，再后来就被杀死了。

乙：他怎么会让国王这么信任他？

甲：他父亲是为已故国王战死沙场的一名陆军上校，而且，他还自称自己为国内忠心爱戴国王的臣民们工作，主要职责是接受这些臣民时不时送给国王的钱款，然后再把钱款输送给国王。为了确证此事，克伦威尔还亲自派人给他送去了一笔钱。

接下来的一年，也就是1654年，没有发生任何战事。时间大都花在了制定民事条例上，花在了任命法官上，花在了防范阴谋、处决国王之友和变卖其土地上，篡权者没有不妒贤嫉能的。议会根据《治国书》于9月3日召开了会议。议会没有贵族院，平民院也和先前一样，由爵士和代表自治市的议员组成。平民院和原先不一样之处是，原先的平民院允许每个自治市选派两名议员，允许每个县选派两名爵士；现在的平民院只允许自治市最多选派一名议员,允许有些县选派 6—7 位爵士。此外,他们给苏格兰留了 20 个席位,而留给爱尔兰的席位更多。所以克伦威尔现在已经没有什么劳神烦心之事,他只好端坐在新近呈献给他的套有六匹马的马车上,炫耀一下自己的治国本领了。可这六匹马竟然和他一样是烈性子,不但把他甩出了车厢,还差点要了他的命。

乙:本届议会目睹了克伦威尔对付前两届议会的手腕,看到他如何收拾长期议会和短期议会。他们一定学聪明了,知道如何比原先的议员更加乖乖地听克伦威尔的话!

甲:聪明多了!克伦威尔在议会的首次会议上发表演说之后更是如此。他明确禁止议会干涉由一人和议会组成的政府事务,禁止他们干涉军队事务,禁止他们再提"议会永久化"或"良心自由遭剥夺"等事。他还告诉他们,开会前,议院每一成员必须先承认他在各方面的权力。所以,虽然后来有些人不再强硬,参会人数达到了大约 300 人,但刚开始,400 多人的座席只有不到 200 人就座。还有,他们刚就座,还没来得及开会,他先颁布了一些他自己制定的法令,法令上都印有生效日期。他想让他们明白,他视自己的法令和他们的一样有效。但所有这一切都没能让他们有自知之明,对于克伦威尔让他们承认其权力的每一条款,他们开始逐个辩论起来。

乙:他们接受这些条款之前,应当辩论一下。

甲:但他们再也别想开会了。克伦威尔得知他们顽固的举动后,知道毫无希望得到他们的支持,于是就解散他们了事。

本年发生的其他一切事情,无非就是高等法院对某些保王党人阴谋起事案件的审理。

1655 年这一年,将近 10,000 名英军登上伊斯帕尼奥拉岛(Hispaniola),①巴望着劫掠一些金银财宝。他们觉得圣多明各城(San-

---

① [译注]又名海地岛、西班牙岛,位于加勒比海,分属海地和多米尼加两国,是西印度群岛中仅次于古巴岛的第二大岛。1502 年,该岛正式成为西班牙殖民地,并更名为"圣多明各岛",首府为圣多明各城。

to Domingo）储存有大量的金银财宝，于是就去那里抢劫，不料却被一些西班牙人打得屁滚尿流，还损失了 1,000 名士兵。他们只好转而去了牙买加，占领了牙买加。

也是在这一年，保王党人在西部又发动起义，他们在那里拥立查理二世为国王，但很少有人响应他们，甚至还有一些人背叛了他们。这些人很快遭到镇压，许多主事者也都被处决。

乙：保王党人发动这么多的起义，虽然他们的本意不错，但他们的急躁却不过帮了国王一个倒忙。他们还有什么希望去战胜克伦威尔如此蓄势待发的强大军队？克伦威尔军中的大指挥官们越是有野心、有歧见，国王的大业就越是有希望。可是，他的许多指挥官和他一样在军中备受尊崇和爱戴，所以保王党人根本看不到国王的大业有实现的希望。他们的奋斗目标何在？

甲：他们的目标是有些迷茫。护国公想从圣多明各捞到金银财宝的希望破灭了，他决心从保王党人的田产中每年收取一次什一税。主要为了这个目的，他才把英格兰分成了 11 个陆军少将辖区，他还授权每个陆军少将，要他们把所有保王党的可疑分子都做到花名册上，并按照各自辖区收取什一税。这样做也是为了防范这些人起来造反，让少将们一旦得知他们的造反阴谋，就揭发他们的一切阴谋。他还鼓励少将们雇佣保王党人做自己的奴仆。少将们其余的任务是禁止人们赛马和集会，向保王党人解释收取什一税的理由。

乙：这个篡国者借此也能轻而易举地了解到英格兰所有土地的价值，察知每一个上等人的行为举止和喜怒爱憎。这种行为在以前被当作是暴君的行径。

甲：按照《治国书》，1656 年这一年是议会开会的一年。从本年年初到 9 月 17 日议会开始开会那日，这些住在各自辖区的陆军少将们表现得个个像个暴君。除了恐吓选举，除了使自己和自己喜欢的人重新回到议会做了议员，他们还干了不少其他专横的事情。让这些人重返议会,这事据说是克伦威尔重组议会的阴谋的一部分,因为他才与法国人签订了和平协议,就招惹上与西班牙的战争,所以他现在很需要一个乖乖听话的议会。

这一年,斯坦纳上校(Captain Stainer)还在加的斯附近(Cadiz)①袭击了西班牙的铁甲舰队。舰队一共有八艘舰船,斯坦纳上校击沉其中的两艘,俘获了两艘,俘获的其中一艘船上竟然装载了两百万的西班牙古银币,价值相当于 400,000 英镑。

也是在这一年内勒(James Naylor)出现在布里斯托尔(Bristol),人们误以为他是耶稣基督再世。他留着八字胡,发型装扮得和卢卡大教堂里的耶稣画像(Volto Santo)一模一样。有人问他问题,他有时会回答说:"吾子实言之!"②他还有很多门徒,鞍前马后不辞辛苦地跟随着他。议会差人把他缉拿过来,对他施以枷刑,凿穿了他的舌头,还在他的额头上刻上两个大字"亵渎",把他羁押在感化院。军队的大宠儿兰伯特想方设法要救他出来,一方面他觉得内勒是自己的部下,另一方面也是为了讨到军中独立派和长老派教徒们的欢心,因为他老想着做克伦威尔大权的接班人。所以克伦威尔已经不宠爱他了。

此事发生前的大约头两年,康沃尔出现了一个女先知。这位妇女威名远扬,是因为她做的梦和出现在她脑子里的幻觉都很灵验,很多人都对她佩服得五体投地。其中就有一些显赫的军官。但她和她的随从后来被关进监狱,之后就再也没听到她的消息。

乙:我也听说过一个名叫李立(Lilly)的先知,他在长期议会期间一直在预测未来之事。议会怎么处置他了?

---

①　[译注]加的斯位于西班牙西南沿海加的斯湾的东南侧,是西班牙南部主要海港之一,最早由腓尼基人建立,该城腓尼基语的意思是"被墙围绕的城市"。

②　[译注]原文为:Thou sayest it。此语出自《路加福音》第 23 章,耶稣在彼拉多面前受审。彼拉多问耶稣:"你是犹太人的王吗?"他回答说:"Thou sayest it。"中文本翻译成"你说的是",但实际应翻译成"这可是你说的"。此处中译文以文言译之。

甲：他的预言属于另一类。这人编过历书，自称自己懂得所谓的军国星占术（judicial astrology），知道如何预测军国大事，实际不过是一个靠众多无知大众谋生的骗子。后来他被抓来提审就是理所当然之事了。要是不提审他，这人说不定会预测出一些对议会不利的事情！

乙：我不明白，这些疯子的幻梦和预言，按我的理解，无非就是对未来可能发生的不测事件的预测，怎么可能会给国家造成巨大损害？

甲：的确能造成损害。你知道，除了未来的不确定性，没有别的什么能使人的计划困难重重。只有预见到人们行为的后果，才能更好地指导人们进行思考，而预言常常是所预测事件的第一推动因。假如人们根据某些预言十分自信地相信，克伦威尔及其军队会在未来的某一天被彻底打垮，难道每个人不会设法顺手推它一把吗？不会为即将打败他的党派做出些功劳吗？就是基于这个原因，罗马帝国才经常地驱逐算命先生和占星术士。

这一年最后一件值得记住的事情是，议院里一位代表伦敦的议员提出了一项动议，要求议院向克伦威尔请愿，建议他辞去"护国公"的称号，采用"国王"的称号。

乙：这真是一个胆大包天的提议，这个提议要是被采纳，就不仅会终止许多人的野心，还会结束整个军队的放肆。我觉得伦敦市议员故意做出这项动议，其目的是要护国公本人和他的野心勃勃的军官们一起完蛋。

甲：也许是吧。1657 年这一年，议会干的第一件事就是向护国公起草该项请愿书，要求他以国王的名义负起统治三个王国的责任。本届议会和其他几届议会一样，不是强行把议会大部分成员排除在议院之外，就是议员们克制自己不去开会，以免自己犯了拥立"克伦威尔国王"的大罪。但是，4 月 9 日，那些参加会议的寥寥几个人，在白厅宫的宴会大厅里还是把请愿书呈交给了护国公。

在宴会大厅里,议长威德灵顿爵士(Sir Thomas Widdrington)还援引请愿书里的头几项理由来劝说克伦威尔,克伦威尔说此事关系重大,他需要一些时间去征求上帝的意见。第二天,他们委派几个人到克伦威尔那里打听他的回复,但克伦威尔的答复却含糊不明,他们就又竭力劝说他赶快拿定主意,结果克伦威尔对他们长篇说教了一番,在说教快要结束时,他断然拒绝了他们的要求。于是克伦威尔就继续保留了"护国公"的称号,他随即按照前述请愿书的条款,开始承担起治理国家的责任。

乙:什么东西使得他拒绝了国王的称号?

甲:因为当时他还不敢采用国王的称号,士兵们都还热衷于自己的军官老爷,而这些军官老爷很多都觊觎着他的权力,而且他已经承诺把护国公之位交给兰伯特少将继承了。如此一来,这势必会引起士兵哗变,所以,他不得不坐等一个十分有利的时机再加冕称王。

乙:请愿书里的条款都有哪些?

甲:其中最重要的条款是:一,他会以护国公的名义,行使英格兰、苏格兰和爱尔兰领袖的职权,并根据前述请愿书中的请求和建议治理三个王国,而且他在有生之年会提名一位继位人。

乙:我相信苏格兰人第一次起事时,怎么也没想到会受到克伦威尔的绝对统治。

甲:二,他应当最长每隔三年召集一届议会。三,那些合法入选议会的议员,未经议院同意不得被排除出议会。在批准这项条款时,克伦威尔没有留意,这同一届议会中好些被排除的议员又重新加入了议会。四,议会成员必须具备资格。五,议院另一院①的权力要受到限定。六,制定任何法律都须经过议会法案的批准。七,从国家岁入中每年应划出一百万英镑用于维持陆军和海军;除

———————————

① 〔译注〕指贵族院。

了给平民院提供它所需要的额外的临时补助，还应当从中划出300,000英镑的资金用以支持政府的运作。八，国家所有官员都应当由议会选出。九，护国公应当支持牧师职业。十，他应当敦促宗教职业尽快获批，并加以公布。此外，还有其他各式各样不太重要的一些条款。签署完这些条款，在隆重仪式的伴随之下，他又迅速地重新登基护国公。

乙：既然他还是护国公，重新登基有什么必要？

甲：可请愿书的条款与原先《治国书》中的条款并不完全雷同，因为现在的条款里有了另一个议院，而且原先的条款规定护国公的继位人由他的委员会提名，现在他可以亲自提名继位人。所以他成了一个绝对的君主，他乐意的话，他也许还可以把他的国位世世代代地传给他的子孙，传给他中意的人。

登基仪式结束后，议会的会议一直推迟到来年的1月29日才召开。接着另一个议院也召开会议，那些被排除的议员，根据请愿书条款，又可以和同事们坐在一起开会了。

平民院人数如今已经满员，他们并没有特别留意另一个议院，其中60人的议席里只有不到9人是贵族。即使这样，他们还是很喜欢探问，他们被排除期间他们的平民院同事都干了些什么事情。他们也很关心克伦威尔出于什么原因避免接受新赋予他的王者权力。所以，克伦威尔走进议会后，就对议员们发表了一通演说。结束时，他说的话是："永生的上帝作证，我必须而且一定得解散你们。"

这一年，英军在圣克鲁斯（Santa Cruz）①又一次痛击了西班牙军队，他们取胜的程度一点不亚于前年的加的斯战役。

大约在议会解散之时，保王党人又一次图谋推翻护国公，他们

① ［译注］圣克鲁斯位于今天的玻利维亚，是玻利维亚圣克鲁斯省省会，也指圣克鲁斯省。

在英格兰发动了一次叛乱。而国王当时正在佛兰德斯（Flanders），①他正打算从那里给他们临时调派一支军队过去，却不料被叛徒告密而军机败露。所以到头来不但一事无成，还害得很多参与此事者一起遭殃。他们中很多人来年年初被高等法院判处监禁，有些人甚至被处死。

也是在这一年，兰伯特少将这个克伦威尔之下，万人之上，且备受士兵爱戴的人，被革除了所有职务。因为他靠着这种爱戴，靠着护国公给他的承诺，一直盼望着能够继承最高权力，所以让他掌握军队指挥权，对克伦威尔就太危险了。护国公已经安排好让他的长子理查德（Richard Cromwell）继任他的国位。

1658 年的 9 月 3 日，护国公死于白厅，自从他第二次被确立为护国公以来，他一直忍受着恐惧的煎熬，害怕保王党的某些亡命之徒谋杀他。

他患病期间还不断受到自己内阁的纠缠，让他提名护国公的继任人选，他于是就提名他儿子理查德为继位人。也许是受到弗利特伍德（Fleetwood）、德斯伯勒（Desborough）、瑟洛（Thurlow）以及委员会中其他人的怂恿，虽然自己没有太大的政治野心，理查德还是很乐意当护国公。很快，从英格兰、苏格兰和爱尔兰军中发来的恭维信雪片似的向他飞来，但他的第一件大事却是要为他的父亲举行风光大葬。

理查德作为他父亲的继承人，就这样坐上了英格兰、苏格兰和

---

① ［译注］佛兰德斯泛指古代尼德兰南部地区，位于西欧低地西南部、北海沿岸，包括今比利时的东佛兰德斯省和西佛兰德斯省、法国的加来海峡省和北方省、荷兰的泽兰省。1648 年佛兰德斯的北部地区（今荷兰泽兰省）归并荷兰，1659—1679 年佛兰德斯的南部地区（今法国加来海峡省）归并法国，佛兰德斯的其余地区于 1713 年成为奥（地利）属尼德兰的主要部分。1794 年法国占领佛兰德斯，1815 年维也纳会议又把它划归荷兰。比利时 1830 年革命后，佛兰德斯成为比利时王国的领土。在两次世界大战期间，佛兰德斯由于地处欧洲北海地区的要冲，成为欧洲的主要战场之一。战后，佛兰德斯成为比利时的工业中心。

爱尔兰的王位。当时在伦敦城的军官们扶他登上了国位,三个王国的所有部队也向他发来贺信,驻守边疆的部队也一个不漏地都给他发来了殷勤的祝福。

乙:既然军队这么支持他,他怎么那么快就众叛亲离了?

甲:军队大都反复无常,他本人也优柔寡断,从未立过战功。虽然有两个重要军官跟他很要好,但除了兰伯特,这两个军官都不很受士兵们爱戴。兰伯特拉拢弗利特伍德,劝他做护国公;他还通过收买士兵,让自己又坐上了陆军上校的位置。他和其他一些军官在瓦林福德宫(Wallingford House),弗利特伍德的官邸,开了个会议,商讨如何罢黜理查德。可是,他们却根本没有讨论今后国家怎么治理。其实从叛乱一开始,叛乱分子们实现其野心的办法始终是:先破坏,然后再考虑建立什么样的政府。

乙:护国公一直守在离瓦林福德宫很近的白厅宫里,他难道发现不了军官们在那里干什么吗?

甲:他知道他们在干什么,他的很多朋友都向他报告了此事,有些朋友甚至劝他杀死他们的首领。他们本来也能成就此举,可护国公却胆小得不敢对他们下达命令。他反而采纳了一些较温和的朋友的建议,这些人让他召集议会开会。于是,令状很快被送到曾经是上届议会另一议院成员的手里。另一些令状则被送到各市长和各郡长手里。要他们选出各市各县的代表议员和爵士,让他们在来年的 1 月 27 日开会。他们按照古时的模式开始进行选举,他们还成立了一个地地道道的、具有英格兰精神气质的平民院,包括苏格兰的 20 个议员和同样多的爱尔兰的议员。开会时,护国公没有参会,另一个议院也缺席,他们认为自己就是议会,他们拥有三个王国的最高权力。

他们的第一个议题,本来是要对另一议院的权力提出质疑。但由于护国公事先向他们提出建议,让他们首先讨论已经起草完毕的,要求承认护国公权力的法案,他们只好从这个法案开始讨论。经过两周的讨论，他们一致认为，他们应另行制定一项新法案，而这个"承认护国公权力的法案"应当只是新法案的一个部分，新法案的另一部分则是为了限制护国公的权力和保证臣民的自由。他们认为这两部分应当一起通过。

乙：这些人一接到护国公发出的唯一一次会议通知，就去开会，为什么他们一开始服从护国公？这不是完全承认了护国公所需要的权力了吗？为什么他们一开始通过这个事例教导人民应当服从护国公，然后又通过将法律加于护国公之身，教导人民相反的做法呢？没有护国公，何来的议会？是护国公造就了议会，他们为什么不承认自己的造主呢？

甲：我想，可能是因为大多数人都具有统治欲。但他们中很少有人知道，一个人为什么比另一个人更有资格实行统治。他们只懂得拿起武器的权利。

乙：如果他们承认拿起武器的权利，他们反对当今的政府，反对三个王国的全部军事力量建立和认可的政府，就既不公正也不明智了。如今这个平民院的主要原则，毫无疑问，与发动这场内战的人们的原则并无二致，要是他们也能够组建一支强有力的军队，他们照样会对护国公发动战争；他们军队的将军也会以同样的方式，把他们降级为残缺议会。因为那些蓄养军队的人如果不能控制军队，就会像家里养了狮子的人，不得不乖乖地听命于军队。从伊丽莎白女王时期以来的所有议会的本质，与本届议会没什么两样，也永远不会有两样，除非长老会教徒和胸怀民主原则的人不再以同样的方式影响议会的选举。

甲：这事之后，他们又就另一个议院做出决议，决定在本届议会期间，他们愿意与这另一个议院商谈事务，但决议允许他们在未来的所有议会中可以向另一议院的贵族议员发送令状，这不能算是侵犯他们的权利。该项决议通过后，他们又着手另一项决议，他们借着这项决议篡夺到手了军队的控制权。为了炫耀自己到手的最高权力，他们还从监狱中释放了一些囚犯，他们说，这些囚犯都是被前护国公非法投进监狱的好人。其他让老百姓高兴的问题，诸如民权和宗教问题，如今也都由他们说了算数。所以，到了这一年岁末，护国公不仅对瓦林福德宫军官们的密谋会议满怀妒意，对本届议会更是妒火中烧了。

乙：如此看来，一帮文盲即将进行改革大业了！我们现在有了三大派系：护国公、议会和军队。护国公反对议会和军队，议会反对军队和护国公，军队反对护国公和议会。

甲：1659 年年初，议会还通过了许多其他法案，其中一项是，没有护国公和议会两院的同意，禁止在军官委员会开会。另一项是，一个军官若没有首先亲自发誓，永不干扰议员们在议院自由开会和辩论，他便无权执掌军队，也别想让士兵们信任他。为了讨好士兵，他们还一致同意立刻考虑向他们发放军饷的办法。可正当他们在讨论这个问题时，护国公却根据第一项法案，禁止军官们在瓦林福德宫开会。护国公和军队的不和本来已经使本届政府形同散沙，如今更使它土崩瓦解。这是因为，瓦林福德宫的军官们带着一大队人马来到白厅宫，他们手里还拿着一份事先填写好的，命令德斯伯勒解散议会的令状，让护国公签署。护国公乱了方寸，他的朋友也不敢吱声，他只好签了自己的大名。可议会照旧继续开会，只是在周末才决定休会，一直休会到下个星期一，即 4 月 25 日。星期一早上他们来开会时，发现议院的大门紧锁，通往议院的路上也站满士兵，士兵明白地告诉他们，他们不得再开会了。理查德城里的权力和事务就这样结束了，他只好退居乡里。他在乡里没待几天，由于军队答应偿付他为他父亲的风光大葬所耗费的债务，他就签署了护国公的辞呈。

乙：护国公辞给了谁？

甲：没辞给任何人。但是，在主权权力中断十天之后，一些尚在城里的残缺议会成员，与老议长林索尔先生（Mr. William

Lenthal)一起商议,决定和兰伯特、哈兹拉里格(Hazlerig)以及其他原先也是残缺议会成员的军官们,一共 40 人,去议院开会,他们果然进了议院,军队随即宣布他们就是议会。

当时在威斯敏斯特厅还发生一件比较隐秘的事情。1648 年军队开除了一些议员,这些议员被称作"遭开除的议员"。这些人得知自己又被军队重新选入议会,而且还和以前一样可以开会,他们试图闯进议院,但却遭到士兵的阻拦。这个重新恢复席位的残缺议会的第一轮表决结果是:"这些至今仍是本届议会成员的人,从 1648 年以来就再也没有在本届议会开过会。因此,若没有接到议会进一步的命令,这些人不得在本院开会。"就这样,残缺议会于 1659 年 5 月 7 日重新恢复了他们 1653 年以来丧失的权利。

乙:既然最高权力有着如此频繁的更替,能否请您按时间先后顺序简要重述一下这些更替,好让我记住它们!

甲:第一,从 1640 年到 1648 年,主权权力的争夺在国王查理一世和长老会议会之间展开,最后国王遭到弑杀。第二,从 1648 年到 1653 年,权力掌握在议会的一部分人手中,这部分人表决通过了要求审判国王的决议,并宣称,即使没有了国王和贵族院,他们自己仍旧掌握着英格兰和爱尔兰的最高权力。因为长期议会有两个派系,它们分别是长老会教徒和独立派教徒。两派中的前者只是想制服国王,不想直接消灭国王;后者则想直接消灭国王。这部分议会就是所谓的残缺议会。第三,从 1653 年的 4 月 20 日到 7 月 4 日,最高权力掌握在克伦威尔所设立的"国委会"手里。第四,从这同一年的 7 月 4 日到 12 月 12 日,最高权力掌握在克伦威尔请进国委会的人手里,克伦威尔称这些人为忠诚廉洁之士,于是就让这些人组成了一个议会,该议会中有一位成员不无鄙夷地称该议会为"瘦骨嶙峋的议会"。第五,从 1653 年 12 月 12 日到 1658 年 9 月 3 日,克伦威尔以护国公的名义掌握着最高权力。第六,从 1658 年 9 月 3 日到 1659 年 4 月 25 日,理查德作为他父亲的继承人掌握着最高权力。第七，从 1659 年 4 月 25 日到同年的 5 月 7 日，没人掌握最高权力。第八，从 1659 年 5 月 7 日起，1653 年被赶出议员大门的残缺议会又重新掌握了最高权力，残缺议会还会再次失去其最高权力，把它交到一个"安全委员会"的手里。然后残缺议会又会夺回最高权力，接着再次失去最高权力，最高权力最终要落到公正的所有者手里。

　　乙：什么人凭借什么手段，把残缺议会再次赶下了台？

　　甲：是那些自认为最安全的人。苏格兰的军队原先在伦敦城曾经帮助克伦威尔镇压过残缺议会，如今却归顺了残缺议会，他们请求残缺议会原谅自己，他们还答应服从残缺议会。发给伦敦城士兵们的军饷也得到提高，各处的指挥官们也都拿到了拖欠自己的军饷，所以军队承认了残缺议会以前所享有的权威。军官们还在独个的平民院里，领受了现在是三军总司令的议长颁发给他们的委任状。弗利特伍德被任命为陆军中将，但却受到残缺议会强加的诸多的限制，残缺议会觉得必须限制他，因为残缺议会忘不了克伦威尔将军曾经如何对待自己。而且，爱尔兰总督亨利·克伦威尔也不得不依照命令辞去总督职务，返归英格兰。

　　然而如前所述，克伦威尔曾经答应让位于他的那个兰伯特，和残缺议会一样，对克伦威尔一步一个脚印登上护国公宝位的道路看得十分清楚，所以他决心抢得先机，夺得护国公的宝位。后来的事情也很快证实了这一点。他们还充故技重施地迫害了一些阴谋起事的保王党人。此外，柴郡（Cheshire）还发生了一次针对残缺议会的起义，起义的领袖是布斯爵士（Sir George Booth），他是被逐出议会的成员之一。义军人数大约有 3,000 人，他们的口号是要建立一个"自由的议会"。人们同时还在大谈特谈德文郡和康沃尔的另一场起义，或者说企图发动的起义。为了镇压乔治·布斯爵士，残缺议会派遣了一支由兰伯特率领的、绰绰有余的部队，兰伯特很快就打败了柴郡的义军，还收复了切斯特（Chester）、利物浦和义军占领的其他一些地方。义军的很多指挥官战斗中、战斗后都做了俘虏,布斯爵士本人也做了俘虏。

立了这个大功之后,兰伯特回师前在自己的幕府里犒劳了自己的将士们。他还取得将士们的同意,答应他向平民院请愿,要求残缺议会在军中设立一名将军,因为让处在军队本身之外的任何权力来裁断军务很不恰当。

乙:我不清楚有什么不恰当。

甲:我也不清楚,可我听说,这却成了亨利·瓦内爵士的口头禅。这让残缺议会很不高兴,最后他们一致认为,军中设立超出原先规定的将军人数毫无必要,这不但会增加国家的负担,而且对国家十分危险。

乙:克伦威尔当上将军靠的不是这种办法,因为,虽说柴郡的胜仗和克伦威尔在丹巴的胜仗一样光荣,但并不是丹巴的胜仗让克伦威尔当上了将军。让克伦威尔当上将军的,一是费尔法克斯的辞职,二是议会对克伦威尔的分封。

甲:可兰伯特自视甚高,他日夜觊觎着护国公的宝座。所以,兰伯特一回到伦敦,他就和其他军官在瓦林福德宫开会,将他们的请愿正式形成文书。他们把这叫作"陈情书",其中的要点是希望设立一名将军,他们还在"陈情书"里附加了一些不太重要的条款。10月4日,他们就让陆军少将德斯伯勒把"陈情书"呈交给了平民院。这很是让残缺议会的议员们胆战心惊,他们不但学会了讲礼貌守规矩,甚至还答应军队,他们会立刻对此进行辩论,他们的确进行了辩论。10月12日,他们稍稍恢复了一些胆气,投票做出决议认为,"对瓦林福德宫会议通过的对兰伯特、德斯伯勒和其他人的任命均属无效;另外,军队根据委任状应由弗利特伍德、蒙克、哈兹拉里格、沃尔顿(Walton)、莫利(Morley)和奥夫屯(Overton)掌管,直到来年的1月12日"。为了让决议切实履行,并抵抗他们逆料到的兰伯特可能派来的军队的袭击,他们命令哈兹拉里格和莫利向他们信任的军官发放令状，让他们第二天早晨把自己的士兵带到威斯敏斯特来。可这事做得有些太迟了些，因为兰伯特带兵先到了威斯敏斯特，并且包围了议院。他还把当时正要赶往议院的议长挡了回去。可哈兹拉里格的部队也已开拔到圣詹姆斯园林（St. James's park）的院墙附近，来到圣玛格丽特（St. Margaret）的墓园。因此两支部队就这样大眼瞪小眼地相互敌视了一整天，彼此看上去很像是不共戴天的仇敌，但谁都不愿意发动攻击。结果，残缺议会丢掉了议院，而军官们却照旧在瓦林福德宫继续召开他们的会议。

在瓦林福德宫，他们从自己人当中选出一部分人，和伦敦城的一些人一起，组成了一个委员会。他们把这个委员会叫作"安全委员会"，其中的主要头目就是兰伯特和瓦内。这些人在军官大会的建议之下，有权审判罪犯，有权镇压反叛，有权与外国缔结条约等等。你现在看到残缺议会已被割除，对人民负责的最高权力已经被转移到"军官委员会"的手里。然而兰伯特还是希望最终能独占这种权力。但"军官委员会"却受到一项条件的限制，这就是，他们六周之内必须向军队交出一份全新的治国方案。要是他们拿出了治国方案，你以为他们会高兴让兰伯特或其他什么人掌握治国的最高权力，而不是自己独揽大权吗？

乙：我认为他们不会高兴让兰伯特独掌大权。蒙克将军已经是苏格兰军队的总司令，在这场战争中立下的战功也比兰伯特卓著得多，所以，残缺议会才会让他和其他几个人一起掌管军队，也就是说，执掌三个王国的事务。这个时候，"军官委员会"怎么敢把他留在"安全委员会"之外呢？或者说，兰伯特怎么会以为蒙克将军会原谅此事呢？怎么会以为蒙克将军不会再次设法加固残缺议会呢？

甲：委员会的军官们根本没有考虑他。展现他曾经的勇敢事迹的舞台太遥远了，远在爱尔兰和苏格兰。我们这里的军官们为了统治权争斗得不可开交,他却没有表现出任何野心,反而顺服了理查德和残缺议会。蒙克将军给军官们发去信函,表明他很不喜欢兰伯特及其同党的做法。他们读信后大为吃惊,他们这才知道他们以前太小觑此人了,这人是了不得的人物,但是已经太迟了。

乙:为什么? 他只有这么一支不起眼的队伍,怎么能干大事?

甲:将军对自己和对方军队的实力都了如指掌,也十分清楚他们当时的兵力如何,也知道他们会如何增加兵力,他也了解城市和乡村人们的普遍愿望是让国王复辟。要实现国王复辟,他只需带着他的不怎么起眼的部队去伦敦就可以了。但有一只"拦路虎"不让他去伦敦,这就是兰伯特和他的部队。在这种情形之下,他该怎么办? 要是他立即宣布支持国王或支持一个自由的议会,英格兰所有的部队就有可能联合起来反对他,他们也会假借议会的名义,通过税收来装备自己的军队。

蒙克将军就这样以书信的方式与委员会的军官们发生了争执。随后,他就先拘禁了自己部队中那些属于再洗礼派的军官,认为这些军官不值得信任,他还让其他军官接替了他们的位置。接着,他就把自己的部队集结在一起,开始向贝里克郡进发。到了贝里克郡,他召集苏格兰人开大会,他希望苏格兰人在他离开期间能够执行命令,保证王国的安全,能够为自己部队的行军筹集一部分军费。大会做出承诺,会竭尽全力保证王国的安全,大会还为他筹集了足以让他实现其目的的一笔数额不大的军费。为此,苏格兰人就不得不限制一下自己当前的需要了。而在其敌人方面,"安全委员会"派兰伯特率领精兵大部队去抗击蒙克,他们同时还派去很多信使和调停人,劝说蒙克与他们签订和平协议。蒙克同意签订和平协议,于是就派三个军官去伦敦和委员会的三个军官签订和平协议。这六个军官很快就签订了和平协议,蒙克派去的军官根本没有得到他的授权。他们签订的条款有:应当剔除国王,建立一个自由的国家;应当鼓励设立牧师职业,创办更多大学。协议还有很多其他条款。蒙克将军很不喜欢这些条款，他把其中的一个谈判军官关了起来，理由是他竟敢越权办事。接着，双方又各派五人进行谈判，最后签署了另一份协议。可就在他们着手签订协议之时，残缺议会的成员哈兹拉里格却攻占了朴茨茅斯，"安全委员会"派到朴茨茅斯的士兵本来是要夺回朴茨茅斯，他们却没有这么干，他们反倒大摇大摆地进入城里，加入到哈兹拉里格的部队里去了。这是第一件事。第二件事是，朴茨茅斯城发生骚乱，民众要求建立一个自由的议会。第三件事是，费尔法克斯勋爵也是残缺议会的成员，而且很受约克郡人民的爱戴，他正在约克郡兰伯特的后方集结兵力。所以，兰伯特如今已经受到两支部队的夹击，他的两支敌对兵力都很愿意和蒙克将军一同奔赴沙场。第四件事是，有消息说德文郡和康沃尔也都在征召士兵。最后一件事是，兰伯特的军队想要钱，也很清楚"安全委员会"不可能给他们提供给养，因为它既无权也无力向人民征税。军队渐渐产生不满，而北方乡民也很反感他们的免费寄宿。

乙：我不明白，既然苏格兰人不是残缺议会的盟友，为什么他们很愿意为蒙克提供军费呢？

甲：我也很纳闷，但我相信，苏格兰人宁愿舍些钱财，也不愿看到英格兰人竟然停止内讧。如今"军官委员会"已经受到众多敌人的包围，他们不得不火速拿出他们的治国方案，要求成立一个自由议会，且议会应当于12月15日召开会议，但附加的限制条款却说，自由议会不需要国王，不需要贵族院，这使得伦敦城比先前更加愤怒。"军官委员会"由于害怕伦敦城里的残缺议会，所以，他们不敢派兵深入西部去镇压那里正在发生的起义，再加上缺钱，他们也不可能征募更多的士兵。如今除了解散"安全委员会"已经别无出路，他们只能抛弃瓦林福德宫自寻出路。这个消息传到了他们在北方的军队那里，士兵们纷纷离弃兰伯特，而残缺议会也于12月26日重新夺回了议院。

乙：既然残缺议会现在又重新恢复了议席，蒙克将军向伦敦进军，他想要干的事情已经完结了。

甲：残缺议会的议员们虽然恢复了议席，但却十分忐忑不安，全国各处不停发生骚乱，要求成立一个自由的议会。所以，残缺议会的议员们现在和以前一样，仍然盼望着蒙克将军的到来。蒙克将军于是传话给残缺议会议员，告诉他们说，因为他觉得残缺议会还不十分牢固，他会带兵继续朝伦敦进发。残缺议会的议员们不仅同意了蒙克将军的想法，他们甚至恳求他快速赶来，他们还同意支付他 1,000 英镑的年俸。

于是蒙克将军就带领军队继续朝伦敦进发，沿途遇到的各处乡民都恳求他成立一个自由的议会。残缺议会为了给蒙克将军的士兵腾出地方，还让自己的民兵搬离他们的住所。即使如此，将军自始至终也没有透露一句可以表明他的最终意图的话语。

乙：残缺议会找兰伯特报仇了吗？

甲：他们从未找他的麻烦，我也不知道他们为什么如此温和地待他。不过，兰伯特的确是一个能干的将才，如果残缺议会有办法、有需要雇佣到他，他们很愿意为他效劳。蒙克将军到伦敦后，残缺议会就致函给伦敦市府，要求他们按月上缴他们应缴纳的 100,000 英镑的税金，连续上缴 6 个月。征税根据是"安全委员会"强占议院之前，残缺议会早先制定的一项议案。但伦敦市府一直坚守"自由议会"的理想，他们很反感残缺议会，他们不愿受胁迫而把钱交给敌人，不愿把钱用于和自己理想相反对的目标。残缺议会随即传令给蒙克将军，要他打破城门和吊闸，拘禁某些顽固的市民。蒙克将军依照命令完成了任务，这也是他最后一次为残缺议会效劳。

大约就在这个时候，残缺议会以前尚未被"军官委员会"篡权之时，颁发给蒙克将军和其他几人的让他们得以手握军队管理权的委任状到期了，现在的残缺议会还给他们的委任状续了期。

乙：蒙克只是共和国全军的六分之一个将军，①我要是残缺议会，我就会让蒙克当上唯一的将军了。在目前这种情形之下，我觉得不可能还有比强取豪夺更邪恶的行为了。野心家也应该开明一些。

甲：蒙克将军推倒伦敦城的城门以后，就致函给残缺议会，他想让他们知道，做出这种行为与自己的天性相违。他还想让他们不要忘记，伦敦城在这场战争的整个过程中如何帮了议会的忙。

乙：没错，要不是伦敦城，议会根本发动不了这场战争，残缺议会也根本不可能杀害国王。

甲：残缺议会不会关注伦敦城的功绩，也没时间考虑将军的善良天性，他们太忙了，他们忙着封官授爵，忙着制定让国人发誓弃绝国王及其家系的法案，忙着制定履行旧契约的法案，忙着与伦敦市府商谈筹款事宜。将军也很想听听残缺议会的议员与被逐出议会的议员之间的讨论，希望他们商讨一下，这些被逐出议会的议员遭到驱逐的正当理由是什么，让这些被逐出的议员重返议会又会有什么害处。这些人同意进行讨论，而且讨论了很长时间。将军发现残缺议会议员给出的理由十分牵强，发现这些人个个野心勃勃，于是他就宣布自己站在伦敦城一边，支持成立一个自由的议会。他事先已经安排好这些被驱逐的议员们等候在白厅宫门前，他来到白厅宫门前和他们汇合后，就和他们一起来到威斯敏斯特。然后，他把这些遭驱逐的议员又重新安置在议院他们各自的岗位上，安插在残缺议会的议员中间。这样，除了个别已故的成员，以及一部分早已离开议会投奔牛津已故国王的成员，曾经属于1640年平民院的同一帮人就都在这里了。

乙：但我以为，这些人若没有学到良好的信仰，即使让他们重

---

① ［译注］如前所述，残缺议会任命的其他五位共同管理军队的人是：弗利特伍德、哈兹拉里格、沃尔顿、莫利和奥夫屯。蒙克是六人中共同管理军队的人之一，所以说蒙克只是将军的六分之一。

返议会,对国王也不会有多大好处。

甲:他们什么都没学到,现在议会里大多数成员又都是长老会教徒了。他们真的很感激蒙克将军,甚至把蒙克推上了三个王国的全军将军的宝座。他们废止旧的契约,他们干得好,但其中的理由却是:制定一些强制人履行旧的契约的法案,对他们的党派实在没有什么好处。然而对于他们自己煽动叛乱的法令,他们一个也没有废除。他们也没有干任何有益于当今国王之事。相反,他们竟然投票宣布,是已故国王挑起了对两院的战争。

乙:如果把议会两院看作两个人,难道它们不是国王的两个臣民吗?如果国王发兵攻打自己的臣民,而这时臣民在此情形之下本来可以靠臣服来换取和平。那么,他以武力反抗国王合法吗?

甲:他们明知自己的行为既卑鄙又糊涂,可他们就是不认账,他们总是自视聪明过人、神明过人。长老会教徒看到如今是时候制作一份"信仰表白书"(Confession of Faith)了,于是就把事先做好的"信仰表白书"呈递给平民院,以此表明他们并没有改变自己的基本信仰。平民院经过六次宣读程序,决定将之付诸印行,还规定所有教堂必须每年一次公开宣读这份"信仰表白书"。

乙:我再说一遍,这个重新确立起来的长期议会对国王没什么好处。

甲:耐心点! 长期议会的重新确立还有两个限制条件,一是要他们的会期不得超过三月末;二是议会闭幕前须提前发出重新大选的令状。

乙:这还比较合理。

甲:这也得以让国王重回故国,因为以前的国人亲身经历过这届长期议会的议员在任期间给他们造成的伤痛,所以很少有长期议会的成员再次入选议会。本届新议会于 1660 年 4 月 25 日开始开会。这些举措多快地迎回了国王,民众如何欣喜若狂地迎接国王,国王陛下如何急切催促议会颁布"大赦令",又有多少人根据

"大赦令"被赦免罪行,这些你和我都一清二楚。

乙:可我注意到长老会教徒依然念念不忘自己原来的信仰,我们只不过又回到了战乱刚开始时的状态。

甲:不完全如此。战乱之前,虽然英格兰国王因是主权者而无可争辩地享有军权,但议会从未直接为此目的颁布任何具体法案;可是现在,经过这场血腥的斗争,下届议会,也就是当前议会,已经以恰当、明确的文字宣布这种军权只属于国王,且无须经过议会的任何一个议院的批准。比起从"主权者"的称号中得出的任何理据,该法案对人民更具说服力,因此,也更适合让未来一切叛乱的演说家放弃幻想。

乙:但愿上帝保佑真会有这样的结果。无论如何,我必须承认,本届议会为了确保我们的和平,已经做了力所能及的一切;即使有传道士有心向听众灌输邪恶信仰,我还是认为议会的做法已无可挑剔。在这场革命中,我看到了主权权力从已故国王开始,中间经过两个篡权父子的手,最终循环回到了他的儿子,当今圣上的手里。"军官委员会"的权力可以略去不谈,因为权力在那里只不过昙花一现,不过是以信托的形式暂存在他们那里罢了。权力先是从国王查理一世手里转到长期议会,从长期议会又转到残缺议会,从残缺议会又转到克伦威尔手里,然后又从其儿子理查德·克伦威尔手里回到残缺议会,接着又从残缺议会到了长期议会,最终从残缺议会回到了查理二世手里。但愿查理二世永保主权权力。

甲:愿上帝保佑! 愿他身边常有这样一个将军,以备不时之需!

乙:您到谈话的末了还没告诉我将军的底细。不过,带领一支不起眼的部队悉数从苏格兰奔赴伦敦,我以为这真是史载最了不起的筹谋了。

附录一

《比希莫特》之观众和对话政治学

沃　翰（Geoffrey M. Vaughan）

　　《比希莫特》给读者提出了一个问题：这是一本什么样的书？书名会让人想起《利维坦》，而书讨论的话题内战，无论在个人层面还是智识层面，都是霍布斯一生中最重要的事件。可是，这两方面的联系好像都无助于解决这个问题。这本书向人们提出了两个层面的问题。其一，《比希莫特》采用对话体而非论文体形式，好像与霍布斯的政治哲学著作全集有些格格不入。① 这又把我们引向第二个更加迫切的问题，即这本书到底与政治哲学沾不沾边？因为很难看出《比希莫特》如何补充，甚至证实了他论文体写作中所主张的观点。虽然比希莫特是"神的首造物"，但是我们却不知道该把《比希莫特》安插在霍布斯"造物"的何处。本文要论证的

---

① 霍布斯撰有多篇对话，他后半生也越来越喜欢使用这种文体。他的对话体多用来撰写科学论题，诸如《物理学对话录》（*Dialogus Physicus*，1661）、《物理学问题》（*Problemata Physica*，1662）和《生理学十日谈》（*Decameron Physiologicum*，1678）。他还有其他三篇对话是用来描述教会史和神学的：《论尼西亚信经》（"On the Nicene Creed"）和《论异端》（"On Heresy"）（这两篇都是 1668 年拉丁语版《利维坦》的附录），以及《教会史对话录》（*Historia Ecclesiastica Dialogus*，1688）。拉丁文版《利维坦》附录还包含一篇"论反对《利维坦》的几个理由"（"On Certain Objections against *Leviathan*"）的对话。最后一本独立出版且受到学者关注的对话是《一位哲学家与英格兰普通法学者的对话》（*Dialogue Between a Philosopher and a Student of the Common Laws of England*，1666，ed. Joseph Cropsey，Chicago：University of Chicago Press，1971）。下面我会回到对话体的重要意义上来。

主题是：《比希莫特》的解读之所以会出现问题，是因为我们没弄清楚谁是书中辩论场景的预期观众。让《比希莫特》如此难以解读、如此非同一般的原因，源于如下事实，即本书有两类观众。有一个叙事本身的观众，即书中人物"乙"，还有一个后叙事的观众，即书的读者。一旦我们认识到这两类观众彼此的分别，我们就能够明白，《比希莫特》不仅证实而且完善了他论文体写作中所坚持的如何传播政治知识的主张。

托马斯·霍布斯的《比希莫特》是对话体，它与其哲学论文体有着完全不同的性质。这虽然是一个很显见的事实，但却很少引起其解读者的注意。不去解释对话的形式，或不能理解对话的形式，已经造成了一系列的误读。这些误读给人造成一种误解，认为这本书根本不值一读。我考察了对话体在书中所讲述的历史中所起的作用，然后，借助这种手段，我想要纠正一种主流的观点，这种观点认为《比希莫特》主要是一本霍布斯式的讲述历史事件的史书。如果我们拿本书与王政复辟时期其他的内战史书，甚至与霍布斯浸淫于其中的 17 世纪有关史学方法的论争对比一下，我们就会发现，《比希莫特》是一本别具一格、非常另类的书。比这更加重要的是，我们还会发现，《比希莫特》对历史的描述和利用，与霍布斯自己严格意义上的历史作品大都南辕北辙，霍布斯真正历史作品的创作期间为 1629（也可能是更早的 1620 年[①]）到1674年，这段时期他

[①]　1620 年指的是出版匿名作品《闲暇》（*Horae Subsecivae*）的日期。先是施特劳斯（Leo Strauss）指出这本文集有着霍布斯式的特征，紧接着，这本文集中的一些文章就被归在了霍布斯的名下。参见 Leo Strauss, *The Political Philosophy of Hobbes*, Chicago, 1984, trans by Elsa M. Sinclair, xii-xiii。萨克森豪斯（Saxonhouse）让人们对这些文章再次产生了兴趣，参见 Arlene W. Saxonhouse, "Hobbes and the *Horae Subsecivae*", *Polity* 13(1981):541—567。雷诺兹和希尔顿通过数据分析得出结论，认为这些文章的作者都是霍布斯，Noel B. Reynolds, John L. Hilton, "Thomas Hobbes and the Authorship of the *Horae Subsecivae*", *History of Political Thought* 14(1993):361—380。萨克森豪斯和雷诺兹还合作出版了这三篇文章，并附上了一篇解释性的文章，解释了霍布斯书中所用的数据。参见 *Three Discourses: A Critical Edition Newly* （转下页）

先是翻译出版了修昔底德的作品,到最后又发表了《伊利亚特》和《奥德赛》两本译著。

《比希莫特》里的历史

　　虽然人们实际上能够看到的、仅有的几个版本都漏洞百出,但霍布斯的《比希莫特》近年来是越来越受到人们的关注。从摩拉斯沃斯(Molesworth)19 世纪编选的霍布斯文集中能够找到的版本,是一个没怎么校勘过的《比希莫特》本子。在这同一世纪末,滕尼斯(Ferdinand Tönnies)又出版了一本更加权威的霍布斯手稿的誊写本,该手稿存放于牛津大学圣约翰学院。[①]不幸的是,滕尼斯对手稿的拼写和句读都进行了现代化处理,在誊写过程中还出了很多差错。他的本子在 20 世纪重印了两次,但错误却依旧没有

（接上页）*Identified Work of the Young Hobbes*, ed. Noel B. Reyholds and Arlene W. Saxonhouse (Chicago: University of Chicago Press, 1995)。然而,人们并没有普遍接受这个证据。尤其参见 John C. Fortier, "Hobbes and 'A Discourse of Laws': The Perils Wordprint Analysis", *Review of Politics*, 59(1997): 861—887. 希尔顿、雷诺兹和萨克森豪森的回应参见 Hilton, Reynolds, Saxonhouse, "Hobbes and 'A Discourse of Laws': Response to Fortier", *Review of Politics*, 59(1997): 889—903. 在这同一期杂志中还刊登了一篇针对福捷(Fortier)的文章,参见 "Last Word", 906—914. 早先针对此同一话题不带数据分析的争论可参见 F. O. Wolf, *Die neue Wissenshaft des Thomas Hobbes*, (Stuttgart-Bard Canstatt: Frohmann Holzboog, 1969) and Douglas Bush, "Hobbes, William Cavendish, and 'Essays'", *Notes and Queries*, 20(May 1973): 162—164。

[①] 圣约翰学院的手稿明显是由霍布斯的秘书听写下来的,页边有霍布斯亲自修改过的笔迹。霍布斯的笔迹,以及此前未经霍布斯同意而似乎就已出版《比希莫特》盗版这一事实,都使得滕尼斯的本子比摩拉斯沃斯 19 世纪 40 年代再版的本子更具权威性。根据圣约翰学院图书馆的记载,手稿是由维特利(Revd Charles Wheatly)转交给他们的。维特利考入牛津大学是在 1705 年 3 月 28 日,离世时间是 1742 年 3 月 13 日。手稿如何到了维特利手中我们一直不得而知。我非常感谢圣约翰学院的图书管理员和研究人员给我提供了检阅他们照管的手稿的机会。

得到更正。① 然而，无论今天人们对《比希莫特》重新燃起的兴趣
有多大，这种兴趣与 1679 年该书首次出版时所激发的人们的兴致
却有着天壤之别，因为当时正值"排斥危机"（Exclusion Crisis）爆
发的时刻。② 在不到一年的时间里，这本书就连续出了五个版本，
还引发了对它的驳斥，驳斥它的书是由怀特豪（J. Whitehall）执
笔，书名叫作《控告〈比希莫特〉，反对这本名叫〈比希莫特〉的狂热
小册子，为财产权一辩》。③

　　《比希莫特》，或它的全称《比希莫特或长期议会》，令人沮丧

---

① 20 世纪的两个版本分别是：《比希莫特或长期议会》（*Behemoth, or the Long Parlia-*
　　ment, New York, 1969），滕尼斯编，戈德斯密斯（M. M. Goldsmith）撰写导言；《比希
　　莫特或长期议会》（*Behemoth, or the Long Parliament*, Chicago, 1990），滕尼斯编，霍
　　姆斯（Stephen Holmes）撰写导言。本文引文页码都出自霍姆斯的版本，虽然两书全
　　书的页码编排都非常一致。我还费功夫研究了本书的法语和意大利语译本。参
　　见 Béhémoth ou le long parliament, ed. and trans. Luc Borot（Paris：Librairie Philos-
　　ophique J. Vrin, 1990），and Behemoth, ed. and trans. Onofrio Nicastro（Rome：Editori
　　Laterza, 1979）。

② ［译注］也叫"《排斥法案》危机"（Exclusion Bill Crisis），围绕查理二世的弟弟约克伯
　　爵詹姆斯（James, the Earl of York）的王位继承权而产生的政治危机。像夏夫兹博
　　里伯爵（Earl of Shaftesbury）等被称为"马贼"（Horse Thief）的新教徒主张废除信奉
　　天主教的詹姆斯的王位继承权，他们不但怂恿议会通过了排斥其弟继承王位的《排
　　斥法案》，还主张限制国王权力，这派人后来形成了主张自由的辉格党。与此相反，
　　另一派支持查理二世的所谓"盗匪"（Thieving Outlaws）则反对这一法案，也不主张
　　限制国王权力。这派人后来形成了倾向保守的托利党。查理二世依靠其侄子法王
　　路易十四的资助，靠着当时高税收政策，以及自己的忠实支持者托利党人的支持，
　　度过了自己与议会对立，甚至可能引发二次内战的危机，最终牢牢掌握了国家的控
　　制权。

③ *Behemoth or, a Vindication of Property Against a Fanatical Pamphlet Stiled Behemoth*,
　　London, 1680. 参见 Hugh Macdonald and Mary Hargreaves, *Thomas Hobbes: A Bibliogra-*
　　phy,（London：the Bibliographical Society, 1952），64 及下诸页。伍顿（David Wooton）
　　还提出一项颇具争议的意见，认为洛克及其朋友还赞助了此书几个甚或全部五个
　　版本的出版，想以此来揭露专制主义的本质。David Wooton, "Thomas Hobbes's
　　Machiavellian Moments", in *The Historical Imagination in Early Modern Britain*, ed. D.
　　R. Kelly and D. H. Sacks（Cambridge, 1997），241. 此一说法缺乏足够的证据，但有确
　　切的证据可以证明，洛克在《比希莫特》出版的前几年就已经注意到了它的存在，
　　"你可能也注意到了他的《1640 年至 1660 年的英国史》，一部大约有几十页厚度的
　　手稿，国王读后爱不释手，但他告诉霍布斯，书中讲了太多实情，由于害怕惹怒主教
　　们，国王不敢批准此书出版。"*The Correspondence of John Locke*", ed. E. S. De Beer,
　　（Oxford：The Clarendon Press, 1976），letter 268, Aubrey to Locke, 11 Feb., 1673.

地讲述了一段错综复杂的历史,这相对于霍布斯的所有书来说着实有些非比寻常。此书虽然大约写于 1668 到 1670 年间,但我们发现,直到 1679 年它才有了第一个印刷本。除牛津圣约翰学院的手稿之外,还有五个不同版本的手稿存世,但我们却不知道它们的抄写日期。考虑到誊写费用的昂贵以及 1679 年后出现的多个版本,我们可以确切地假定,这些手稿的日期应早于第一个印刷本。①我们保存有霍布斯流传下来的三封书信,他在三封信中都提到了《比希莫特》,但是他流传下来的书信却没有一封提到《比希莫特》这个书名。他在这三封书信中都表达了他不愿出版此书的意愿。1679 年 6 月 19 日至 29 日,在他写给其一贯的出版商克鲁克(William Crooke)的信中,他写道:

> 我很早以前就想出版我的有关内战的对话,为此目的我还把书呈现给了国王陛下。过了几日,我觉得陛下大概已经读完了这本书,我于是就谦卑地请求他允准我印行此书。然而,陛下虽然和蔼地聆听了我的请求,但他却断然拒绝此书出版……所以我也请您不要再插手此事。②

霍布斯竟然在 1679 年致信克鲁克,这很有意思,因为我们可以据

---

① 参见 Peter Beal,*Index of English Literary Manuscripts*,*1625—1700*,(New York:Mansell Publishing Ltd.,1987),vol. 2 pt. 1 A–K,577。还有另外五种《比希莫特》的手稿存世,但没有一种带有霍布斯或其秘书的笔迹。参见 Peter Beal,*Index of English Literary Manuscripts*,*1625—1700*,vol. 2 pt. 1 A–K,577。至于霍布斯的手稿、印刷文本及其授权文本和盗版文本的历史,参见 Joseph Cropsey's Introduction to Thomas Hobbes,*A Dialogue Between a Philosopher and a Student of the Common Laws of England*;Richard Tuck,"Warrender's *De Cive*",*Political Studies*,33(1985):308—315;M. M. Goldsmith,"Hobbes's Ambiguous Politics",*History of Political Thought*,11(1990):639—674 and Philip Milton,"Did Hobbes Translate *De Cive*?",*History of Political Thought*,11(1990),627—638。

② *The Correspondence of Thomas Hobbes*,ed. Noel Malcolm(Oxford:The Clarendon Press,1997),vol. 2. 771,letter 206.

此证明，早在二月份克鲁克就已经拿到了这本书的原本。① 然而，就在首次致信克鲁克的几乎整整一个月之后，霍布斯又给克鲁克写了一封信，这次去信是为了感谢克鲁克没有出版此书："我谢谢你听取了我的建议，没有为出版我的英国内战的书而张罗。"②他觉得之所以有必要写信感谢其出版商，是因为坊间不仅出现了该书的盗版，而且正违背其意愿地销售此书。我们是从这同一天他写给奥布里的信中得知这一点的："有人告知我，我的内战的书已经出现在海外，对此我很遗憾，遗憾的原因主要是因为我未能得到陛下的允准出版此书，而不是因为版本的质量很糟糕，也不是因为它有一个可笑的书名……"③好像霍布斯很想出版此书，但他又不愿违抗国王的禁令。虽然这样的服从非常符合霍布斯的政治哲学，我们也必须考虑以下事实，即 1675 年之后的一段时期，霍布斯一直在向查理二世国王上书，要求恢复其年金。④

无论霍布斯不愿看到其《比希莫特》在 1679 年印刷成书的直接理由是什么，他之前却很想印行此书。再者，当初国王要是允准了其出版请求，书也的确问世了，霍布斯一定会喜出望外。可是，我们的问题却依然没有答案。这个问题就是：他为什么想出版《比希莫特》？由于该书完成于霍布斯生命的末期，由于书名会迫使人想起霍布斯更加有名的作品《利维坦》，我们很难不将其看作一部独立的历史著作。该书除了一小部分例外之处，

---

① Aubrey to Lock, see note 6 above.

② *The Correspondence of Thomas Hobbes*, vol. 2, 744, letter 209, 18-28 August, 1679.

③ *The Correspondence of Thomas Hobbes*, vol. 2, 772, letter 208. "可笑的书名"可能指 1679 年出版的此书的头三版盗版，《1640 年至 1660 年英国内战史》(*The History of the Civil Wars of England From the Year* 1640 *to* 1660)。参见 Macdonald and Hargreaves, *Thomas Hobbes*, 64-65。我们也应该注意，所有这些其他手稿都不具有我们在圣约翰学院手稿中发现的全名，即《比希莫特或长期议会》。参见 Beal, *Index of English Literary Manuscripts, 1625-1700*, vol. 2 pt. 1 A-K, 577。

④ 参见 Hobbes to King Charles II, The Correspondence of Thomas Hobbes, Vol. 2, 774-775, letter 210, 以及编辑建议的日期。

大部分仍然是在讲述内战的原因和事件,因此,它必须在 17 世纪史学撰述的大背景下加以理解。这也正是大多数评论者业已完成的工作,虽然成败各有千秋。但是,我的主张是,如果把《比希莫特》仅仅当作历史而非对话体来读,即使最成功的解读,也不可能把它讲透彻。

被当作历史的《比希莫特》

只要《比希莫特》的内容讲的是英国内战的历史,那它就必须在王政复辟时期历史的背景之下来加以解读。经常拿来和《比希莫特》进行对比,讲述同一时期历史的书出自第一代克拉雷登伯爵海德(Edward Hyde)之手,他既是大法官同时又是霍布斯的政敌。[①] 克拉雷登伯爵的《英国内战和反叛史》(*The History of the Rebellion and Civil Wars in England*)是他于 1649 年到 1672 年间断断续续完成的,此书在他死后出版于 1702 年到 1704 年间。但霍布斯从事《比希莫特》之类的史撰也不算晚。霍布斯以自己名义发表的第一本书是 1629 年他翻译的修昔底德的作品。在这本译著的导言中,他称赞修昔底德是"最具智虑的历史作家"。[②] 霍布斯称赞修昔底德,是因为这个历史学家陈述历史事实时不在事件和

---

① 要了解霍布斯和克拉雷登的关系,参见 Richard Tuck, *Philosophy and Government 1572—1651*(Cambridge:Cambridge University Press 1993),320—336。

② Thomas Hobbes, "To the Readers", *The History of the Grecian War Written by Thucydides*, in *The English Works of Thomas Hobbes*, ed. Sir William Molesworth, vols. 8-9(London, 1843),vol. 8,viii.《闲暇》(1620)里有一篇叫作"论读史"的文章。没有谁愿意把这篇文章归在霍布斯的名下。相反,文章的作者有可能是其学生卡文迪什(William Cavendish)。假如霍布斯对此论施加了某种影响,甚至是他自己提出了此论题,那么,即使我们对《闲暇》中有争议的三篇文章的直接作者是否是霍布斯尚存疑惑,我们仍可以把霍布斯对历史的兴趣溯回到 1620 年甚至更早的时期。要了解"论读史"这篇文章在当时史撰论争中的地位,参见 Levy, "The Background of Hobbes's *Behemoth*", in *The Historical Imagination in Early Modern Britain*,248—250。

读者之间插入自己的解读。他认为，修昔底德的办法是让读者自己去探明事件的原因。[①] 霍布斯在其历史学家职业生涯的末期，再次称赞了这种不加解读地报告事实的笔法。1673 年翻译荷马的《伊利亚特》和《奥德赛》时，他写道："因为诗人和史家只应着笔于，或只应处理事实问题。"[②] 霍布斯这两句称赞的话，虽然写下的时间相隔 50 年，但却奠定了他在 17 世纪英国史学家之间旷日持久的争论中的地位。某些像霍布斯这样的史家都会主张，历史学家的任务是不带偏见地讲述事实。这同一类型的史学家会谴责任何把党派偏见，甚至私人解释带进史述的作者，因为这样的作者最多会成为修辞学家而非历史学家。[③]

霍布斯在史撰论争中的地位，亦即，他对事实重于解释的强调，很难与他在《比希莫特》中呈现的历史一致起来。《比希莫特》呈现的原因远远多于事实，而即使这不多的事实也被他做了解释。在对话本身里头，当"乙"回应"甲"时，他就毫不含糊地表明了这一点：

> 因为我想您的目标，不仅仅是要我了解这次叛乱期间所

---

① Hobbes, "To the Readers", and "Of the Life and History of Thucydides", *The History of the Grecian War Written by Thucydides*, vol. 8, viii, xxii.

② English Works, vol. 10, vi. Quoted in Springborg, "*Mythic History and National Historiography*", in *The Historical Imagination in Early Modern Britain*, 294.

③ 至于论争所用的一般措辞以及霍布斯在论争中的地位，参见 James Sutherland, *English Literature of the Late Seventeenth Century* (Oxford: Oxford University Press, 1969), 280—288, and Springborg, "Mythic History", 267—279。至于霍布斯同代人对于诗歌和历史差异的争论，参见 Levy, "The Background of Hobbes's Behemoth", 251—256。任何人要讨论霍布斯与修辞之关系这一主题，都不可能不关注斯金纳 (Quentin Skinner), *Reason and Rhetoric in the Philosophy of Hobbes* (Cambridge: Cambridge University Press, 1996)。该书第一部分富于启发性地综述了文艺复兴时期英国的修辞学状况，第二部分却很成问题地讲述了霍布斯对待修辞学一会儿接受，一会儿又拒斥的摇摆不定的态度。可参见我对斯金纳的反驳，"Quentin Skinner's Reason and Rhetoric in the Philosophy of Hobbes", *The Journal of the History of European Ideas*, 23 (1997): 35—43。

发生的事件的历史,更重要的是要我知悉事件的原因,以及这
些事件借以发生的阴谋和诡计。①

　　可是我们还发现,即使在霍布斯致阿灵顿男爵班尼特(Henry
Bennet)的书信体献词中,他也承认了这一点。他向阿灵顿解释
说,前两场对话揭示了内战的"起因",表达了自己"神学和政治学
的一些愚见",讲述了内战的"开展",记录了"国王和议会之间相
互发布的宣言书、劝谏书和其他一些文书"。② 为了进一步撇清自
己与内战本身事实的联系,他还接着透露说,后两场对话只是"材
料取自希斯(Heath)先生史书"的内战简史。麦克吉利弗雷
(Royce Macgillivray)已经指出,希斯的史书有两本,一本是 1662 年
撰写的《所有主要事件的简史》(*A Brief Chronicle of All the Chief Ac-
tions*),一本是 1661 年撰写的《最近发生在三个王国之间的内战简
史》(*A Brief Chronicle of the Late Intestine War in the Three King-
doms*),而霍布斯所指很可能是第二本。③
　　让人匪夷所思的是,即使在这后两场对话里,霍布斯也依然没
怎么重视事实。第一,霍布斯前后矛盾地利用了希斯的史书;④第
二,在讲述国王第一次主教战争后去了爱丁堡,答应废除苏格兰的
主教制时,霍布斯对话中的人物"甲"搞错了整件事的来龙去脉,

---

① Hobbes,*Behemoth*,45.
② 这封书信体献词又重新收录于滕尼斯版的《比希莫特》当中。在圣约翰学院的手稿
　中,这封信见于封面页的背面,正好与正文的第一页相对,且没有标注日期。
③ Macgillivray,"Hobbes's History of the English Civil War: A Study of Behemoth",*Journal
　of the History of Ideas*,31(1970),182.
④ 霍布斯之所以能够利用希斯史书,其中一个可能的原因是,班尼特批了希斯的出版
　许可证,同意他出版其史书。参见 James Heath,*A Brief Chronicle of the Late Intestine
　War in the Three Kingdoms of England, Scotland & Ireland with the Intervening Affairs of
　Treatises, and other Occurrences relating thereunto* (London: J. Best for William Lee,
　1663),i。

而希斯对此事的叙述却没有一点差错。① 如果霍布斯称赞修昔底德及其历史家法是出自真心，那么《比希莫特》就绝不是一部良史。没有任何证据可以证明霍布斯并非出自真心，但是却有大量证据可以证明《比希莫特》并非良史。

让史书《比希莫特》的解读更加复杂化的一个事实是，《比希莫特》不仅违背了霍布斯自己明确的良史标准，也违背了所有既定的历史写作惯例。正如伍顿（David Wooton）所说，现代读者很难体会，霍布斯所记述的历史的内容对于当时的时代有多么怪异。从李维、塔西佗到圭恰迪尼（Guicciardini）和克拉雷登的历史学家们都以叙述事件、讲述大人物故事见长，而霍布斯则反其道而行之，他只谈论"原因和结果，谈论长期因素及短期行动"。② 因此，《比希莫特》是一本比人们的预期更加现代的史书。③ 霍布斯的同时代人都不遗余力地要向读者表明，他们曾在事件的现场，因而是可信赖的作者。因此，他们的历史并不是史家的解读，而只是事件见证人的事实陈述。

我们单从书的标题就能看明白这一点。例如，可以看看以下标题：希斯的《最近发生在三个王国之间的内战简史》（*A Brief*

---

① 参见 Hobbes, Behemoth, 29 and 75, and Heath, Chronicle, 17—20。麦吉利夫雷（Macgillivray）指出霍布斯这里出了差错。Macgillivray, "Hobbes's History", 182.《比希莫特》中对此事件的评论出现在头两场对话中，而非出现在据称是出自希斯史书的后两场对话中。或许霍布斯并未误读希斯史书，可为什么他竟声称自己借用了别家的史料，而且是断断续续地借用了别家的史料，仍然需要加以解释（参见注释21）。然而，在麦吉利夫雷后来论述同一主题的一部作品中，他指出，查理国王的确考虑要去爱丁堡，只是霍布斯记不得了。参见 Macgillivray, *Restoration Historians and the English Civil War*(The Hague: Martinus Nijhoff, 1974), 66。至于其他的历史错误以及霍布斯对希斯史书的借用，参见 Nigel Smith, Literature and Revolution in England 1640—1660(New Haven: Yale University Press, 1994), 354—355。

② Wooton, "Hobbes's Machiavellian Moments", 220.

③ 要了解 17 世纪史撰论争以及当时流行的历史写作模式，参见 Levy, "Background of Hobbes's Bhemoth"。然而，列维却声称弗朗西斯·培根对霍布斯理解史家撰著产生了极大影响，第 248—250 页。要想简单实用地了解霍布斯同时代的其他史书，参见 James Sutherland, *English Literature of the Late Seventeenth Century*, 271—288。

Chronicle of the Late Intestine War in the Tree Kingdoms，1661）、《所有主要事件的简史》(*A Brief Chronicle of All the Chief Actions*，1662）和《最近发生的内战简史》(*A Brief Chronicle of the Late Intestine War*，1663）；伯内特（Gilbert Burnet）的《汉密尔顿伯爵回忆录》(*Memoirs of the Dukes of Hamilton*，1676）和《我的时代史》(*History of My Own Time*，死后出版于1723）；拉德洛（Edmund Ludlow）的《回忆录》(*Memoirs*，死后出版于1698—1699）；克拉雷登的《英国内战和反叛史》(死后出版于1702—1704）；纳尔森（John Nalson）的《国家大事客观集锦》(*An Impartial Collection of the Great Affairs of State*，1682）；以及怀特洛克（Bulstrode Whitelocke）的《英国大事编年史》(*Memorials of the English Affairs*）。众所周知，克拉雷登是审判查理一世的大法官，而拉德洛则是参加此审判的法官之一。至于其他几位作者，他们都坚称他们都是在忠实记录，公平搜集并准确记住了他们眼见的事实。与这些作者公开证明自己可信的意图形成鲜明对比的是，霍布斯的《比希莫特》则处处都显得不合时宜。

《比希莫特》中有一处不合时宜的特征。麦克吉利弗雷指出了以下一个事实，即霍布斯不像其同时代人，他并不把内战中的事件归因于"神的干预"。[①] 虽然麦克吉利弗雷声称，霍布斯的同代人撰写历史时会偶尔援引天意，但通常他们也很少对事件进程做出天意之外的解释。保皇派相信，一旦人民的罪恶受到惩处，上帝就会让世界重回正轨；而共和派则认为，同样由于人的罪恶，上帝取消了正义的世界，把一个不义的世界交还给了国王。[②] 然而，《比希莫特》中并没有可归之于"神的干预"或"上天

---

① Macgillivray，"Hobbes's History"，180.

② See Earl Miner，"Milton and Histories"，in *Politics of Discourse: the Literature and History of Seventeenth Century England*，ed. Kevin Sharpe and Stephen N. Zwicker（Berkeley: University of California Press，1987）.

安排"的历史原因，其中的原因更具世俗性质，因此它们也更加现代。

《比希莫特》在17世纪史撰论争中的地位，并非是使这本书显得与众不同的唯一理由。如果我们把《比希莫特》与王政复辟时期的其他史书摆在一起比较一下，就会发现，是其形式而非内容才显得无比醒目。霍布斯采取了一种非比寻常的写作模式，即用对话体撰写了内战史。当然，对话体并非不为时人所知晓，只不过它主要是作者们用来增加戏剧效果的手段罢了。这在当时保皇派从事圣徒传记写作时尤其如此。有两个著名的例子可以为证，其一是希斯的《英国忠实的殉教者和圣徒之新传》(*New Book of Loyal English Martyrs and Confessos*)，其二是罗伊德(David Lloyd)的《在我们时代刚发生的内战中，那些遭受死亡、隔离、屠杀和其他折磨的，高贵、可敬而又杰出的人物的生平、行动、屈辱和死亡的行传》(*Memoires of the Lives, Actions, Sufferings, and Deaths of those noble, reverend and excellent personages that suffered by death, sequestration, or otherwise in our own late intestine Wars*)(1668)。两部作品中都出现了简短的对话，但它们不过是修辞手段而非全书的文体形式。①

我们不可能不把《比希莫特》当作一个谜题来进行解答，它在17世纪背景的映衬下显得格外的不合时宜。再者，我们即将看到，要想说明本书如何才能融入霍布斯的哲学和政治规划，的确要花费不小的功夫。

对《比希莫特》的各种解读

从1679年《比希莫特》首次出版，到1889年滕尼斯的版本问

---

① 对这些书的讨论，参见 D. R. Woolf, "Narrative Historical Writing in Restoration England", in *The Restoration Mind*, ed. W. Gerald Marshall(Cranbury, NJ: Associated University Presses, 1997), 228—229。

世,这期间基本没人在意这本书。从滕尼斯版问世再到 1969 年史密斯(Gold Smith)此书的再版,这期间即使人们偶尔提及《比希莫特》,也通常是把它当作《利维坦》讨论的"插曲"而想起它的。麦克吉利弗雷在 70 年代早期讨论了此书本身的价值,而克雷耐克(Roberet Kraynak)1982 年撰写了一篇讨论此书的很重要的文章。然而,讨论《比希莫特》的大部分文献也只能追溯到 20 世纪 90 年代。虽然学者们过了这么长的时间才开始兴致勃勃地研究起这本书来,但大部分评论者也大都只把它当作是霍布斯理论原理在实际历史事件中的运用而已。实际上,只有克雷耐克和伍顿两个作家属于例外情形,他们两人都极大推进了我们对此书的理解。

受到对最近政治史做理论解读的行动的激励,对《比希莫特》最流行的解释一般都按照马克思《路易·波拿巴的雾月十八日》(*The Eighteenth Brumaire of Louis Bonaparte*)的模式来进行。根据这种解释模式,霍布斯试图以其在《比希莫特》中描述的经验证据来印证他在《利维坦》中提出的政治哲学。用马蒂尼奇(A. P. Martinich)的话说就是,"因此某种意义上,可以说《比希莫特》是'我早告诉你会这样'的更加精致化的表达"。[①] 芬雷森(Finlayson)的话也许没那么锋芒毕露,他说"《比希莫特》是霍布斯主义真理的实践证明"。[②] 这种解读存在的第一个问题是,它让《比希莫特》沦落为一本无趣乏味之书。如果《比希莫特》只不过是霍布

---

① A. P. Martinich, *Thomas Hobbes*, (London: Macmillan, 1997), 115.

② Michael G. Finlayson, *Historians, Puritanism, and the English Revolution: The Religious Factor in English Politics before and after the Interregnum* (Toronto: University of Toronto Press, 1983), 49. 与这种普遍观点相一致的解读,可参见 Richard Perters, *Hobbes* (Westport, Conn.: Greenwood Press, 1979), 64; Golesmith, "Introduction", in Thomas Hobbes, Behemoth, xi; Royce Macgillivray, "Hobbes's History", 179—183; idem, Restoration Historians and the Eglish Civil War, 67; R. C. Richardson, *The Debate on the English Revolution*, (London: Methuen & Co. Ltd., 1977), 21; Stephen Holmes, "Introduction" in Thomas Hobbes, Behemoth, vii-viii; Willaim R. Lund, "Hobbes on Opinion, Private Judgement and Civil War"), *History of Political Thought*, 13 (1992), 72; and D. R. Woolf, "Narrative Historical Writing", 212。

斯观念于具体事件的实际应用，那么，霍布斯的观念要比观念的实际应用更加有趣得多。第二个问题，同时也是这种一般的解释方法所带来的更加有趣的问题是，《利维坦》、《论公民》和《法律要义》的读者如此熟悉的理论论证，在《比希莫特》中却消失不见了。虽然《比希莫特》的众多读者声称霍布斯在书中有理论论证，但实际上霍布斯并没有多少论证。

　　自然状态、自然法、移入文明社会，这些主题虽然重要，但它们在《比希莫特》中却并非主要论题。当然，书中得出的结论与霍布斯的一般政治哲学也不互相矛盾。例如，人物"甲"断言，"哪里有不止一个主权者，哪里就不可能有政府"。[①]可是，我们在这句断言的无论之前还是之后的任何讨论中，都未发现有提到根本的霍布斯式授权学说之处。授权学说也就是这样一种理论，即任何文明社会的创建，都必须把所有不同人的意志化约为一个人的意志，

　　　　这等于是说，指定一个人或一个由多人组成的集体来代表他们的人格，每个人都是代表自己人格之人所做一切行为的主人，或承认自己就是那个代表自己人格的人为了公共和平与安全所做出的，或命令他人做出的，一切行为的授权人。[②]

　　相反，《比希莫特》中为主权统一性所做的唯一论证，假如这也可以叫作论证的话，就是书中讲述的早期日耳曼的历史、撒克逊和盎格鲁的历史以及诺曼统治实践的历史。与他的论文体所表现出来的论据充分的论证相比，这种论证可谓十分另类的论证。

---

① Hobbes, Behemoth, 77. 要了解霍布斯"不可分割的主权"学说，可参看《利维坦》第18章和第29章。

② Thomas Hobbes, *Leviathan*, ed. Richard Tuck（Cambridge: Cambridge University Press, 1996），120, ch. 17.［译注］中译参见霍布斯，《利维坦》，黎思复、黎廷弼译，北京：商务印书馆，1996年，第131页。译文有改动。

的确,《比希莫特》中所表示的不可分割的主权学说与霍布斯论文体中所呈现的并无二致。要是两者不一致,那就太让人吃惊了。但《比希莫特》推导出这个学说,其推导方法却完全不是霍布斯哲学著作中常用的同一方法。假如《比希莫特》真的是霍布斯哲学原理在这次历史大事件中的应用,那么,我们就能够看到,那些原理应用到历史事件的方式,就应当与他的哲学文本中的那些原理的推导方式没有二致。我们没有看到这种方式的一致,相反,我们却看到了结论的一致,可我们看到的一致结论却是经由历史,而非哲学推导出来的。

克雷耐克和伍顿极为重视《比希莫特》中的历史内容,认为这是霍布斯的主要关怀所在,它并非霍布斯借以炫耀自己睿智的方便法门。因此,他们从书中得出了更为有趣的结论,他们还证明这是一本很值得一读的书。遗憾的是,他们二人都没有足够重视文本书写所采取的对话体形式,因而他们的洞察进行得并不算彻底。

克雷耐克认为,霍布斯首先通过研究历史而接触到政治现象。他认为,霍布斯作品以前的读者大都忽略了这一事实,因为《比希莫特》时间上与霍布斯作品的整体很不协调。因此,"霍布斯的历史作品逻辑上要早于他的哲学论著,因为他的历史作品提出了传统政治学和科学所存在的问题,而他的哲学论著则为此提供了解决之道"。[1] 当克雷耐克将注意力转向《比希莫特》时,他认为它的"目标是把有关当前政治权威之缺陷的课程交给读者,同时向他们说明,为什么查理一世国王未能保住自己的权力并维持住国内和平"。[2] 这是一个非常深刻的见解,但它却忽视了如下事实,即霍

---

[1] Robert Kraynak, *History and Modernity in the Thought of Thomas Hobbes* (Ithaca: Cornell University Press 1990), 32. 参见 also Kraynak, "Hobbes's *Behemoth* and the Argument for Absolutism", *American Political Science Review* 76 (1982), 837。

[2] Kraynak, History and Modernity, 33.

布斯本可以更加直接地通过论文体写作来完成他的教育目标。也许霍布斯很不情愿将其思想付诸铅字，这是一个非常合情合理的解释，尤其当我们考虑到复辟政府治下的作者们面临的各种无常之事时更是如此。然而，这种解释却必须要推翻大量相反的证据。霍布斯很少会不情愿。再者，即使他常常会很小心地保护自己——例如，他曾经烧毁自己所有的文章——但他从不羞于将自己的大胆思想付诸铅字。

　　与其去留意霍布斯写作《比希莫特》时的政治环境，倒不如到作品内部去找寻作者采用对话体的原因更好。如果我们听从克雷耐克的建议，相信《比希莫特》是在传授一门课程，并且去留意两个人物之间的关系而非作者和读者之间的关系，我们就会发现一个更加可能的教育场所。如果我们采纳克雷耐克的洞见，并将之放回到书中人物的对话当中，我们就不得不否定他的很多结论，但我们却会发现一个能够讲清楚对话体形式的最佳阅读途径。

　　伍顿也相当关注《比希莫特》的历史内容，他也因此得出了一些有价值的洞见。他和克雷耐克的主要区别在于，克雷耐克认为史书《比希莫特》逻辑上先于霍布斯的哲学论著，而伍顿却声称它是塔西佗、马基雅维利、利普修斯（Lipsius）传统下的哲学史著作。[①] 伍顿用自己的主张取代了克雷耐克的主张，克雷耐克主张"霍布斯的自然状态理论得自他对历史的研究"，而伍顿则更加明确地主张"霍布斯的自然状态理论得自他对马基雅维利的研究"。[②] 不过，伍顿对《比希莫特》的教育作用所持观点与克雷耐克相去并不遥远。据伍顿所说，霍布斯写作历史是为了影响国王的行动。"《比希莫特》不折不扣很像是呈递给国王的一份奏折，请求国王改革教会、大学和国家

---

① Wootton, "Hobbes's Machiavellian Moments", 211。
② Ibid. ,231.

的政治原则,希望国王颁布命令,让全国都讲授霍布斯的哲学。"[1]说得直白一点,书本身就是要提供那种急需的教育。

> 在《比希莫特》当中,霍布斯首先给出的是解释,这样做,是为了让那些经历过内战,却没有从中汲取任何教训的人,学到正确的结论。[2]

这与克雷耐克得出的,《比希莫特》有教育作用的结论相去不远。两人在以下一点上也很相似,即两位作者都忽略了对话体的形式,都把明显存在于书中的教育活动,转移到了对话本身之外的一种关系当中,而在这种关系当中,教育活动是否存在尚不十分清楚。

克雷耐克和伍顿都远远超越于《比希莫特》的标准解释之上,即使他们未能讲清楚它的对话体形式,也不会大大减损他们各自得出的重要洞见的价值。然而,如果我们要想认真领会这本奇异之书的内容,我们就必须按霍布斯赋予此书的形式,亦即,按对话体来理解此书。

评价《比希莫特》的几乎所有人都会同意马蒂尼奇的说法,他认为书中人物"甲"和"乙"就像他们的名字一样难以彼此区分,他们都代表霍布斯。[3] 如果读者将对话体形式简化为一种方便的风格癖好,如果他们的反应总是如此,那么,他们就会相当瞧不起霍布斯的文采和戏剧才能。据列维(Levy)所说,对话体形式会传播作家的声音,除此之外便别无其他用途。[4] 即便克雷耐克和伍顿在他们原本优秀的研究中,也很少注意到对话体的戏剧因素。据克雷耐克所

---

① Wootton,"Hobbes's Machiavellian Moments",229。
② Ibid,220.伍顿在霍布斯的《比希莫特》和马基雅维利的《论君主》之间所做的对比尤其引人入胜。参见 ibid. ,225—228。
③ Martinich,*Thomas Hobbes*,117.参见 also S. A. Lloyd,*Ideals as Interests in Hobbes's Leviathan*(Cambridge:Cambridge University Press,1992),190。
④ Fritz Levy,"The Background of Hobbes's Behemoth",250.

说,霍布斯采用对话体有利于自己攻击对手,而不适于表达自己的主张,同时,对话体还有利于自己评判对手不可告人的动机。[1] 另一方面,伍顿则主张,霍布斯《比希莫特》的对话体形式源自他心底欲探究权力为何物的困惑。[2] 霍尔姆斯(Stephen Holmes)至少还发现了对话体的某些用途:"对话体形式不像直接的叙述,它会让霍布斯消除无知聆听者的天真,同时还有利于聆听者从事件中汲取有用的历史教训。"[3]因此,大多数评论霍布斯对话体形式的文章都遵循霍布斯的对手瓦里斯(John Wallis)的模式,对霍布斯讨论波义耳(Robert Boyle)物理学的对话进行人身攻击。瓦里斯1662年写了一篇名叫《霍布斯先生的对话之所思》(*A Consideration of Mr. Hobbes His Dialogues*)的文章,他这样评论霍布斯采取对话体的用途:

> 他经由甲和乙的对话找到了一条中间路线,甲乙分别代表托马斯和霍布斯,这样托马斯就可以赞美霍布斯,霍布斯也可以赞美托马斯,两者就都可以用第三人称赞托马斯·霍布斯,同时也能避免自我称美之嫌。[4]

虽然瓦里斯写这篇文章是想讽刺霍布斯撰写的有关科学实验的一系列对话,但由此引起的一般反响却没有分别。人们一般认为,霍布斯采用对话体形式,对于理解那些他想以对话体来进行创作的作品来说,并不十分重要。

福林克(Noam Flinker)于1989年的一篇文章中指出,当人们援

---

① Robert Kraynak, *History and Modernity*, 34.

② Wootton, "Hobbes's Machiavellian Momments", 225.

③ Holmes, "Introduction", viii.

④ John Wallis, *Hobbius Heauton-timorumenos Or A Consideration of Mr. Hobbes His Dialogues*, Addressed to the Honourable Robert Boyle, Esq., (London, 1662)。这本书的题目出自米南达(Menander)的剧本《自罚的人》(*The Self Punisher*)。

引《比希莫特》的文本时,不能区分大多数讨论中的人物。① 但自从它的文章发表之后,这也不成其为问题了。福林克仔细研究了对话中的戏剧冲突,承认《比希莫特》称不上 17 世纪伟大的文学作品,他还指出,对话人物随着对话的不断深入而越来越彼此孤立了。② 福林克最后还指出,年轻人物"乙"在书临近结尾时并未能从"甲"处获得知识上的独立。③ 福林克还同时出色地证明,对话的剧情也揭示了一项教育计划,这并非克雷耐克和伍顿提出的那种教育计划,这是对话本身之内的一种教育计划。换句话说,发生于《比希莫特》中的教育计划是"甲"对"乙"的教育,并不是作者对读者的教育,亦非霍布斯对我们的教育。所以,我们必须在叙事和后叙事之间做出区分。④

对话与观众

如果霍布斯是要向人说明一个人如何接受了另一人的教育,那么,霍布斯为何要煞费苦心地写一篇对话呢? 这能教给人什么呢? 它对其论文体著作里提出的任何观点,既没有确定地加以证实,也至少没有明显地加以完善。不过,他在对话中的确向人展示

---

① Noam Flinker,"The View from the 'Devil's Moutain':Dramatic Tension in Hobbes's *Behemoth*"),*Hobbes Studies* 2(1989),10. 福林克还提到了:Goldsmith,*Hobbes's Science of Politics*(New York:Columbia University Press,1966);Strauss,*The Political Philosophy of Hobbes:Its Basis and Its Genesis*,Elsa M. Sinclair trans. (1936,reprint Chicago:University of Chicago Press 1959),and Howard Warrender,The Political Philosophy of Hobbes:His Theory of Obligation(Oxford:The Clarendon Press,1957)。但假如他能再等上一年,他就能把克雷耐克的《托马斯·霍布斯思想中的历史与现代性》(*History and Modernity*)也列入其中了。

② Flinker,"The View from the 'Devil's Mountain'",10.

③ Ibid. ,21.

④ 要想充分了解我们感兴趣的时期之后的一百年,亦即 18 世纪对话体中的叙事与后叙事之间的相互作用,无疑要参见 Clare Brant,"What Does That Argue for Us?:The Politics of Teaching and Political Education in Late Eighteenth-Century Dialogues",in *Pedagogy and Power:Rhetorics of Classical Learning*,ed. Yun Lee Too and Niall Livingstone (Cambridge:Cambridge University Press,1998)。

了如何教育人民的实例。霍布斯在他的全部三篇论文体著作中都坚持认为,对人民的意见必须加以引导。《利维坦》对此说得更好:"这些主权权利的根据需要坚持不懈,确确实实地教示给人民,因为主权的基本权利靠任何国法(civil law),或法制惩罚的威慑都无法维持。"①然而,霍布斯得出的结论,"惩罚的恐惧不足以维持和平",却常常被人们视而不见。人民要想知道主权者的权利和臣民的义务,就必须接受教育。可是,怎样才能教育人民?②

即使现代社会遍布着各种适宜的教育体制,对全部人口进行教育也并非一件不费吹灰之力之事。即使当时全英国的人口都接受了良好的教育,那时也不可能存在与我们今天完全一样的合适的教育体制。即使靠着 21 世纪民族国家的教育体制,让所有学校都来对国民进行政治义务和政治权利的教育,也不是一件容易之事。③ 因此,霍布斯怎么能想着于 17 世纪就完成这一

---

① *Leviathan*,232. 参见 also Leviathan 127 and 133;*De Cive*,ed. Richard Tuck and Michael Silverthorne (Cambridge:Cambridge University Press,1998),80,146;The Elements of Law Natural and Politic,ed. Ferdinand Tönnies (New York:Barnes and Noble,1969),183。[译注]《利维坦》中译参见霍布斯,《利维坦》,黎思复、黎廷弼译,第 260 页。译文有改动。

② 在我的另一本书中,我讨论了更为复杂的相关问题,以及在霍布斯哲学中可以找到的关于教育人民的答案。*Behemoth Teaches Leviathan:Thomas Hobbes on Political Education* (Lanham,Maryland:Lexington Books,2002).

③ 对这个问题的众多研究,可参见 Michael X. Delli Carpini and Scott Keeter,*What Americans Know about Politics and Why it Matters*,(New Haven:Yale University Press,1996);Robert D. Putnam,*Bowling Alone:The Collapse and Revival of American Community*,(New York:Simon & Schuster,2000),Nicholas Zill,"Civics Lessens:Youth and the Future of Democracy",*Public Perspective*,(January/February,2002);Norman Nie et al.,*Education and Democratic Citizenship in America* (Chicago:The University of Chicago Press,1996);Norman Nie and D. Sunshine Hillygus,"Education and Democratic Citizenship",in *Making Good Citizens:Education and Civil Society*,D. Ravitch and J. Viteritti (New Haven:Yale University Press,2001);Judith Torney-Purta,"The School's Role in Developing Civic Engagement:A Study of Adolecents in Twenty-Eight Countries",*Applied Development Science*,6(2002),203—212;Richard Niemi and Jane Junn,*Civic Education:What Makes Students Learn*,(New Haven:Yale University Press,1998);and *Rediscovering the Democratic Purposes of Education*,ed. Lorraine M. McDonnell,P. Michael. Timpane and Roger Benjamin (Lawrence,Kanas:University Press of Kanas,2000)。

任务？在他为英国大学为什么应当讲授《利维坦》所做的论证里，我们发现了他最合理、最生动的说明：

> 因为大学是政治学说(civil doctrine)和道德学说的泉源，传道士和士绅都从这里汲取自己所能找到的泉水，并把它从讲坛上、在谈话中播洒在人民身上；因此，我们无疑就应当特别小心把水弄洁净，不让它为异教政治家的毒素和装神弄鬼的符咒所污染。①

有人认为霍布斯想让大学里讲授他的《利维坦》，②他的确有此想法，但这也只是第一步。大学最终还有《利维坦》，是一切学说的来源，但也仅只是来源。去大学学习，或立刻去研究《利维坦》的人毕竟少之又少，因此不可能造成直接的影响。唯有依靠那些受过大学教育的人，才能将人民的教育传至四方。

霍布斯《利维坦》中用到的是传道士和士绅向人民播洒异端学说之泉水的意象，但是否也可能是正统学说之泉水的意象？这种意象虽然乏味，但却很有用，因为霍布斯一直主张，人民从其接受的教育中汲取各种学说。他们甚至还能从他们的阅读中汲取各种情感。例如，他很确信，阅读希腊和罗马史会激起人们起来反抗君主制。③ 让他最感不安的正是人们在大学里所受到的教育。在《比希莫特》中，他的人物"甲"声称，"可是从大学学成毕业的，大都是些鼓吹反动学说的人。一直以来，大学之于本

---

① *Leviathan*,491. 参见 also De Cive,140；Behemoth,23,71。[译注]《利维坦》中译参见霍布斯,《利维坦》,黎思复、黎廷弼译,第 577 页。译文有改动。

② For instance, Tracy B. Stong, "How to Write Scripture: Words, Autority, and Politics in Thomas Hobbes", *Critical Inquiry*, 20(1990), 128-159.

③ 参见 *Leviathan*,225。[译注]中译参见霍布斯,《利维坦》,黎思复、黎廷弼译,第 254—255 页。

国,就好比古代的木马之于特洛伊城"。① 大学必须加以改革。但在《比希莫特》中,我们看到的只是改革后的大学教育所造成的后果。"甲"没有向其对谈者喷洒受到污染的脏水,相反,他向其喷洒的是纯净的"服从之水"。再者,即使对话中几乎不存在霍布斯进行哲学论证的任何痕迹,"乙"到最后还是怀有了所有正确的信念。② "乙"从其与"甲"的对话中学到了不少东西,因而,其他人也能学到不少东西。霍布斯在其早期论文体著作中几次提到了这一点。③ 因此,《比希莫特》为其读者提供了一个示范,借由此示范人们可以看到,人如何可能借助一场对话来学习政治课程。

这使我们必须面对那个预期读者的问题,亦即,谁才是对话之外的观众? 我们现在已知"乙"是"甲"的叙事的预期观众,可谁应该是两人之间对话的读者? 既然《比希莫特》这篇对话呈现了经由对话的教育的示范,那么,这篇对话预期的读者一定是那些想学习如何经由对话去教育他人的人。这些人会是那些士绅们,甚或传道士们。传道士们当然会有机会利用到讲坛,但他们也可以经由对话去施行教育。然而,问题的关键是,《比希莫特》的预期读者,是那些愿意在自己的熟人身上,把"甲"在"乙"身上培育的品质进行再培育之人。也因此,霍布斯的政治学会经由对话而加以实施。

结　论

《比希莫特》中有两个观众,"乙"是第一个观众,他是内战史

① *Behemoth*, 40.
② 《比希莫特》中唯一提到霍布斯哲学的地方,是"甲"援引了已经非常有名的"正义和不义的规则","虽然他们的作者不知是谁"。*Behemoth*, 39.
③ 参见 *Leviathan*, 211, 236—237, 491; *De Cive*, 140, 146; *The Elements of Law*, 184. 又参见 Wootton, "Hobbes's Machiavellian Moments", 238。

的观众,叙事的观众。读者是第二个观众,他或她是对话的观众,后叙事的观众。知道有两个观众存在,这会使这本书的许多奥妙都会向我们显现。这有助于说明,为什么与同时期的其他史书相比,它会那么与众不同。说得直白点,这压根就不是一本史书。这也有助于我们理解它在霍布斯哲学和政治规划中的地位。《比希莫特》不是霍布斯理论单纯的印证,也就是说,它不是"我早告诉你如此"的宏大的历史叙事。《比希莫特》是霍布斯将其某些观念付诸实践的一次尝试。在《利维坦》第二部分结尾之处,霍布斯以如下的话表达了他的绝望之感:"我差点就认为我的功夫就像柏拉图的理想国一样白费了。"①他接着写道,"但一想到某位主权者会拿起他的书,同时他还会运用全部权力来保护此书的公开讲授,从而也会把思辨的真理化为实践的功用",而后他又恢复一些希望。如果《比希莫特》要完成的正是我已证明的计划,那么霍布斯会再次陷入绝望。

　　虽然霍布斯曾经恳请国王允准《比希莫特》出版,但他写作此书却的确在国王颁发的任何出版许可令之先。的确,正如前述几封信所证实,他未经允准不会出版此书;但他未受任何敦促就自发地写出此书,这一事实足以证明他已经失去耐心,认为自己凭一己之力也许能将"思辨的真理化为实践的功用"。霍布斯作为一个主张臣民应尽义务于主权者且绝对服从于主权者的坚定提倡人,他做出这种决定,心里一定很不好受。但做出这种决定也确实符合他的天性。我们所知道的霍布斯是这样一人,他不仅好战好斗而且经常急不可耐。知道他把这种脾性保持到了终了,知道这些脾性还令他写出了一本如此迷人的书,也许会让我们感到无比的欣慰。

---

① Leviathan,254.[译注]中译参见霍布斯:《利维坦》,黎思复、黎廷弼译,第 288 页。译文有改动。

附录二

"神的首造物"

——霍布斯《比希莫特》的形式和含义

西沃德（Paul Seaward）

你且观看比希莫特，
我造你也造它，
它吃草与牛一样。
它的气力在腰间，
能力在肚腹的筋上。
它摇动尾巴如香柏树，
它大腿的筋互相联络。
它的骨头好像铜管，它的肢体仿佛铁棍。
它在神所造的物中为首，
创造它的给它刀剑。
诸山给它出食物，
也是百兽游玩之处。
它伏在莲叶之下，
卧在芦苇隐秘处和水洼子里。
莲叶的阴凉遮蔽它，溪旁的柳树环绕它。
河水泛滥，它不发战，就是约旦河的水涨到它口边，
也是安然。

在它防备的时候,谁能捉拿它?

谁能牢笼它,穿它的鼻子呢?(《约伯记》,第 40 节)

一

　　《比希莫特》或许是霍布斯主要著作中最奇怪,也最费解的作品。本书坎坷的出版史能够说明它的某些奇怪之处。《比希莫特》是霍布斯 17 世纪 60 年代写就的一系列作品中的一本,而 60 年代是王朝复辟后的十年,其时本书尚未出版,未能出版显然是因为国王禁止出版此书。可是这本书已经以手写本的形式流传许久,并最终于 1679 年印刷成书,只不过这个版本并没有得到霍布斯的授权,而且这也是一个非常劣质的版本。即使霍布斯死后其出版商于 1682 年发行的本子也有多处混乱不清。

　　然而,本书文本的疑难比出版的坎坷要复杂得多。这部作品为人所知晓,通常靠的是它的书名,而这书名令人想到的是它与《约伯记》中另一个力大无比的巨兽利维坦的对照。然而,霍布斯却根本没有说明该如何解读此书名,我们甚至不清楚这是不是霍布斯赞同的书名,也不清楚实际上霍布斯想要给此书起什么样的书名。这本书声称要相当直言不讳地讲述英国内战及其后果,从 17 世纪 30 年代中后期一直讲到 1660 年。实际上,这是一个拼凑起来的故事,很大程度上得益于其他出版物,只不过作者附加了一些他在其他著作,尤其是《利维坦》中提出的一些观点的概要。再者,叙事靠两个分别叫作"甲"和"乙"的人物的对话过程而展开,这是一种很蹩脚的形式,很不适于传达历史论域的客观事实。它的效果毋宁是这样:对话一开始好像是酒吧里一场刺激、武断的辩论,虽然稍稍有些一边倒,到最后却变了样,因为论辩一方实际上不再卖力,他只想劝服其辩友赶快闭嘴,早点回家。

要找到比希莫特与任何显见背景的联系实属困难。霍布斯 17 世纪 60 年代后期的大部分著作都属防御性质的作品,众所周知的原因是,霍布斯于王政复辟后感觉自己有点受到他人的围攻。围攻霍布斯的这帮人大多是霍布斯 17 世纪 50 年代的论敌,他们一直视霍布斯为宗教和政府的极端危险分子,然而英国国教的重建却使得他们重新掌握了国教以及政治的权力。[①] 1662 年《出版许可法》(Licensing Act)颁布之后,国教牧师及其支持者们的意见,会有助于阻挠霍布斯几乎所有作品获得出版许可证。霍布斯同时也感受到威胁,觉得别人要告自己犯了异端罪,于是,这期间他就花了大量的精力,就当时颁布异端罪的法律可行性问题撰写了一系列作品:除《有关异端的历史叙述》(*Historical Narration Concerning Heresie*)之外,他还在《一位哲学家与英格兰普通法学者的对话》(*Dialogue Between a Philosopher and a Student of the Common Laws of England*)中,在拉丁语版《利维坦》的一个附录中,在《比希莫特》中,都探讨了这个问题。

然而,正如弥尔顿(Philip Milton)所说,霍布斯想象中的危险比实际所发生的要大得多。霍布斯的惧怕对象主要是主教,根据这十年间记录霍布斯观点的人们的看法,霍布斯把这些人当作议会中指控自己犯异端罪的发起人。弥尔顿还指出,虽然 1666 年 10 月议会做出决议,想发起一场针对《利维坦》的指控,但是这最终却没有翻起多大浪花,它根本够不上是对书籍作者犯有异端罪的指控。平民院最终通过的是一个反对无神论和反对亵渎神灵的法案,虽然贵族院就此法案进行了法律辩论,但是他们却没有通过该法案,因此流传出来的法案文本也不可能帮助任何人去控告霍布斯犯有异端罪。

---

① 参见 Philip Milton, "Hobbes, Heresy and Lord Arlington", *History and Political Thought*, 14(1993), pp.504—508。

塔克(Richard Tuck)认为这些 17 世纪 60 年代后期的作品有
着相当宽泛的背景,他还主张,这些作品的目的是想为发生于
1667 到 1670 年的争论做出点贡献,而当时争论的问题是:是否可
以准许包容和宽容。① 弥尔顿也回应了这个问题:霍布斯

> 从未提起过《划一法案》(the Act of Uniformity)、②《宗教
> 集会法案》(the Conventicle Acts)和针对不从国教者的任何其
> 他法令,因此我不敢肯定他是否反对这些法案。正如《比希莫
> 特》清楚所示,他完全赞同保皇派的观点,认为非国教派的秘
> 密集会是叛乱的根源,对于镇压这些秘密集会,他丝毫没有良
> 心的不安。③

的确,霍布斯谴责独立派和其他"起来反抗国王陛下的敌人,
他们主张人人都有解释《圣经》的权利,人人都可以用自己的母语
细查经文"。④

我们不能简单地将《比希莫特》与当时任何具体的争论相联
系,当然也就不能把它与准否包容与宽容的争论联系起来。这也
不是说它与当时的一些观念和争论没有任何联系。雄辩的煽动口
才的运用会造成人民的不满和激烈的叛乱,《比希莫特》的这个主
题已经得到大多数评论者的认可,有些学者还根据这条线索,把
《比希莫特》的解读安放进更加宽泛的霍布斯所有作品的解读当
中。霍尔姆斯(Stephen Holmes)从书中读出的是霍布斯"对政治分
裂的成熟理解和权威的重建"。这部作品使人们洞察到"倾覆跌

---

① Richard Tuck,"Hobbes and Locke on Toleration",in *Thomas Hobbes and Political Theo-
ry*,ed. M. G. Dietz (Lawrence:University Press of Kansas,1990).
② [译注]指英国议会为力求国教会划一使用 1662 年编订的《公祷书》而提出的法
案。
③ Milton,"Hobbes,Heresy and Lord Arlington",p. 532.
④ St. John's College,Oxford,MS 13 [hereafter MS],fo. 2v;EW VI,p. 167.

倒的理性,扰乱秩序的激情,眼花缭乱的学说,庄严不凡的名称,和令人着迷的准则"。[①] 斯金纳(Quentin Skinner)从中发现了对误导的雄辩术所造成的破坏力量的分析,发现了"民主士绅和长老会传道者们新古典主义和反律法主义的修辞术,这个非理性却又无比强大的力量,对科学和理性等弱小势力的胜利";"大众自私自利又愚昧无知,他们几乎听不进理性与科学的声音"。[②] 但它的主题似乎很笼统很分散,而且大多取材于霍布斯更加有名的作品。这样一来,对大多数霍布斯研究者而言,这部作品在霍布斯全部作品中的分量就显得微乎其微了。由于缺乏新材料,又看不到它与某个政治背景有任何明确的联系,解读者的确会禁不住诱惑,把霍布斯的内战叙事,看作是一部衰老昏聩的哲学家神志不清而又语无伦次的著作。我们还能从《比希莫特》中读出其他名堂来吗?

二

对于自己在《比希莫特》要干什么,霍布斯的确给出了一些暗示。这部作品的手写本,是由霍布斯的秘书威尔顿(James Wheldon)记录下来的,手稿一直保存于牛津的圣约翰图书馆,手稿中还有一封题赠给国务大臣阿灵顿勋爵(Lord Arlington)的"献词","献词"中说他呈献给其保护人的是他称之为"四场简短对话的作品,讲述的是陛下治下 1640 年至 1660 年间发生的,令人难以释怀的内战"。虽然本书有着四场对话,但其实它只能分为三个部分。他在"献词"里接着说,第一场对话"包含了内战的起因和有关神学和政治学的一些愚见"。第二场对话"讲述了内战的开展,记录

[①] Stephen Holmes, "Political Psychology in Hobbes's *Behemoth*", in *Thomas Hobbes and Political Theory*, ed. Mary G. Dietz.

[②] Quentin Skinner, *Reason and Rhetoric in the Philosophy of Hobbes*, (Cambridge: Cambridge University Press, 1996), pp. 435, 433.

了国王和议会之间相互发布的宣言书、劝谏书和其他一些文书"。第三和第四场对话"是内战的简史,材料取自希斯(James Heath)先生的史书"。①

   这最后一部分完全倚重于希斯最初发表于 1662 年的史书,书名叫作《最近发生在英格兰、苏格兰和爱尔兰三个王国之间的内战简史》(*A Brief Chronicle of the Late Intestine War in the Three Kingdoms of England, Scotland and Ireland*),该书的材料很显然都取自当时新闻报刊的报道。从霍布斯第三场对话的四分之一处开始,亦即从国王于 1642 年 8 月 23 日树起大旗准备开战开始,一直到本书结尾,其文本大部分篇幅的确是希斯史书的概要,文中有许多借自希斯的同样的词汇。该书的章节划分也与希斯的文本没有二致,第三场对话的结尾就是希斯第三部分的结尾,结尾处之前都讲到了处决国王一事。希斯的文本当然要比霍布斯的详细得多,而霍布斯的概要却异常简洁。

   霍布斯停笔打算补充更多细节之处,这种对他的"摹本"的偏离自然是非常重要的。即使在对话的最平和之处,它们也大都侧重于解释事件,这一倾向有时还十分明显。例如,在边山(Edgehill)战役不久之后的布伦特福德(Brentford)之战中,希斯专门写到了议会战前所做的备战事宜,然后才讲述了战场传来的消息所造成的后果,这消息"给全伦敦城造成普遍惊恐,所有店铺都关门大吉,所有部队,无论是民兵团还是雇佣军,全都被拉出营房,于是突然之间,埃塞克斯伯爵就拥有了一支数量庞大、人员齐整的大军"。霍布斯略去了对议会备战事宜的书写,也没有书写国王大军逼近伦敦的消息所造成的恐慌:议会"就命令伦敦城所有的民兵团和雇佣军一起出动,而伦敦所有的店铺由于害怕也早已关门大吉。因此就有一支数量庞大、人员齐整的大军正等候着埃塞克斯伯爵,

①   MS, fo. 1v; EW, VI, p. 166.

于是伯爵就悄悄潜入伦敦,不早不晚刚好成了军队的统帅"。① 希斯很擅长插入一些讥讽的旁白,而霍布斯会重拾这些旁白,把它们写得更具修辞效力。希斯写到费尔法克斯(Fairfax)将军号召伦敦邻县的民兵团与军队汇合,来应对 1647 年 7 月长老会的军事动乱,这时候,他特别强调说,"这些民兵团未从议会处拿到军饷,因此根据法令条例,它们也不受将军的任何指挥。然而军事动乱却不会由法律精英们加以制止"。霍布斯却写道:

> 乙:这些邻县民兵属于将军的部队吗?
>
> 甲:不是,绝对不是,他们既非将军掏钱买来的雇佣军,也没有接到议会的命令而成为将军部队的一部分。但是,如果一支军队控制了国家的一切法律,它还有什么干不出来呢?②

有时候希斯的叙述会惹烦霍布斯,让霍布斯故意岔开话题。说到长老会的军事动乱很容易瓦解时,希斯写道:

> 城中较富有者为了保住自己的钱袋,开始放弃坚守誓言的决心,正如军中要人的榜样所示,没有什么比伦敦遭到洗劫更受民众欢迎的了。③

霍布斯谈到此处时却离开正题兜起圈子来,他笔锋一转,开始指责起伦敦城的价值观:

> 在我看来,伦敦城大部分靠钻营和买卖致富的市民,这些

---

① Heath, p. 70; MS fo. 59; EW VI, p. 315.
② Heath, pp. 249-250[rect 250]; MS fo. 67v; EW VI, p. 339.
③ Heath, p. 247.

人除了自己眼前的利益,别的什么都不关心。任何事情只要不挡自己的发财之道,他们都会视若无睹。所以一想到自己的财产被劫掠,他们就惊慌不已。要是这些人早知道服从自己合法的君主能让自己有什么能耐保住自己的财产,他们也就不会和议会站在一边了,我们也根本不必动刀动枪了。市长和市政官们确信投降可以挽救自己的财产,却拿不准反抗能否也如此,所以,在我看来,他们选择了一条最明智的道路。①

两位作者写到 1648 年时,他们都以描述议会对牛津大学的巡查开篇,而这一叙述笔法也是此类写法中最引人瞩目的段落之一。在巡查期间,希斯曾经被牛津大学基督学院开除学籍,因此,希斯在他的叙述中穿插一些个人的失落感和愤懑感,为"学习最优秀,对教会尽忠尽责而又无比虔诚"的学生遭到开除表达一下自己的哀伤,也并没有什么不合情理之处。他写道,议会决心

像非利士人剜去参孙的双眼一样,要弄瞎王国的眼睛,这样,他们便可以嘲弄我们的法律,嘲笑我们的公民权,还要嘲笑我们的特权,然后再毁灭、彻底消灭我们,最后,在接着发生的可怕的弑君行动中,再把头从政治体上砍去。②

我们几乎听到了霍布斯读到此段时嗤之以鼻的声音。他的改写本写道,议会委员会已经

赶走了所有不属自己帮派的人员,赶走了赞同使用《公祷书》的分子。他们还赶走了一些臭名昭著的牧师和学生。也

① MS fo. 68;EW VI,p. 240.
② [译注]本段引文原文没有注释。

就是说，赶走了嘴上总是毫无必要地挂着上帝之名的学生，赶走了一些出言不逊的学生，赶走了一些总是与淫荡妇女为伍的学生，我不得不为他们的这后一举措拍手叫好。

往最轻里说，这也是保皇派一个不够老派的观点。霍布斯接着开始长篇大论地谴责起大学来，他说大学不仅是罪恶的温床，而且大学还为教士们提供了一个传播自己观点的讲台：

的确，大学是神职人员十分忠实的奴仆，要是神职人员不受到细心看管，一旦他们的意见产生分歧，一旦他们借机发表自己的歧见，这些歧见就会成为分裂国家的方便法门。①

希斯不可能是霍布斯第三、第四场对话的唯一来源，因为虽然他的对话与希斯的差别不算大，但还是有着细微的差别。霍布斯对国王受审，遭到处决的叙述可能得益于一部独立的文献汇编。另外一些偏离希斯叙事之处，可用霍布斯与时人的亲身交往加以解释。例如，他声称，1642 年晚些时候，纽克斯尔伯爵（Earl of Newcastle）"已经使自己几乎成了全北方的头领"，而希斯实际上给我们的印象则刚好相反。② 然而，还有一些偏离之处颇难解释清楚。例如，第四场对话对叛逆罪，对克伦威尔打入皇室的间谍曼宁（Henry Manning）受到处决的总结性叙述，其中就含有一些并非取自希斯的细节。这些细节大概源自霍布斯的道听途说。③ 有时候，大概是因为霍布斯想让自己的叙述显得更加有力，他于是就打乱了他讲述事件的先后顺序，但效果却有些混乱不堪。通常霍布

---

① MS fo. 70-v；EW VI，p. 347.
② Heath，p. 71；MS fo. 59v；EW VI，p. 316.
③ MS fo. 88；EW VI，p. 394.

斯会高度浓缩其叙事,这在他讨论导致“普莱德大清洗”(Pride's Purge)①和国王遭处决的一系列事件时尤其明显,然而正是为此原因,他的叙述才显得杂乱无章,或者说混乱不清。

《比希莫特》的第二场对话另有其来源。他形容第二场对话是一场谈论国王和议会相互发布“宣言书、劝谏书和其他一些文书”,进而发展为敌对状态的讨论。实际上,只有到第二场对话进行到一半之时,霍布斯才开始详细地讨论这些相互往来的文书,这个时候恰好赶上哈斯本兹(Edward Husbands)出版其编选的,已经印行的文书全本汇编的时机,汇编的开篇选的就是 1641 年 12 月的《大劝谏书》(the Grand Remonstrance)。也就是从这个时候起,霍布斯系统浏览了汇编中所有重要的文书,随后他就在对话中不但描述它们,而且还对它们发表评论。因此,哈斯本兹的汇编,实际上就成了霍布斯讲述内战爆发前这一时期的唯一文献来源。他对自己书中所叙述的议会文书的回应,靠的都是收录于本汇编中国王对议会的回应。霍布斯略去甚或浓缩了后来一些重要文书的往来细节,这或许情有可原。但是,霍布斯于书中有些地方故意隐瞒其文献来源,甚至对文献来源有些漫不经心,这就不能原谅了。

例如,第二场对话接近结尾之处,大约在国王想进入赫尔镇(Hull)却遭到霍瑟姆爵士(Sir John Hotham)拒绝之时,当时霍布斯正在讨论飞速往还于国王和议会间的请愿书、答复以及对答复的答复。霍布斯认为议会在针对国王的宣言书中附加了一些条款,而令人啼笑皆非的是,这些条款实际上是国王在其一份答复中,在《陛下对一本印行的书的答复》(*His Majestie's Answer to a Printed Booke*)中,亲自交给议会的。而国王答复的那本印行的书,是保皇党人的一份宣传手册,起草人是霍布斯以前的熟人,当时已经是大法官的海德(Edward Hyde)。海德的这本手册遭到了议会

---

① [译注]可参见《比希莫特》注释150。

派分子帕克（Henry Parker）的反驳，他撰写的那本著名的驳辩之书就是《对国王最近答复和急件信函的评论》（*Observations upon Some of His Majesties Late Answers and Expresses*）。海德对议会政治主张充满偏见的概括，使得对话中人物乙感叹说，"他们可真够坦率，真够直接"，他的话重复的是国王讽刺议会 1642 年 5 月 26 日呈交给他的劝谏书时所说的话，国王当时不无讽刺地称赞说，"劝谏书的撰写者和谋划人可真够直接，真够坦率"，可是人物乙却没有意识到一个事实，这就是，海德向他引述的文献并非出自议会，而是出自议会的敌人。①

《比希莫特》第二场对话过半后的大部分文本，在某种意义上，可以说是对希斯和哈斯本兹的评论。我们不由自主地会想象一个坐在桌前的老人，眼前摊开着两本书，正在一边翻看书页，一边向威尔顿口授他的摘要和评论。也许，这种写作程式有点像他撰写《一位哲学家与英格兰普通法学者的对话》的情形，这也是一本 17 世纪 60 年代的著作，讨论的是科克（Coke）对利特尔顿（Sir Thomas Littleton）②和一系列成文法的评论，写作方式与《比希莫特》如出一辙。这在某种程度上使得这本书似乎成了一个清晰明了的文本，一本也许跟梅伊（Thomas May）的《历史概要》（*Epitome of History*）有些相类似的著作——大概都是为了商业而非知识的目的而创作成书的。但是很明显，霍布斯认为他的文本要比"概要"一词所要表达的含义严肃得多，重要得多。"概要"只不过是他用来概括第三、第四场对话的一个词，这样说不仅是因为他对希斯和哈斯本兹的引用是为了引发他对这段历史的思索，而且本书八分之三的篇幅都是以完全不同的方式而写就的。

第一场对话实际上很少与史实和事件有紧密联系。的确，只

---

① MS fo. 50v；EW VI，p. 292.
② ［译注］英国法学家，曾任北部巡回区巡回法官、民事法院法官等职，著有《租佃论集》。

是在对话大约过半后，霍布斯才提到了一件具体的事件，就是
1637年企图将《公祷书》引入苏格兰这件事。整场对话38页中只
有3页半是用来讲述事件的。第一场和第二场对话的目的主要偏
重于分析而不是报道，用对话一开始人物乙祈求人物甲的话来说，
对话很少讲述"您眼见的人们的行为"，它讲述的毋宁是"行为的
缘由，人们的虚荣、公义、意图、奸计以及事件的真相"。① 这也是
书中争辩的核心，其中包含有霍布斯想要传达给世人的，有些像是
告诫世人的消息。

三

第一场对话很快就开始着手讨论1642年皇权的瓦解。对话
中一个名字叫作"甲"的主要人物，概略说明了败坏人民的几类诱
导者，从其他保皇派评论人的角度来看，"甲"的分类方法并不陌
生。这几类人分别是："声称上帝授权他们管理自己的每一个教
区"的长老会牧师、罗马天主教教徒、独立派和其他教派教徒、浸淫
于古典书籍因而"爱上了他们的统治方式"的士绅，以及伦敦和其
他大城市羡慕低地国家的繁荣，因而相信英国若改为共和制政府
也会带来同样繁荣的市民，"指望靠运气站对了队伍，不但从此保
全了性命"的野心家，还有一般百姓。他们

> 对自己的义务竟然一无所知，以致万人当中或许没有一
> 人清楚，任何人命令自己的权利出自哪里。国王或国家有什
> 么必要，非得让自己悖着自己的意愿交出自己的金钱。他们
> 反而认为他们自己就是自己所拥有财物的绝对主人，不经自

① MS fo.2；EW VI, p.163.

己同意,无论谁都别想以任何公共安全的名义强取自己的财物。①

很明显,霍布斯是按照以上列出的顺序,继续讨论这几类人的,他讨论他们如何一步步败坏了人民。第一场对话前面五分之二的篇幅,讨论的都是教宗和罗马教会如何使用诡计确立了对世俗统治者的掌控权,这种讨论很大程度上只是重复,扩展了《利维坦》最后一章里的一些观点。接着,人物"乙"就将人物"甲"的注意力转向了长老会教徒,他向"甲"问道,"长老会教徒大多数都是穷苦的学究,他们的权力怎么会这么大呢"?② 在这种讨论过程中,"甲"还提到了第四类诱导者,即那些浸淫于古典书籍的士绅。但讨论的中心却主要集中在长老会牧师雄辩的才能和劝说的效力上。对话从此处开始,就转向了叙事,解释了苏格兰人如何抗拒《公祷书》,如何反感主教制,最后还跑题大谈特谈苏格兰人在英国的民族权利。霍布斯批评 17 世纪 30 年代晚期议会抵制造船费的做法,批评占有平民院席位的某些士绅的领导才能,批评他们不但能够拉拢议会的其他成员,还能笼络作为整体的普通百姓,这时候,对话就又回到分析的老路上来了。

确定了 1640 年及随后的一些事件的主要起因之后,讨论就顺理成章地转向另一个话题,即如何才能避免引发内战的一系列事件重演:"甲"主张靠教育,应当向人民"讲授他们应负的义务。也就是,仿照其他科学授人以真实原理和明晰证明的办法,把有关正义和非正义的科学教给他们"。"乙"对此也毫不怀疑,但他拿不准的是,若"授课内容有悖于掌权者的利益且掌权者有能力加害教师",这些东西怎样才能有效地教给人民。霍布斯毫不掩饰自我标

① MS fo. 2v-3;EW VI,p. 167。
② MS fo. 11;EW VI,p. 190.

榜的意图,他通过"甲"解释说,

> 我们一直不缺乏经过严格论证的,有关正义和非正义的
> 规则,而且这些规则也都经过智力平平的人也能理解的原理
> 的证明。虽然这些规则的作者已经湮没无闻,但是他们的光
> 泽已经照耀到本国和外国受过良好教育的人那里。①

但正如"甲"接下来所说,传播这些规则只能依靠布道坛,而
布道坛正是引发内战的诸多教诲的主要渊薮:"于是,这些学说的
光泽至今还被敌人的阴云所笼罩和压制,个人的声望再大,要是没
有大学的权威,也冲不破它的包围。"②"甲"接着谈到大学的创建,
指明大学规定的学习方式是为了保住教宗和教士的权力,教宗和
教士们为了自己的目的还不惜歪曲亚里士多德的逻辑学、物理学
和形而上学。"甲"接着谈论了亚里士多德的伦理学,他想表明自
己这样一个观点,即臣民的伦理价值与主权者的伦理价值之间存
在着差异。他最后还得出一个与亚里士多德完全相悖的结论,"一
切行为和习惯,都应根据它们的动机和它们对国家的功用来判断
其善恶,而不能根据它们有没有受到节制、有没有受到赞扬来判断
其善恶"。③"乙"反驳说,虽然"虔敬"应当是最大的美德,可是
"甲"却没有把它看作是一种美德。"甲"答复了"乙",但甲的答复
是在过了一小段之后,而这一小段是想说明谈话与主题的相关性,
因为两人都觉得他们的谈话已经跑题。

这一小段的用意一定是想提醒"乙"注意:接下来的几页将非
常重要。他告诉"乙","一切美德都在于对国法的服从,而虔敬也
是美德之一",所以"我已经将虔敬列入美德当中了"。上帝到底

---

① MS fo. 19v;EW VI,pp. 212-213.
② Ibid.;EW VI,p. 213.
③ MS fo. 22;EW VI,p. 220.

教人如何做事？这是一个捉摸不定的问题。有鉴于此，人们在此问题上就有必要承认某个人类的权威。在关涉到人对上帝和国王的义务的任何问题上，他们都应当因此听从主权者的话，或者说，服从它的法律，而不是去听从其臣民同胞甚至外民的话。"乙"匆忙做出了他早想得出的结论：

> 如果我们得到了国王的批准，那么，您或我就可以像现在的布道者那样，合法地从事布道活动了。而且我相信，比起那些在布道坛上唆使人叛乱的传道士们，我们会更加出色地履行自己的职责。①

"甲"接着讲述了罗马教会凭空构想的主要美德：

> 服从教会的教条，无论这教条是不是让人叛国，这就是"笃信"；对教士要有益处，这就是"虔诚"和"大度"；心里明知是假的却仍然照着教会的话去相信，这就是他们所需要的"信仰"。②

对话到此，"甲""乙"的话题基本上还停留在霍布斯在《利维坦》中表达的观点之内，对教士更加明确的批判，矛头所向明显是罗马教会的神职人员。但就是在此处，"乙"却十分合情合理地问"甲"，这种说法是否也可适用于英格兰的国教牧师。他的问题是："英格兰新教牧师的道德哲学是什么样的？""甲"的回答有些小心翼翼，这虽然情有可原，却不免大煞风景。他答道："就他们日常生活和谈话的表现来看，他们的道德哲学总的来说还是不错的，

---

① MS fo. 22v；EW VI, p. 221.
② MS fo. 23；EW VI, pp. 221-222.

也是很好的榜样,比他们的文字论述要好百倍。""甲"接下来反倒问了"乙"一个问题,换句话说,"甲"尽可能否定地摆出了自己的看法:

> 英格兰的牧师,也像教宗和长老会长老一样,自称拥有直接得自上帝的权力,可以在事关宗教及风俗的一切问题上控制国王及其臣民吗?假如他们有这种权力,那我们不得不怀疑,一旦他们人数众多,力量强大起来,他们就会仿效教宗和长老会牧师的样子,想方设法攫取那个权力。

"乙"没有直接回应"甲"的说法,他只是说自己很想读读已故国王阵营里那些渊博的知名的牧师所撰写的,有关当前道德准则的论述。"甲"示意他去读《人的全部义务》(*The Whole Duty of Man*)这本书,他认为这是一部"现存最好的作品,这样一本书的确值得你一读,虽然书中有些段落我不十分喜欢"。《人的全部义务》这本书,现在人们公认是阿莱斯特里(Richard Allestree)的作品,他从1665年起做过伊顿公学的校长,他同时也是牛津大学钦定讲座教授。他的这本书或许是17世纪出版的、非常畅销的实用神学手册,书中对英国国教会的忠诚有着经典的表述。可是"甲"却现如今更加大胆地接着说,"要是拿这本书去检验一下长老会牧师,甚至去检验一下这次叛乱中那些最卖力的传道士,在他们身上也几乎发现不了任何罪过"。[1]

简言之,"甲"的目的是想表明,国教版的臣民义务如何与长老会的教条完全一致。他们对上帝属性的解释完全一样,他们都承认上帝的话就是那同一本《圣经》全书,而且正如"乙"所反驳,如果他们"都根据自己的解释来理解上帝的话",他们的解法就与

---

[1] MS fo. 21;EW VI, p. 223.

主教和忠君派的解法没有两样。基于此，我们就不可能指责他们违反了上帝的意志，因为正如"乙"所坦言，"既然'虚伪'不受指控，比起其他罪过来，它就拥有很大的特权"。"乙"接着说，他知道"忠君派和长老会牧师一样都很小心，不让'上帝的家'受到亵渎，让人按时交纳十一税，让人奉献牺牲，让人遵奉安息日为圣日，让上帝的话得到传扬，让圣餐仪式和施洗礼及时得到料理"，他是想暗示，人们对上帝做出的这些侍奉，碰巧都符合了无论什么教派的牧师们的利益。"乙"很快就转向人们对国王应负的义务这个主要论题上来了。"甲"引述阿莱斯特里，说如果统治者的一切命令合法，如果君王命令之事与上帝之命令不相抵牾，那么，我们就应该对他们表示主动服从。可如果君王命令之事与上帝之命令相抵牾，这时，

> 我们因此可以，不，是必须拒绝执行。然而，在此我们必须确知君王的命令真的与上帝的相抵牾，确知臣民不是借着良心的伪装来掩盖自己的顽固不化。如果真的相抵牾，我们宁可服从上帝，也不能服从凡人；但即使这是一个表示"被动服从"的时机，我们仍然必须默默忍受君王因我们的拒绝而加于我们的迫害，为确保自己的安全，我们不要起来反抗他。[1]

"乙"合乎情理地问"甲"，为什么这种理论会为反叛找到借口，或者会让人联想到反叛。"甲"回答说，即使它没有明显地为反叛辩护，可是，它就像长老会的教条一样，主张个人对上帝的话的解释凌驾于主权者的决定之上。

当国王命令臣民做的事情有违《圣经》，也就是有违"上

---

[1] MS fo. 24；EW VI，p. 225.

帝的命令"时,如果臣民这时反抗国王合法,如果臣民可以充当《圣经》意义上的"裁判",那我们就难以确保任何国王的寿命或任何基督教国家的和平能够长久维持。不管是忠君者还是造反派,无论谁公开撰写或宣扬这种理论,这种理论都会把国家搞得四分五裂。①

无论反抗暴力与否,总之,它都会削弱主权者的权威。再者,霍布斯不相信被动服从会是一条切实有效的理论:

> 希望自己的受死能被算作"服从"的人,不仅不得抵抗,也不得逃跑,更不得藏匿自己而逃避惩罚。那些如此谈论"被动服从"的人,如若他们的生命面临极度危险,有谁能够自愿把自己交给审判官呢?难道我们没有看见,所有犯人被押赴刑场时,不是五花大绑,就是由人押解着的吗?他们若有机会,他们难道不会挣脱捆绑,逃之夭夭吗?这就是他们的"被动服从"。②

"乙"没有反驳"甲"的这个主张,但他指出,阿莱斯特里至少坚持认为,在拒绝主动服从那位违背"上帝律法"发布命令的国王时,拒绝者必须"十分地有把握,他的命令真的有违'上帝律法'"。"甲"于是告诉他说,

> 因为人们大多按自己的意思理解《圣经》,而不愿遵循《圣经》的真意。因此,当遇到听审疑云重重的个别良心案子时,除了根据国王任命来确定《圣经》意义的人,除了根据他

---

① MS fo. 24v;EW VI, p. 226.

② MS fo. 24v;EW VI, p. 226.

们的意见，我们便没有其他办法来确知任何情况下上帝命令我们或禁止我们的事情。那些如此受到国王任命的人，在所有基督教国家都很容易为人所知。他们要么是主教，要么是牧师，要么是宗教裁决会议的与会者，他们在握有主权权力的人或人们之下控制着教会。①

这段话暗含一种批评，是在指责阿莱斯特里试图给人的安慰——拒绝者需要绝对确信自己拒绝的正当性——根本算不得安慰，因为充当这些情形的判官的很可能就是教会自己。"乙"提出反驳意见，既然这样，为什么要把《圣经》译成英语？使徒们有什么权利违抗高级祭司？"甲"对第二个问题的回答是，使徒们从上帝那里受到启示而得来的知识，使得他们的行动有了正义的理由。他对于第一个问题的回答是：《圣经》译成英语的好处是，它提供的有关"信仰和风俗"的知识，远大于它被译成英文所带来的不便。

对话到了此时，争论双方已不再讨论英格兰国教的政治神学，他们又回到教育问题上，开始讨论如何讲授正义和非正义的科学。"甲"详述了阅读《圣经》的好处，声称那些"条件和年龄都适合研究自己所读《圣经》意义的人，那些喜欢探究自己义务根据的人，无疑会选择阅读《圣经》这唯一的道路，去体会自己的义务感。他们体悟到，自己本身不仅有义务服从法律，还劝导他人也这么做"。②"乙"匆忙下结论，说"甲"指的是那些希腊语和拉丁语知识渊博的学者，"他们很热爱知识，因而很喜欢对《圣经》最难懂段落的意义刨根问底，他们一旦找到别人未曾发现的全新意义，就会沾沾自喜"，这些人"受过大学教育"，在大学里受到过有关上帝本质

---

① MS fo. 25v；EW VI，p. 228.
② MS fo. 26v；EW VI，p. 231.

的无聊争论的浸染,受到过有关世俗政府及教会政府权利的煽动言论的洗礼。"乙"还接着主张对大学进行改革,使大学"顺从国家的步调,最终成就改革大业"。而且,大学改革对于维持和平也非常必要。①

"甲"有些狡猾地回答说,既然大学违反法律,为支持教宗的权威已经竭尽全力,为反对国王的权利已经尽职尽责,"为什么不在它们得到各色法律及公道支持时,也来维护既是国家的主权者,又是教会领袖的人之权利呢"?"乙"问"甲",这种情形为什么没有发生在亨利八世做了国教领袖的宗教改革时期呢?"甲"告诉他,这是因为国教主教们并没有放弃教宗失去的权力和权利,他们想方设法把这些权力和权利都据为己有了:"因为,虽然教宗觊觎的'英国神授之权'没有给予自己,他们虽无怨言,但总觉得国王从自己手中夺去'英国国教会'却于理不合,因为他们现在认为只有自己能代表'英国国教会'。"②

对话进行到此时,霍布斯似乎想转移注意力,不想再恶毒攻击英格兰教会,于是他又回过头来抨击长老会及其虚伪。但他很快又回到大学及大学改革的必要性问题来了,他建议人们

> 不要取消大学,要让大学更加遵守纪律。也就是说,那里讲授的政治学应当是真正意义上的政治学。例如,它应当让人们知道,服从国王根据其权力制订的一切法律是他们的义务,除非这法律根据国王的权力已经加以废除。它还应当使人们懂得,"国法"就是"上帝的律令",因为制定"国法"的人,只有受到上帝的委任才能制定法律。他还应当使人们知道,人民和教会是一回事,他们只应有一个首领,这就是国王。国

---

① MS fo. 27;EW VI,p. 223.

② MS fo. 27v;EW VI,p. 234.

王之下的任何人若没有得到国王的批准，都无权实行统治。
国王的王权仅出自上帝而不出自凡人，无论这凡人是神职人
员，还是其他什么人。他们在大学所传授的宗教，应当让人静
静地等待我们神圣救主的再次降临，与此同时，我们应当坚决
服从同时也是"上帝律法"的"国王的法律"：不伤害任何人；
善待一切人；爱护穷人和病人；过有节制、无耻辱的生活。①

　　考虑到"乙"已经暗示，他和"甲"都能像教士们一样进行有效
的布道，似乎很清楚的是，霍布斯仍在不遗余力地重申他在第三场
对话里曾经大加赞扬的对大学的净化，只不过这是一场由他自己
主导，至少也是由他的学说所主导的净化。要想实现和平，世俗主
权者就必须把高等教育体制接管到自己手中，而大学的改革也必
须按照霍布斯制订的方针进行。只有这样，才能压制教士们的权
力。因为权力无论是掌握在国教徒手中，还是掌握在罗马天主教
徒或长老会教徒手中，都危险重重。
　　简言之，《比希莫特》的第一场对话之内，蕴含着一个精心组
织而又非常明确的观点和消息。国教会的教条和长老会的教条，
当然还有天主教的教条，都对王国的和平与安宁构成了极大威胁。
世俗权力若不牢牢掌控教育体制，不掌控教育体制培养出来的，在
社会和教育领域发挥重要影响的人才，王国的和平与安宁就无从
得到保证。不错，国教会和大学里的教士们并非《比希莫特》谴责
的唯一对象；也的确，整个文本尤其对长老派、对 17 世纪英国的普
通法文化充满敌意。但是，对国教会和大学里教士的抨击却是本
书最新颖的部分。《利维坦》对神职人员干涉政治发起抨击。然
而，总的来说，它却毫无疑问没有明确而直接地抨击国教会，因为
17 世纪 50 年代期间，国教会按照霍布斯的说法，几乎没有什么影

---

①　MS fo. 28v；EW VI，p. 236.

响力。《利维坦》还几次提到了教宗建立的大学在支持教士掌握
政治权力方面所起的作用,霍布斯在《综述和结论》一章还宣传了
制约它们的自己的学说。但是比起《比希莫特》来,《利维坦》中的
这个观点表达得还是有些软弱无力。不管怎么说,《比希莫特》这
部分所传达的消息,依然没有受到霍布斯同代人的忽视。枢密院
成员奇切利爵士(Sir Thomas Chicheley)1679 年就注意到这本书的
问世。他告诉朋友说:"我以为,这本书和你花工夫读过的任何书
一样,值得你认真品味。书中除了对大学充满敌意之外,没发现任
何错误。"①

四

可是,霍布斯为什么要把这种观点,与更加直接的有关内战及
其原因和后果的叙述放在一起讨论呢? 这个问题可用一些非常具
体的情形加以说明。这些情形不会将《比希莫特》与当时某个具
体的政治论争联系起来,而会将其与霍布斯一直都在进行的争论
联系起来。我认为,这个问题同时也增加以下这种可能性,即《比
希莫特》就是霍布斯自己起的书名。在以上简要概述的对话接近
尾声之时,霍布斯引述了一句匪夷所思而又看似无关紧要的话。
当"乙"谈到长老会教徒身上持续存在的弱点时,他从维吉尔(Vir-
gil)的《埃涅阿斯纪》(Aeneid)第 4 卷中引用了一句话:"haeret lat-
eri letalis harundo[那根致命的箭杆一直扎在它的腰间]。"②这句话
是用来比喻失恋的狄多的,狄多被比作一只中箭受了重伤的雌鹿,
四处狂奔试图逃脱。我想,人们会很自然地认为这句引语指涉的
是下面这句话:

---

① Legh Mss, John Rylands Library(unnumbered). 我很感谢奈茨(Mark Knights),是他为
  我提供了这本参考书。
② IV, 73(Loeb ed., vol. I. p. 400).

长老会煽动性的学说已经深深地扎根于老百姓的头脑和记忆中去了，虽然我不敢说已经扎根于他们心中，因为老百姓除了知道造反合法，他们对这些学说一窍不通。我怕我们的国家没救了。①

然而，这句引语在此语境当中似乎显得十分不自然，而实际上，它却有着十分确切的含义。

布拉姆霍尔（Bramhall）1658 年撰写的《利维坦》评论，《捕捉利维坦或大鲸》（*The Catching of Leviathan or the Great Whale*），成了霍布斯 17 世纪 60 年代晚期一部作品所嘲讽的对象。有证据表明，1668 年霍布斯心里一直记着布拉姆霍尔的这个评论。在他回应布拉姆霍尔评论的序言中，霍布斯提到，虽然布拉姆霍尔的评论文字发表于 10 年前，自己头次读到这段文字却只是 3 个月前。如果霍布斯的这个说法没有弄错或足够真诚（两者皆有可能），霍布斯的《回应》（*Answer*）就应当写于 1668 年。以下事实似乎也可以证明这一点，此事实是：1668 年 6 月，他正与当时在任的国务大臣威廉姆森（Joseph Williamson）通信，讨论其《异端史述》（*Historical Narrative Concerning Heresy*）的文本修改问题。这本书最终与霍布斯对布拉姆霍尔的《回应》同时出版，其主题看来也与《回应》有紧密联系。布拉姆霍尔的评论有一篇序言，是"写给基督徒读者"的。在序言中，布拉姆霍尔主教大费笔墨地嘲弄利维坦这个意象，还把这个意象用于霍布斯本人：

利维坦一点不像霍布斯在学界的所作所为，它在深海没有多大自由去悠闲戏耍，也不可能把自己表现得雄心勃勃、趾高气扬；它也不像霍布斯对待其他作者的所作所为，它对小鱼

---

① MS fo. 28；EW VI，p. 235.

不可能面带讥讽和鄙夷之神色,飞扬跋扈于小鱼之上。

　　霍布斯绝不是像他自我想象的那样是一个绝对的君主:"我们的格陵兰海渔夫已经发明了一种全新的技术,不用钓钩,只用鱼镖,就可以将它从其藏身处,亦即深海处,捕捞上来。"布拉姆霍尔已经准备好了三个鱼镖:第一个鱼镖冲着其心脏而去,此部位代表霍布斯著述的神学部分,以此表明其神学原理与基督教或任何其他宗教都不相容;第二个鱼镖冲着其脊椎骨而去,此部位代表其著述的政治学部分,以此表明其政治学原理"对所有类型的政府,对一切社会都有害";第三个鱼镖冲着其脑袋而去,此部位代表"其著述的理性部分",以此表明其理性原则不仅自相矛盾而且相互矛盾。布拉姆霍尔最后警告说,

　　　　这个人可要注意了,如果这三支鱼镖打中其利维坦的要害,并非所有长在克里特岛的苦牛至①能让鱼镖从它的身体轻易掉落,而不完全破坏其进程。

　　主教警告的话还包括那句引语,即"haeret lateri letalis harundo"[那根致命的箭杆一直扎在它的腰间]。② 十年后,霍布斯将此引语用于《比希莫特》书中,同时还提到扎根于人们头脑、记忆和心中的长老会的学说。我认为,这证明书中此处霍布斯是在故意影射和嘲弄布拉姆霍尔的话。再者,强调长老会的学说扎根于人们的头脑,这一事实或许是想佐证书中的主要论点,即英国国教会对教士政治势力问题的看法,实际上与长老会并没有什么分别。

―――――

① ［译注］苦牛至(dittany),也译白鲜,传说中的一种魔草,服食此药草可以将箭矢弹离人的躯体。
② John Bramhall, *The Catching of Leviathan*, preface, in *Castigations of Mr. Hobbes his last animadverdions in the case concerning liberty and universal necessity*, 1657.

　　我想，这本书奇怪的书名，也能证明这正是《比希莫特》的基本主题，而围绕这一主题与布拉姆霍尔的争论，也能透漏一些线索。人们已经质疑书名是由霍布斯起的：他提起本书时从未用此书名，再者，当一本未经他授权的本子于 1679 年问世时，他还抱怨"书名太可笑"。[①] 然而他所谓"可笑的"书名却不是《比希莫特》，而是《英国内战史》(History of the Civil Wars of England)，后者正是1679 年那版未经授权的本子上所印着的书名。圣约翰学院的手抄本上写着《比希莫特》的书名，显然是出自威尔顿的手笔。克鲁克(Crooke)1682 年的本子也印着同样的书名。众所周知，霍布斯用到这个名称，是 17 世纪 50 年代他早期与布拉姆霍尔的论战当中。当时霍布斯出版的书叫作《有关自由、必然与偶然的问题》(Liberty, Necessity and Chance)。大主教布拉姆霍尔说自己的会中有两人正忙着撰写对《利维坦》的回应文章，说他自己也打算写一篇，以此证明霍布斯的原则"对政治和信仰如何有害，对各种关系如何有破坏性"。霍布斯回应说："我不希望主教荒废时光，但如果他非要荒废时光，我可以为他的书起个名字，就叫作《比希莫特反对利维坦》(Behemoth against Leviathan)吧。"[②]等到霍布斯 1668年读到《捕捉利维坦》时，他大概想起了自己的评论，因为布拉姆霍尔在上文提到的，他引用了维吉尔那句话的同一篇序言里，向霍布斯提示了这一点。

　　在与布拉姆霍尔论战的话里，"比希莫特"这个名称用来指称"教会"，意思是教士集团反对世俗权力。霍布斯并非如此使用此名的第一人，亦非最后一人。斯普灵伯格(Patricia Springborg)已经强调指出，宗教改革时期的作家，比如伯撒(Beza)和加尔文，对约伯不再进行寓言式的解释，他们反倒注重以更加自然主义的方

---

① Letter 208, *Correspondence of Thomas Hobbes*, ed. Noel Malcolm（Oxford：Clarendon，1994），vol. II，p. 772.

② *The Questions concerning Liberty, Necessity and Chance*, EW V, p. 27.

式去解释约伯。可是,被霍布斯在《比希莫特》中无偿借用的,莫奈(Mornay)反教宗的短文《罪恶的秘密》(*The Mystery of Iniquity*),却从前宗教改革时期的文本中引述了不少寓言式解释的例子。[①]根据莫奈的说法,圣伯纳德(St. Bernard)在其布道辞中曾经把比希莫特当作敌基督者,"它吞吃了成群的智者和成批的力士",还"相信自己能用嘴巴吸干约旦河的河水,意思是,它能把教会里的淳朴和谦卑之人尽数消灭"。[②] 莫奈还引述了巴黎的马太(Mathew of Paris)讲述的,亨利八世时期林肯主教格洛斯特斯特(Robert Grosseteste)的预言:

> 他的确讲到,罗马教廷就像《约伯记》中的比希莫特狂言能用嘴巴吸干约旦河河水一样,会施展伎俩,把未留遗嘱而死去的一切亡者的财货,以及其他不寻常的遗产,都据为己有。她的更加无法无天的行为,是把国王也拉拢进来一起抢劫,让国王也成了自己的同伙。[③]

在这段引文中,比希莫特这个名称是用来形容罗马教会的。或者说,是用来形容它的各种表现的。但是我认为,正如霍布斯17世纪50年代用到该名字时所暗示,我们应当将其解读为是在指称英国国教会及其主教之职。

有人反对这种解读方法,认为该书牛津圣约翰手稿上所用书名《比希莫特或长期议会》(*Behemoth or the Long Parliament*)似乎暗示比希莫特应当意指"长期议会",而有些评论者也持同样的看

---

① Patricia Springborg, "Hobbes's Biblical Beasts: Leviathan and Behemoth", *Political Theory* 23(1995), pp. 357–360.

② Philip Mornay, *The Mystery of Iniquity: That is to say, the History of the Papacie, englished by Samson Lennard*(London,1612), p. 304.

③ Ibid. ,400.

法。① 我们不应排除这种含义：他极有可能想让比希莫特要么意指长期议会，要么意指教会，无论这教会是指罗马教会还是英国国教教会。他这样做的原因，要么是因为两者在书中都是被批判的靶子，要么是因为霍布斯很热衷于迷惑他的批评者。霍布斯在《教会史》（*Historia Ecclesiastica*）中以一种不同的含义用到该名称时，也是这种情形——本书所刻画的利维坦和比希莫特都被教宗捕获了：

> 可如今教宗完全达到其目的，
> 把人民及其君主投进了监狱。
> 如今庞大的利维坦被鱼钩钩住，
> 比希莫特受伤的鼻梁也不堪其苦。
> 威严的教宗温文尔雅君临四方，
> 教廷上罗马的雄鹰正在高高飞翔。②

可话又说回来，我不认为这种解释能够妨碍我们以另一种不同的含义，去理解霍布斯《比希莫特》对这一名字的使用：霍布斯是根据论证或修辞的需要来使用词语的；再者，在诗体的教会史中，他显然希望重新展开《约伯记》中所说到的话题，即这里有两只无法捉获的巨兽，而它们竟然被教宗给驯服了。另外，人们还提出了其他解释。例如，博罗特（Luc Borot）建议，"比希莫特这个单词是复数，且该单词常用来解释群体的行为，这一事实使我产生一种联想，我联想到当时人们对其思维方式的根本假定"，换句话说就是，比希莫特象征的是普通民众所造成的混乱局面。正如博罗特所说，虽然这种解释与当时人民干预政治生活之性质的思想很

---

① Patricia Springborg, "Hobbes's Biblical Beasts: Behemoth and Leviathan", p. 368.
② Quoted in ibid., p. 363.

符合,虽然这种解释也合乎情理,但是,我在书中却找不到支持这种解释的证据。[1] 霍布斯用比希莫特作为对话的书名,其本意好像是在用一种模棱两可的笔调开玩笑,但它却蕴含着一个与大部分文本都相一致的消息,这个消息就是:比希莫特这个"神的首造物",应被解读为不仅是嘲讽地影射一般的教会,更是明确指向英国国教会,指向它的等级制及其主要捍卫者——大主教布拉姆霍尔。

五

《比希莫特》一直就是一部朦胧不清异解纷呈的作品,它的四个部分如此奇特地凑合在一起,很值得我们费神思量一下:这书的构思过程是否比它初看上去复杂许多。舒曼(Karl Schuhmann)推测说,《比希莫特》就是霍布斯于 1666 年写给佛度斯(Du Verdus),如今已失传了的信中谈到的作品。[2] 如果这事属实,如果《比希莫特》的确含有霍布斯回应《捕捉利维坦》的意思在内,如果霍布斯的回应日期确定是 1668 年,那么,我们就可以断定,这原本是一部相当直接的叙事作品,虽然中间也穿插了一些评论。霍布斯在这部叙事作品之内,在叙述开始很久之后,令人不爽地又加进去了一些回应布拉姆霍尔的元素。这种解释与以下事实很合拍,这个事实是:霍布斯在写给佛度斯的信中提到了"概要"一词,他在给阿灵顿的献词中只是把第三、第四场对话称为"概要",但他并未用

---

[1] Luc Borot, "Hobbes's Behemoth", in *Hobbes and History*, G. A. J. Roger and T. Sorrell (London: Routledge, 2000).

[2] In a review of Thomas Hobbes, Oeuvres', *British Journal for the History of Philosophy* 4, no. 1 (1996). 文中提到的书信是《书信集》(Correspondence)卷 2 里的 180 号信件,第 697—698 页。佛度斯写于 1668 年 4 月的信是对霍布斯 1666 年 7 月 20 日来信(但他近期才收到)的回复。他告诉霍布斯:"我要是能读到您的内战的概述,要是您的书能够出版,要是您能看在上帝的份上送我一本,我该有多快乐呀!"

该词来形容其整部作品。

也可能是这种情形：这部作品，或至少这部作品的论辩部分，也许跟一个特定的时刻和机运有着一定的联系。1667 年 8 月克拉雷登伯爵（Earl of Clarendon）的落马，人们对此广泛地认为，他是从国教会主要维护者的权力宝座上被清除了，人们从此又可以争论王政复辟后教会的安排这一问题了。这件事造成的结果之一是，人们又零星地争论起接踵而来的包容和宽容的问题了。虽然《比希莫特》显然不是为了对那些争论做出贡献，但它却是从这同一时刻诞生而来的，这是一个对霍布斯来说非常恰当的时刻，他可以借机抛出自己对政教关系的想法，向人们指出重新思考这个问题的必要性。

这些都只是推测。但是很显然，《比希莫特》最重要的部分，的确对复辟的英国国教会要求与查理二世王朝亲密联姻的要求，提出了尖锐而又刺激的评判。霍布斯还提议国家应当彻底改革教士们控制的大学。对《人的全部义务》的讨论，以及由讨论所引起的想法，只占第一场对话全部 38 页，全书 140 页的大约仅 7 页左右。但在我看来，它却成了霍布斯想在《比希莫特》中完成的中心任务，即要向国王和世人证明，国教会教士吹嘘自己对国家如何忠诚，政治立场如何可靠，吹嘘他们把国家交给自己教化人民的政治责任完成得如何如何好，其实他们跟天主教教士和长老会教士一样，绝对都不可靠。虽然国教会使尽浑身解数，强烈主张自己和国家是密不可分的同盟，主张国家治理离不开国教会的支持。但是，仅在王政复辟后几年不到，国教会就有些提心吊胆了，因为国家对此问题持有了不同的看法。20 年后，国家施加给英国国教会政治忠诚的压力如此之大，以至人们不得不佩服霍布斯对被动服从理论的分析，是多么聪明睿智，多么具有先见之明。

译后记

我初读此书,是在 2005 年复旦燕园读博那年,也许心知霍布斯是先贤大哲,每捧读他的一本书,都会读得手心津津冒汗、心里突突蹦跳,后来静下心来想想,这可能是太敬畏、太心仪他老人家了,所以才会读得战战兢兢。

从此我就有了翻译这本书的念头。

但是,翻译霍布斯谈何容易。霍布斯是 17 世纪中人,单词拼写和语法结构完全不同于现代英语,这是第一个拦路虎。克服这个拦路虎,首先得熟悉霍布斯的文风,熟悉他的文风只有靠多读他的作品。所幸我读博四年,他的主要英语政治哲学著作我都细读过,这第一个拦路虎才勉强被我打倒。

奥克肖特(Michael Oakeshott)盛赞霍布斯是英语世界文笔最优美的作家,为了我的译笔不丢他老人家的脸,同时让我的译风能顺应汉语习惯,便于读者阅读,我在正式翻译之前还做了一些准备工作。我先把仇兆鳌注解的《杜诗详注》拿来一首一首地背了。后来看到尹宣老师为翻译《联邦论》找《红楼梦》来读,我就亦步亦趋,又把以前囫囵吞枣读过的《红楼梦》拿来读了一遍。这时候《比希莫特》"第一场对话"已经翻译完毕,随即寄给刘小枫老师,他还亲自修改了译文中不妥和错误之处。第一场对话虽然得到刘老师的首肯,但我仍然觉得译文不够流畅。于是在开译"第二场对话"之前,我又把朱其铠校注的《聊斋志异》搬来,一边翻译一边咀嚼我中华古汉字的魅力和韵致，等到翻译完"第四场对话"时，三本《聊斋志异》已经变厚许多，似乎成了四本。

这本书从 2014 年开始翻译，到译完全部四场对话的 2018 年年底，一共耗去四年时间，而其中花在阅读中华古典文学上的时间几乎占去了一多半。但是，遗憾得很，本书译完时，《比希莫特》已经有两个译本先行面世，我的这部译著未能成为国内第一个译本。

可是，虽然我的译本较晚才出，但我自信我对霍布斯的熟知程度一定不亚于前两位译者，因为十几年来我念兹在兹的就是这位先贤大哲。同时，由于我对这位先贤一直抱着敬畏之心，所以每翻译他的一句话都会把自己当成读者，琢磨这句话如此这般翻译是否能被读者理解。所以，我相信我的译本也一定不会逊色于前两位译者。

虽然如此，我也从这两本早出的译本中受惠良多，尤其是李石的译本，在此谨表谢忱。

我更应感谢的是刘小枫老师，无论是翻译过程中还是译著的出版，他自始至终都付出不少心血。

另外，我还要感谢我的好友林国华，译文中的拉丁语要不是靠他的帮助根本无从译出。同时也感谢鹏飞兄无私的帮助。

最后想说的是，译文不尽人意之处一定比比皆是，希望方家不吝指正。

译者

2019 年于昆明理工大学虚静斋

图书在版编目 (CIP) 数据

比希莫特：英国内战起因及阴谋和奸计史 / (英)
托马斯·霍布斯著；王军伟译.—北京：商务印书馆，
2022
ISBN 978-7-100-20890-1

Ⅰ.①比… Ⅱ.①托… ②王… Ⅲ.①英国资产阶级
革命—通俗读物 Ⅳ.① K561.410.9

中国版本图书馆 CIP 数据核字（2022）第 043500 号

比希莫特

英国内战起因及阴谋和奸计史

〔英〕托马斯·霍布斯 著

王军伟 译

商 务 印 书 馆 出 版
（北京王府井大街 36 号 邮政编码 100710）
商 务 印 书 馆 发 行
南京新世纪联盟印务有限公司印刷
ISBN 978-7-100-20890-1

2022 年 4 月第 1 版 开本 880×1240 1/32
2022 年 4 月第 1 次印刷 印张 9¼

定价：49.00 元